조선의
그림으로
시작하는

하루
논어

일러두기

• 그림의 제목은 [ ], 책의 편명이나 문서는 〈 〉, 책의 제목은 《 》로 표시했습니다.
• 그림의 출처는 뒤에 별도로 표기했습니다.
• 최대한 쉬운 이해를 위해 원문의 뜻에서 벗어나지 않는 범위 내에서 부분적으로 의역했습니다.
• 공자와 등장인물들의 나이는 《사기》를 기준으로 삼았습니다.

조선의 그림으로 시작하는 하루 논어

초판 1쇄 발행 2024년 11월 8일

지은이 양승렬

펴낸이 조기흠
총괄 이수동 / **책임편집** 이지은 / **기획편집** 박의성, 최진, 유지윤
마케팅 박태규, 임은희, 김예인, 김선영 / **제작** 박성우, 김정우
디자인 유어텍스트

펴낸곳 한빛비즈(주) / **주소** 서울시 서대문구 연희로2길 62 4층
전화 02-325-5506 / **팩스** 02-326-1566
등록 2008년 1월 14일 제 25100-2017-000062호

ISBN 979-11-5784-774-7 03190

이 책에 대한 의견이나 오탈자 및 잘못된 내용은 출판사 홈페이지나 아래 이메일로 알려주십시오.
파본은 구매처에서 교환하실 수 있습니다. 책값은 뒤표지에 표시되어 있습니다.

⌂ hanbitbiz.com ✉ hanbitbiz@hanbit.co.kr ☐ facebook.com/hanbitbiz
Ⓝ post.naver.com/hanbit_biz ▶ youtube.com/한빛비즈 ◉ instagram.com/hanbitbiz

지금 하지 않으면 할 수 없는 일이 있습니다.
책으로 펴내고 싶은 아이디어나 원고를 메일(hanbitbiz@hanbit.co.kr)로 보내주세요.
한빛비즈는 여러분의 소중한 경험과 지식을 기다리고 있습니다.

조선의
그림으로
시작하는

하루
논어

一
日
論
語

양승렬 지음

한빛비즈
Hanbit Biz, Inc.

머리말

사람은 잘 변하지 않는다고 합니다. 그러나 저는 그렇게 생각하지 않습니다. 저는 어린 시절에 극도로 내성적이었지만, 세계 최대의 럭셔리 모터사이클 브랜드 할리데이비슨을 한국에서 가장 많이 판매한 영업사원이 되었습니다. 중·고등학교 다닐 때 도서관에 가 본 적도 없고 공부에 관심은 없었지만, 지금은 역사와 철학을 좋아하는 작가가 되었고 수시로 도서관에 드나들며 관심 분야를 탐구합니다. 저는 성인이 된 이후에도 많이 달라졌습니다. TV나 라디오에서 국악이 들리면 짜증을 내면서 단 1초도 망설이지 않고 채널을 돌렸는데, 어느새 집에는 가야금과 대금이 있습니다. 세상에서 가장 싫어하는 행위가 달리기였는데, 10km와 하프코스, 풀코스 마라톤을 수차례 완주했습니다. 사람들 앞에 나서기를 두려워했는데, 경복궁에서 자원봉사 활동으로 19년째 궁궐 해설을 하고 있습니다. 무엇보다 큰 변화는 제 세계관입니다. 허무주의와 이기주의로 똘똘 뭉쳐 있었던 머리와 마음이 달라졌습니다. 나만 생각했었는데 우리를 돌아보게 되었고, 과거에만 집착했는데 이제는 현재를 즐길 줄 알게 되었습니다.

아마도 과거의 저만 아는 사람들은 제가 영업사원으로 성공하거나, 작가가 되었다는 사실을 선뜻 받아들이지 못할 겁니다. 어린 시절에는 환경에 대한 불만으로 까칠하고 어두웠고, 젊은 시절에는 이기적이고 철없이 살았기 때문입니다. 그것이 한부모 밑에서 자란 가정 형편 때문이었는지, 아니면 국민학교(편집자주: 현재의 초등학교를 작가에게 익숙한 과거 표현으로 사용했습니다.) 6년 동안 1년에 한 번꼴로 전학을 다녔던 독특한 경험 때문인지, 아니면 태어날 때 가진 천성 때문인지는 잘 모르겠습니다. 군대를 제대하고 학교를 졸업할 때까지 무엇 하나 내세울 만한 부분이 없는 부실한 인생이었습니다. 저를 향한 남들의 시선과 저의 생각이 똑같은 시기였습니다. 하고 싶은 것도 없었고, 뭘 해야 하는 지도 몰랐습니다. 머리는 온갖 원망으로 꽉 차 있었습니다. 그런데 20대에 알게 된 《논어》의 몇몇 구절이 제 삶을 조금씩 흔들었습니다. 공자는 제게 당당하게 사는 법을 알려 주었고, 배움과 실천으로 사람이 달라질 수 있다고 속삭였습니다. 거대한 목표나 치밀한 계획이 없어도 문제가 되지 않았습니다. 단순한 호기심과 무모한 실천만으로도 삶이 달라졌습니다. 《논어》의 편린들은 내가 내 삶의 주인으로 반듯하게 살도록 도움을 주었습니다. 그렇다고 제가 지금 완벽하게 모범적인 삶을 살고 있다는 얘기는 아닙니다. 현재 두 아이의 아빠지만 아직도 철없고 못난 남편이기도 합니다. 다만 바른 태도와 당당함을 갖추기 위해 늘 삶의 궤도를 수정하고, 조금 더 겸손하지 못함을 반성하며 살아갑니다. 부족한 부분이 많지만, 변화의 가속도가 붙은 현재 삶에 꽤 만족하며 지냅니다.

행복이 삶의 유일한 목적은 아니지만, 불행은 삶의 질을 떨어뜨립니다. 높은 자살률과 낮은 행복도로 대표되는 현재의 우리 삶은 누가 보아도 긍정적으로 평가하기 어렵습니다. 더군다나 급변하는 시대에도 좀처럼 해결될 기미가 보이지 않는 교육, 환경 문제 그리고 빈부 격차와 저출산 등은 우리의 미래를 더욱 어둡게 만들고 있습니다. 사회가 점점 거칠고 퍽퍽하게 가라앉는 느낌입니다. 우리는 과연 이대로 영영 어두운 현실에 갇혀 살아야 할까요? 만약 그렇지 않다면, 변화를 위해 우리가 해야 할 일은 무엇일까요?

우리는 의로움(義), 선함(善), 예의(禮), 효도(孝) 등의 개념들이 맞다고 여기기에 옳고 그름을 구분할 수 있고, 몸과 마음을 바르게 닦아 더 나은 사람이 되려는 수신(修身)과 다른 사람을 배려하고 존중하는 어진 마음(仁)을 발견할 때 세상은 따뜻한 곳이라고 느낍니다. 우리가 가장 먼저 해야 할 일은 이와 같은 기본적인 가치관의 회복입니다. 가치관이 바로 서야 당당하게 살아갈 수 있고, 당당함이 모여야 바람직한 변화가 시작됩니다. 많은 사람들이 현재의 교육 제도가 크게 잘못되었고, 환경 문제가 심각하다는 사실을 알고 있습니다. 그러나 아무리 시급하다고 떠들어 봐야 눈앞의 이로움과 편리함에 빠진 사람들은 대수롭지 않게 여길 뿐입니다. 좀 더 많은 사람들로부터 진지한 공감을 끌어내려면 기본이 먼저 회복되고 바른 가치관을 바탕으로 신뢰가 되살아나야 합니다. 그래서 《논어》가 필요합니다. 옛것이 더 좋다거나 과거로 돌아가자는 말이 아닙니다. 근본적인 삶의 기준에 대해 제대로 알아야 흔들리지 않고 중심을 바로잡을 수 있으며, 그것들이 널리 공유될 때 상식적이고 합리적인 사회가 만들어진다는 얘기입니다.

우리가 생각하는, 사람이 사람답게 살아가기 위한 삶의 기준은 대부분 공자에 의해 다듬어졌습니다. 우리에게 내재된 대부분의 가치관이 바로 《논어》에서 정리된 개념이기 때문입니다. 서양을 비롯한 많은 다른 지역에서는 종교가 삶의 기준을 책임졌습니다. 그리고 한자 문화를 공유한 아시아에서는 공자가 큰 영향을 끼쳤습니다. 공자는 사람들의 욕망으로 점점 문란해지는 세상을 이성적으로 되돌리기 위해 희미하게 꺼져 가는 개념들을 다시 정립했습니다. 그가 정리한 가치관들은 《논어》에 고스란히 남아 2,500년이 지나도록 꺼지지 않는 등불이 되었습니다. 아무리 시대와 환경이 바뀌어도 사람들의 생활 방식은 크게 다르지 않습니다. 사람은 가족과 사회라는 관계 속에서 살아가는 존재입니다. 따라서 여전히 《논어》가 유효하고, 혼란의 시기일수록 공자의 말들이 빛을 발하는 이유는 상식적이고 합리적인 삶의 방향성을 제시하기 때문입니다.

사람들이 정의와 선을 중요한 가치로 여기고 예, 신뢰, 덕, 어짊, 효에 큰의미를 두는 것은 모두 공자의 영향입니다. 이렇게 말씀드리면 우리나라는 조선 시대에 유교를 숭상하면서 본격적으로 공자의 사상들이 전파된 것 아니냐고 생각하실 수도 있지만 실상은 그렇지 않습니다. 이미 삼국시대에 공자의 사상이 널리 퍼졌고, 한반도에서 발견된 가장 오래된 《논어》는 기원전 1세기 유물입니다. 오히려 조선은 중기 이후에 사회가 경직되면서 공자의 유연하고 탄력적인 사상들로부터 멀어졌습니다. 조선의 경직성 때문에 공자를 고지식한 사람으로 오해하는 경우도 많습니다. 그러나 공자는 융통성 없는 편협한 태도를 무척 싫어했습니다. 가식적인 것을 증오하며 소박하게 살았고, 말보다는 행동이 앞서야 한다고 가르치며 실천했습니다. 공자는 늘 사람들과 노래를 불렀으며, 거문고에 조예가 깊었던 음악가였습니다.

공자가 추구하는 상식적이고 합리적인 가치관은 험난한 삶을 극복하는 과정에서 탄생했습니다. 그는 중국 역사상 가장 혼란했던 춘추전국시대에 태어났습니다. 공자의 아버지는 무인이었으나 어머니를 만났을 때 환갑이 지난 노인이었고, 이미 아홉 명의 딸을 둔 집안의 가장이었습니다. 평탄하지 못한 가정에서 태어난 공자는 세 살 때 아버지를 잃고, 열일곱 살에는 어머니마저 여의어 고아가 되었습니다. 돌봐 줄 사람이 없던 그는 가난에 시달리며 미천하게 자랐습니다. 그러나 공자는 자신의 인생을 환경에 맡기지 않았습니다. 배움과 실천으로 자신의 운명을 개척했습니다. 편법을 멀리하고 떳떳함을 발판으로 삼았습니다. 그는 정치가라는 꿈을 실현시키지는 못했지만 꾸준히 도전했고, 나중에는 삼천 명이 넘는 제자들을 길러내는 당대 최고의 학자가 되었습니다. 공자는 제자들이 실력으로 성공하기를 독려했는데, 자기계발적인 관점에서 본다면 그는 흙수저 출신으로 성공한 인류 최초의 일타 강사입니다. 그리고 《논어》는 내면의 성장을 이끄는 원조 자기계발서에 해당합니다.

《논어》를 모르는 사람은 드뭅니다. 그런데 온전히 읽어 본 사람도 거의 없습니다. 《논어》는 원문을 그대로 읽거나 완역본을 보는 것이 좋습니다만, 한자에 대한 이해와 당시의 역사나 환경을 알지 못하면 어려운 부분이 많습니다. 그래서 이 책은 한국에서 가장 쉬운 《논어》를 목표로 삼았습니다. 《논어》를 처음 읽는 분, 《논어》를 읽다가 포기하신 분 그리고 삶의 중심을 단단하게 잡고 싶은 분들께 이 책을 권합니다. 본문은 《논어》에서 꼭 알아야 할 64개의 문장을 골라 뼈대로 만들고, 64개의 해석으로 살을 붙였습니다. 각 문장에는 인간 공자의 체취와 사상의 향기가 잘 배어 있기에 《논어》의 전반적인 내용을 파악할 수 있습니다. 기존의 《논어》 번역서들이 가진 문장의 어려움과 딱딱함을 거르고, 보면서 바로 알 수 있도록 원문을 쉽게 풀었습니다. 거기에 조선의 그림으로 부드러운 감성을 더하고, 제 삶의 이야기들로 현실성을 보탰습니다. 아무리 쉽게 읽히더라도 하나의 문장을 마친 후에는 자신의 견해나 본인만의 해석을 더해 보길 추천합니다. 그때에야 비로소 《논어》가 내 것이 됩니다.

《논어》가 절대적인 삶의 기준은 아닙니다. 그런데 그 안에는 내가 내 삶의 주인으로 우뚝 서고, 사람이 사람답게 살아가고, 사람들과의 원만한 관계를 맺기 위한 방향성이 들어 있습니다. 공자의 지혜가 집약된 자기계발서와 마찬가지입니다. 이 책이 삶의 긍정적인 변화를 원하는 사람들에게 따뜻한 나침반이 되기를 희망합니다.

끝으로 이 책이 완성되기까지 큰 도움을 주신 출판사 관계자분들과 격려해 준 가족에게 감사의 뜻을 전합니다. 나의 분신 은우야, 태영아 고마워.

2024년 가을
양승렬

차례

머리말   004

• 1부 | 내가 원하면 바로 닿는 것이 인이다 - 소재로 보는 그림 •

1장. 공자 - 끊임없이 도전하는 사람

1日 · 환경	결핍이 재능을 만든다 - **십이성현화상첩**	016
2日 · 배움	꾸준한 배움이 성장의 동력이다 - **행단고슬도**	021
3日 · 가르침	가르침에는 차별이 없다 - **공자행단현가도**	026
4日 · 도전	헛된 도전은 없다 - **성적도 자로문진**	031

2장. 사람 - 어떻게 살 것인가?

5日 · 자질	말과 다른 행동은 관계를 망친다 - **오수삼매**	036
6日 · 창조	경지에 오르는 과정이 창조의 모태다 - **검을 차고 있는 아름다운 여인**	041
7日 · 예	진솔함이 믿음과 신뢰를 낳는다 - **파초하선인**	046

3장. 산수 - 자신을 넘어서야 경지가 보인다

8日 · 인	간절하게 원하면 바로 닿는다 - **매화초옥도**	051
9日 · 앎	아는 것만 안다 하고, 모르는 것은 모른다 해야 한다 - **총석정**	056
10日 · 생각	자신만의 생각이 없으면 '나'도 없다 - **사이불학**	061
11日 · 해석	다양한 해석은 시야를 넓힌다 - **관폭도**	066

4장. 식물 - 생각에 간사함이 없어야 한다

12日 · 내면	내면이 맑아야 담긴 것의 가치가 빛난다 - **백분홍련**	071
13日 · 명성	걱정할 것은 오직 내 능력의 부족함이다 - **꽃과 나비**	077
14日 · 시	인문학적 통찰력은 사람을 이해하는 도구다 - **작약도**	083

5장. 동물 - 최선을 다해 보아야 한계를 안다

15日 · 능력 　 한계는 미리 정하지 않는다 - **고양이와 참새** 　 088

16日 · 가족 　 부모는 늘 자식을 걱정한다 - **어미닭과 병아리** 　 094

17日 · 두려움 　 떳떳해야 두려움이 없다 - **고매서작** 　 099

18日 · 관습 　 상식적인 예의가 가치를 만든다 - **양도** 　 105

6장. 풍속 - 부끄러움을 알아야 한다

19日 · 근본 　 무엇이든 기본이 먼저다 - **사인휘호** 　 110

20日 · 도리 　 엄격한 잣대보다 도리가 앞서야 한다 - **적죄인 형벌하는 모양** 　 116

21日 · 정도 　 사람이 사람답지 못하면 아무 소용이 없다 - **산수풍속화** 　 121

7장. 사군자 - 군자는 의로움에 밝고 소인은 이로움에 밝다

22日 · 인내 　 작은 것을 참지 못하면 큰 계획을 망친다 - **묵매** 　 127

23日 · 태연함 　 흔들리는 위기는 태연함으로 맞선다 - **난초** 　 133

24日 · 의로움 　 편협한 기준이 모든 걸 망친다 - **국석도** 　 138

25日 · 절개 　 자신이 한 말을 잊지 마라 - **설죽도** 　 144

8장. 기록 - 다투지 않는다

26日 · 요령 　 정확히 알고 집중해야 정곡을 찌른다 - **대사례도** 　 149

27日 · 예식 　 형식보다 마음이 우선이다 - **명성황후 국장도감의궤** 　 155

28日 · 감명 　 관심과 몰입은 감명에서 시작한다 - **무신년의 궁중잔치** 　 160

9장. 기타 - 리더가 바르지 않으면 따르지 않는다

29日 · 존중 　 존중받고 싶다면 존중받도록 행동하라 - **한양 전경** 　 165

30日 · 미신 　 초자연적 대상을 멀리하고 이성적으로 처신한다 - **시직사자도** 　 171

31日 · 리더십 　 지도자는 바른 처신이 중요하다 - **오봉도** 　 176

2부 | 인은 나로부터 시작된다 - 화가로 보는 그림

10장. 강세황 - 예술의 무게와 평론의 깊이를 섭렵하다

32日·조화   외양과 내면의 조화는 균형이 핵심이다 - **복숭아꽃**   184

33日·도   틀을 깨야 나만의 길이 생긴다 - **송도기행첩 태종대**   189

34日·전환   인식의 전환이 비약적인 성장을 이끈다 - **70세 자화상**   194

11장. 김득신 - 평생을 정진한 독보적인 궁중화가

35日·습관   작은 습관의 합이 큰 성과를 만든다 - **강상회음**   199

36日·효   지속적인 관심이 관계를 이어준다 - **성하직구**   204

37日·이단   잘못된 선택은 아무리 애써도 해롭다 - **투전도**   209

12장. 김정희 - 천 개의 붓이 닳도록 쓰고 그린다

38日·고난   추위에도 소나무는 시들지 않는다 - **세한도**   214

39日·비결   고수가 되는 과정에 지름길은 없다 - **난초와 국화**   219

40日·역경   시련이 깊을수록 단련의 강도는 높아진다 - **왕죽도**   224

13장. 김홍도 - 누구나 인정하는 조선 최고의 화가

41日·모임   불필요한 무리에 휩쓸리지 마라 - **창해낭구**   229

42日·음악   꾸준한 반복과 최선이 수준을 키운다 - **평안감사향연도**   234

43日·평가   실력의 최종 단계는 성품이다 - **포의풍류도**   239

14장. 윤두서 - 박학다식했던 시대의 개척자

44日·솔직함   진실되지 못한 사람은 말과 표정이 가볍다 - **자화상**   244

45日·신뢰   관계의 발전과 퇴보는 신뢰에 달렸다 - **나귀에서 떨어지는 진단선생**   249

46日·부조리   도리에 맞지 않는 기쁨은 부정을 양산한다 - **심산지록**   254

15장. 신윤복 - 독자적인 소재를 대범하게 활용하다

47日 · 절제   과도한 욕망은 사회를 병들게 한다 - **주유청강**   259

48日 · 과실   잘못을 고치지 않는 것이 바로 잘못이다 - **유곽쟁웅**   264

49日 · 배려   입장을 바꾸면 타인의 고충이 보인다 - **표모봉욕**   269

16장. 심사정 - 50년간 하루도 붓을 놓지 않은 끈기

50日 · 극복   근심될 일은 벌어지지 않게 하는 게 낫다 - **선유도**   274

51日 · 균형   적절하고 알맞은 상태를 유지하라 - **장림운산**   279

52日 · 감사   성장은 수많은 도움으로 완성된다 - **꽃과 풀벌레**   284

17장. 이인상 - 강직한 인품이 표현의 격조를 높이다

53日 · 지혜   곧은 나무가 굽은 나무를 편다 - **눈 내린 소나무**   289

54日 · 인재   잘못을 되풀이하지 않는다 - **송하수업도**   294

55日 · 유혹   어떤 편법도 자신을 속이지 못한다 - **와운**   299

18장. 정선 - 부단한 노력으로 76세에 대표작을 완성하다

56日 · 올곧음   곧게 가지 않으면 화가 닥친다 - **노백도**   304

57日 · 실천   말보다 행동이 우선이다 - **기려심매**   309

58日 · 뚝심   오래 견딜수록 큰 도약이 따라온다 - **금강내산전도**   314

19장. 조영석 - 치밀한 세심함으로 인물화의 대가가 되다

59日 · 세심함   주의를 기울이는 만큼 격차는 벌어진다 - **조영복 초상**   319

60日 · 상황   아무것도 하지 않으면 곤란하다 - **현이도**   324

61日 · 태도   자질보다 태도가 중요하다 - **말징박기**   329

20장. 최북 - 가치를 모르는 사람에게 작품을 팔지 않는다

62日 · 창의력   지나간 것을 깨우치면 다가올 것을 안다 - **풍설야귀인**   334

63日 · 청렴   가난은 반드시 정당하게 벗어나야 한다 - **추순탁속**   339

64日 · 통달   즐기는 사람이 진정한 경지에 오른다 - **답설방우**   344

그림 출처   350

1부

내가 원하면
바로 닿는 것이
인이다

| 소재로 보는 그림 |

1日 · 환경

결핍이 재능을 만든다

십이성현화상첩(十二聖賢畵像帖) - 전 윤두서

나는 어려서부터 천하게 자랐다. 그래서 천한 일에 재능이 많아졌을 뿐이다.

吾少也賤 故多能鄙事

오 소 야 천 고 다 능 비 사 - **자한편**

《논어(論語)》는 공자가 죽은 후 제자들이 공자의 말과 행동을 기록한 책입니다. 제자들의 이야기도 일부 담겼지만, 대부분 공자가 주인공입니다. 총 20편으로 구성되어 있으며, 각 편의 이름은 시작하는 문장의 첫 단어를 따서 붙였습니다. 가장 처음 나오는 학이(學而)편도 학이라는 글자 때문이며, 두 번째 위정(爲政)편도 마찬가지입니다. 각 편의 내용은 장으로 나눠서 구분하는데, 짧은 편은 3장으로 구성되어 있고 긴 편은 40장이 넘습니다. 시중에서 판매되는 《논어》의 총 편수는 20편으로 모두 동일합니다. 그러나 번역자마다 원문을 어떻게 구분하느냐에 따라서 각 장의 수가 달라집니다.

《논어》는 '말을 정리한 기록'이란 뜻입니다. 그래서 구절은 거의 "자왈(子曰, 스승님께서 말씀하셨다)"로 시작됩니다. 여기서 '자(子)'는 스승을 뜻합니다. 공자를 비롯해 춘추전국시대에 활약했던 대사상가들에게는 노자, 맹자, 장자, 순자 등과 같이 '자'를 붙였습니다. 그들의 업적을 높게 평가하며 스승으로 추앙한다는 뜻이 담긴 호칭입니다. 공자의 실제 이름은 공구(孔丘)로 공자라는 호칭은 '공 스승님' 혹은 '공 선생님'이라는 뜻이 됩니다.

한 고위 관료가 공자의 제자인 자공(子貢)에게 물었습니다. "당신의 스승님은 진짜 성인입니까? 어찌 그리 재주가 많으십니까?" 그 말에 자공이 답했습니다. "하늘이 진정한 성인을 만들기 위해 스승님께 다양한 재능을 주셨습니다." 나중에 그 얘기를 들은 공자는 이렇게 고백합니다. "그 사람이 나를 얼마나 알겠느냐? 나는 어려서부터 천하게 자랐다. 그래서 천한 일에 재능이 많아졌을 뿐이다."(大宰問於子貢曰 夫子聖者與 何其多能也 子貢曰 固天縱之將聖 又多能也 子聞之曰 大宰知我乎 吾少也賤 故多能鄙事 태재문어자공왈 부자성자여 하기다능야 자공왈 고천종지장성 우다능야 자문지 왈 태재지아호 오소야천 고다능비사)

성인은 시대에 따라 의미가 조금씩 다릅니다만 보편적으로 훌륭한 인품과 뛰어난 업적을 남긴 위인을 가리킵니다. 그러나 현대인들은 종교의 창시자나 철학자 등을 떠올리기도 하고, 종교인들은 순교하거나 모범이 되었던 인물들을 생각하기도 합니다.

공자가 살던 시대의 사람들은 획기적으로 문명을 창조하거나 발전시켜 인류에게 큰 도움을 준 위인을 성인이라고 생각했습니다. 뛰어난 인격과 다른 사람을 돕겠다는 순수한 의지, 압도적인 실천력을 두루두루 겸비한 사람에게만 부여하는 호칭이었습니다. 즉, 가장 높은 선한 경지에 올라 유례없는 업적을 남긴 사람을 뜻했습니다.

고위 관료의 호기심 어린 질문에 자공은 스승을 누구보다 뛰어난 사람으로 소개합니다. 공자를 하늘이 만든 성인으로 치켜세운 것이죠. 스승이 자랑스러웠던 제자는 이때가 기회다 싶어 맘껏 치켜올리고 싶었는지도 모릅니다. 그러나 그 얘기를 전해 들은 공자는 담담하게 얘기합니다. 재능이 많아진 이유는 어린 시절의 불우한 환경 때문이라고요. 똑똑하게 태어나서 모든 것을 잘 아는 것이 아니라 직접 겪어 봤기 때문에 다양한 일에 재능이 많아졌다고 고백합니다. 공자는 아버지 없이 유년 시절을 보내고, 요즘 아이들이 고등학교를 입학할 나이에 어머니마저 돌아가셔서 고아가 되었습니다. 그래서 살아남기 위해 닥치는 대로 일을 하다 보니 다재다능한 사람이 되었다는 얘기입니다.

공자의 매력 중 하나는 솔직함입니다. 자신의 과거를 숨기지 않고 당당히 밝히며, 가난하고 신분이 낮은 제자들을 격려했습니다. 공자는 스스로 성인이라고 말한 적이 한 번도 없었습니다. 언제나 자신을 낮췄고 그저 배움이 좋아 부지런히 노력했을 뿐입니다.

우리나라의 옛 그림에는 화가를 알 수 없는 작품들이 적지 않습니다. 이름이 쓰여 있지 않거나 낙관의 흔적이 없으면 작가를 알 수 없습니다. 기록화처럼 그림의 특성상 개인 낙관을 찍지 않는 경우도 있고, 찍었으나 훼손되어 알아보지 못하는 작품도 있습니다. 그러나 아무런 표시가 없어도 화가를 추정하여 밝히기도 합니다. 전문가들이 분석해 특정 화가의 작품이 확실하다고 판단되면 화가의 이름 앞에 전(傳)이라는 한자를 붙입니다. 그 화가의 작품으로 전해진다는 뜻입니다. 《십이성현화상첩(十二聖賢畵像帖)》도 윤두서(尹斗緖)가 그렸다고 전해지는 그림책이라 전 윤두서라고 씁니다.

《십이성현화상첩》은 유교에서 성인이나 현인으로 받드는 12명의 인물들을 모아 놓은 그림책입니다. 그중 두 번째 그림에 공자와 제자였던 안회, 언언, 증삼 등이 나옵니다.

옷을 잘 갖춰 입은 사람들이 굳은 표정으로 서 있으니 마네킹 같습니다. 인물들의 표정에서 가장 눈에 띄는 부분은 눈입니다. 모두 눈꼬리가 올라가 있습니다. 가운데 앉아 있는 공자를 제외하고는 눈썹마저 똑같이 올라가 있으니 현대인의 시선으로는 아무래도 인상이 좋게 보이지 않습니다. 작가는 눈을 왜 이렇게 그렸을까요?

이 그림에 등장하는 얼굴은 모두 중국의 자료에서 따온 것으로 추정됩니다. 공자의 얼굴이 중국 명나라 시기에 제작된 《삼재도회(三才圖會)》에 나오는 모습과 닮아 있기 때문입니다. 《삼재도회》는 일종의 백과사전으로 그림을 곁들여 다양한 사물을 설명한 책입니다. 조선의 화가들은 공자를 본 적이 없으니 중국의 자료에서 차용할 수밖에 없었습니다. 그렇다고 공자의 원래 모습이 전해지는 것은 아닙니다.

고대의 인물 그림은 시대의 화풍에 따라 상상력으로 표현하여 한계가 있습니다. 그런 의미에서 흑백의 《십이성현화상첩》은 가장 원초적이고 교과서적인 상상력으로 공자의 모습을 담은 그림이라고 생각됩니다. 화려하게 꾸미거나 보태지 않은 조선 중기의 그림입니다.

《십이성현화상첩》은 성현의 모습을 곁에 두기 위한 요청으로 제작된 그림책입니다. 존경하는 인물을 조금 더 가까이에서 느끼고 싶은 마음이죠. 조선의 선비들은 종종 당대의 이름난 화가들에게 자신이 흠모하는 인물을 그려 달라고 요청했다고 합니다.

이 그림은 전반적으로 단순하지만 인물들의 옷과 음영을 보면 꽤 정성을 들였다는 사실을 알 수 있습니다. 그림 속의 공자는 위엄 있는 스승입니다. 근엄하게 앉아 있는 모습에서 어린 시절에 겪었던 고생의 흔적은 찾기 어렵습니다. 우리는 한 분야에서 경지에 오른 사람을 보면, 현재 보유한 재산의 규모로 단순하게 상대를 판단하거나 비교하려고 합니다. 하지만 우리가 더 관심을 가져야 하는 부분은 인성과 가치관입니다. 그 사람이 어떤 삶의 궤적을 밟아 왔고, 무엇을 지향하는지가 중요합니다.

사회를 바르게 만들고, 세상을 가치 있는 곳으로 변화시키는 힘은 밝은 인성과 가치관에서 나옵니다. 조선의 선비들이 공자의 모습을 곁에 두고 싶었던 이유는 불우한 환경을 이겨내고 만인의 스승으로 우뚝 서기까지의 도전과 노력을 본받고 싶었기 때문일 겁니다.

2日 · 배움

꾸준한 배움이 성장의 동력이다

행단고슬도(杏壇鼓瑟圖) - 정선

열 가구 정도 모여 사는 작은 마을이라면, 그곳에는 반드시 나처럼 충실하고 신뢰가 있는 사람이 있기 마련이다. 그러나 나만큼 배우기를 좋아하는 사람은 없을 것이다.

十室之邑 必有忠信如丘者焉 不如丘之好學也
십 실 지 읍 필 유 충 신 여 구 자 언 불 여 구 지 호 학 야 -공야장편

공자는 배움을 삶의 원동력으로 삼았습니다. 배움은 그를 밑바닥 생활에서 건져 올려 주었습니다. 당시에 교육은 귀족의 전유물이었습니다. 그는 신분이 낮아서 귀족처럼 좋은 교육을 받을 수 없었습니다. 공자는 환경으로 채울 수 없는 기회를 꾸준한 열망으로 메웠습니다.

그는 변화를 위해 온갖 정성을 기울였고 결국 당대 최고의 지식인이 되었습니다. 공자는 배움으로 삶이 달라지는 모습을 증명하며 제자들을 가르치고 독려했습니다. 이러한 상황적 요소로 볼 때 공자는 위대한 학자나 교육자이기 이전에 원조 자기계발 강사에 가깝습니다.

사실 공자의 꿈은 정치가였습니다. 자신이 꿈꾸는 세상을 만들기 위해 부단히 도전했지만 번번이 실패했습니다. 고위 관료가 되기 위해서는 채용 권한을 가진 왕족이나 귀족에게 잘 보여야 했습니다. 그러나 공자는 리더에게 엄격한 품위를 강조하고 바른말을 잘했습니다. 공자의 말과 행동이 껄끄러웠던 정치가들은 그를 등용하지 않았습니다.

그러나 공자의 인생은 학자이자 교육자가 된 것만으로도 충분히 성공적입니다. 자신이 좋아하는 일을 하고, 명망 높은 스승이 되어 전국에서 찾아와 따르는 제자가 삼천 명이 넘었으며, 죽은 지 2,500년이 지난 지금까지 그의 가르침이 사라지지 않고 전 인류에게 퍼져 나가고 있기 때문입니다.

공자는 지혜의 단계를 나눴습니다. 태어나면서부터 아는 사람이 으뜸이고, 배워서 아는 사람이 그다음, 곤경에 처했을 때 배우는 사람이 그다음이고, 곤경에 처하더라도 배우지 않는 사람을 가장 낮은 사람으로 구분합니다. (生而知之者上也 學而知之者次也 困而學之又其次也 困而不學 民斯爲下矣 생이지지자상야 학이지지자차야 곤이학지우기차야 곤이불학 민사위하의 - 계씨편)

우리는 태어나면서부터 아는 사람을 천재라고 부릅니다. 천재는 보고 듣는 것만으로도 충분히 사물의 이치를 깨닫습니다. 배워서 아는 사람은 알아서 자신의 앞길을 개척해 나가는 현명한 사람입니다. 보통 사람들은 위기를 만나야 큰 깨달음을 얻습니다. 위기를 극복하는 과정이나 곤경에 빠졌을 때만 해결책을 찾고자 노력합니다. 공자는 자신도 태어날 때부터 아는 사람이 아니었고, '옛것을 좋아하여 부지런히 찾고 배워 아는 사람'이라고 말했습니다. (我非生而知之者 好古 敏以求之者也 아비생이지지자 호고 민이구지자야 - 술이편) 자신도 보통 사람이라는 얘기입니다. 위에서 언급된 '어떤 마을이든지 그곳에 나보다 배우기를 좋아하는 사람은 없을 것이다'라는 장담에서 공자가 기울였던 노력의 크기와 밀도가 전해집니다.

어느 날 섭공(葉公)이라는 사람이 공자의 제자인 자로(子路)에게 물었습니다. "공자는 어떤 사람인가요?" 자로는 스승을 한마디로 정의하기가 어려웠는지 아무 말도 못했습니다. 그 얘기를 나중에 공자가 듣고 이렇게 말합니다. "너는 어찌하여 이렇게 말하지 않았느냐? 스승님은 무엇이든지 몰두하여 분발하면 식사도 잊고, 그 즐거움에 근심도 잊고, 늙는다는 사실조차 모를 정도라고 얘기하지 그랬느냐."(其爲人也 發憤忘食 樂以忘憂 不知老之將至云爾 기위인야 발분망식 낙이망우 부지로지장지운이 - 술이편) 이 대답에는 평생을 배움에 몰두하여 살았던 지식인의 당당한 태도가 묻어납니다.

[행단고슬도(杏壇鼓瑟圖)]는 앞서 본 《십이성현화상첩》보다 그림 보는 맛

이 납니다. 《십이성현화상첩》이 옛 인물들의 모습을 그대로 기록한 느낌이라면, [행단고슬도]는 화가의 의도가 가미됐습니다. 화려하지는 않지만 채색이 주는 정감도 반갑습니다.

　스승과 제자들이 함께 같은 높이의 바닥에 앉아 있습니다. 스승은 상석으로 보이는 위쪽에 앉았으나 《십이성현화상첩》처럼 특별히 단을 설치하거나 깔개를 놓지도 않았습니다. 제자들의 웃는 표정과 악기가 추가되니 분위기는 한결 편안합니다. 단순한 점과 선으로 눈과 입을 그렸지만 표정이 다양하니 인물들의 얼굴을 더 자세히 들여다보게 됩니다. 엉성해 보이지만 화가의 의도가 개성적으로 반영된 표현이 얼마나 그림의 생명력을 높이는지 잘 드러납니다.

　배경이 풍성하니 해석의 여지도 다양해집니다. 그림의 오른쪽 뒤편으로 보이는 크고 탄탄한 나무 한 그루는 스승의 위엄을 상징하는 듯하며, 제각기 다른 형태의 돌이 차곡차곡 쌓여 만들어진 바닥은 인물들의 개성적인 내공이나 밀도 높게 쌓여가는 배움을 나타내는 듯합니다.

　제목으로 사용한 행단고슬은 '살구나무 아래의 단에서 거문고를 연주한다'라는 뜻입니다. 공자와 제자들이 살구나무 아래에 모여 책을 읽고, 노래를 하며, 거문고를 연주했다는 《장자(莊子)》의 기록에서 나온 말입니다. 그래서 행단은 지금까지 학문을 닦는 곳이라는 의미로 사용되고 있습니다. 아마도 공자와 제자들이 모여 공부하는 분위기가 엄숙하거나 경건했을 것이라고 예상했던 사람들에게는 다소 생소할 수 있습니다. 공자는 토론식으로 가르쳤습니다. 일방적인 지식 전달이 아니라 스승과 제자가 허물 없이 이야기하며 함께 익히고 성장하는 교육이었습니다. 딱딱한 설교가 아니라 노래와 악기가 곁든 정겨운 교류였습니다.

　노래와 거문고는 공자의 수업에서 가장 중요한 요소였습니다. 덕분에 제자들은 스승에게 스스럼없이 물었고, 스승 또한 자신의 생각을 제자들의 수준에 맞추어 진술하게 전달했습니다. 공자가 지향하던 교육 방식은 지금의 시선으로 보아도 결코 낡지 않았습니다. 마치 요즘의 대안 학교 교육과 비슷해 보입니다. 입시와 순위 경쟁이라는 경직된 틀에서 벗어나지 못하는 우리의 아이들을 생각할 때 참으로 부러운 풍경입니다.

[행단고슬도]에 표현된 제자들의 표정은 비록 단순하지만, 미소가 가진 힘은 결코 무시할 수 없습니다. 자신이 원하는 배움은 진정한 성장으로 이끌어 주기에 미소가 따릅니다.

행단과 관련하여 흥미로운 점이 있습니다. 중국에서는 살구나무였던 행단이 조선에서는 은행나무로 해석되었습니다. 조선은 유교를 전파하면서 전국의 향교에 은행나무를 심었습니다. 행단의 의미를 보태기 위한 작업이었습니다. 현재 공자를 모시는 사당으로 성균관에 지어진 문묘(文廟)에도 조선 시대에 심어 수령이 400년으로 추정되는 천연기념물 은행나무가 있습니다. 이것은 아마도 살구나무를 뜻하는 살구 '행(杏)'자에 은행나무라는 의미도 담겨 있기에 발생한 오류로 추측됩니다.

본래의 의미와 다르게 전파되거나 해석되는 일은 종종 발생합니다. 제가 보기엔 공자와 그의 사상도 마찬가지입니다. 우리는 공자에 대해 알아보지도 않고 그와 관련된 모든 것을 고리타분하게 여기는 경우가 많습니다. 저도 《논어》를 제대로 읽어 보기 전까지 비슷한 선입견이 있었습니다. 그러나 알면 알수록 저의 막연한 생각과 너무나 달랐습니다. 자신의 성장을 마비시키는 오류와 선입견은 그 누구도 대신 걷어 낼 수 없습니다. 그렇기 때문에 진정한 배움은 평생을 지속해야 하는 것이 아닌가 싶습니다.

3日 · 가르침

가르침에는 차별이 없다

공자행단현가도(孔子杏壇絃歌圖) - 나능호

━━━━━━━━━━━━━━━━━ ◈◈◈ ━━━━━━━━━━━━━━━━━

나는 한 다발의 육포를 가져오는 성의만 보이면, 그 누구라도 가르치지
않은 일이 없었다.

自行束脩以上 吾未嘗無誨焉
자 행 속 수 이 상   오 미 상 무 회 언 - 술이편

━━━

공자는 누구에게나 배움의 기회를 제공했습니다. 그에게 삼천 명이 넘는 제
자들이 몰려들 수 있었던 이유는 사람을 가리지 않았기 때문입니다. 당시의
고등 교육은 철저하게 귀족에게만 제공되었으나 공자는 배움에 목마른 사
람에게 귀천을 따지지 않았습니다. 그는 최소한의 성의로 육포를 언급했습
니다. 당시 기준으로 한 다발의 육포는 상대방에게 최소한의 예의를 표하는
보편적인 선물이었다고 합니다.

　공자가 생각하는 교육의 기본 원칙은 유교무류(有教無類 - 위령공편)입니
다. 가르침에 차별이 없다는 뜻입니다. 《논어》에는 이와 관련된 흥미로운
에피소드가 있습니다. 어느 날 호향이라는 지방에서 한 소년이 찾아와 공자
를 만났습니다. 호향이란 곳이 천민들만 거주하던 마을인지, 거친 사람들과
범죄자들이 주로 거주하는 곳인지, 이기적이거나 수준이 낮은 자들이 사는
곳인지 알 길이 없습니다. 다만, 맥락으로 보면 최소한 앞에 언급한 내용 중
의 하나에 속한다고 추정됩니다. 그래서 사람들은 호향 출신들과 상대하기
를 꺼렸습니다.

　사람들이 꺼리는 호향의 소년을 공자가 아무렇지도 않게 만나자 제자들
이 수군거리며 의아해했습니다. 공자는 제자들을 보며 호통쳤습니다. "나
는 발전을 도모하는 사람을 만났을 뿐, 퇴보하는 자와 함께 있지 않았다. 이
게 그렇게 심한 일인가? 사람이 앞으로 나아가기 위해 자신을 깨끗이 다듬

1장 공자 - 끝임없이 도전하는 사람

는다면, 그 깨끗함과 함께 할 수 있는 법이다. 그렇다고 그의 잘못된 과거를 모두 허용한다는 뜻은 아니다."(與其進也 不與其退也 唯何甚 人潔己以進 與其潔也 不保其往也 여기진야 불여기퇴야 유하심 인결기이진 여기결야 불보기왕야 - 술이편) 열린 가슴으로 사람을 대하고, 사고의 유연성이 돋보이는 공자의 태도를 잘 보여 주는 일화입니다.

공자의 또 다른 교육 원칙은 선생으로서 최선을 다하는 자세입니다. 공자는 "내가 아는 것이 많은 것처럼 보이느냐? 그렇지 않다. 간혹 어리숙한 사람에게 엉뚱한 질문을 들으면 나도 머릿속이 텅 빈 것처럼 뭐라고 답을 해야 할지 모를 때가 있다. 그럴 경우에도 나는 질문의 의도를 다방면으로 파악해 적당한 답을 알려 주려고 전력을 다한다."(吾有知乎哉 無知也 有鄙夫問於 我 空空如也 我叩其兩端而竭焉 오유지호재 무지야 유비부문어아 공공여야 아고기양단이갈 언 - 자한편)

공자는 눈높이 교육의 개척자이기도 합니다. 제자들의 성향을 파악해 수준에 맞게 가르쳤습니다. 어느 날 공자는 두 명의 제자에게 똑같은 질문을 받았습니다. "좋은 말을 들으면 바로 실천하는 것이 좋을까요?" 공자는 두 제자에게 완전히 다른 답을 주었습니다. 평상시 성급하게 행동하는 제자에게는 좋은 말이라도 조심히 따라야 한다고 조언하고, 너무 신중한 제자에게는 좋은 말에 재빠르게 처신하라고 당부했습니다. (求也退故進之 由也兼人故 退之 구야퇴고진지 유야겸인고퇴지 - 선진편)

[공자행단현가도(孔子杏壇絃歌圖)]는 배움에 열린 기회를 제공했던 공자와 제자들의 모습을 담은 작품 중 가장 화려합니다. 꽃이 핀 살구나무가 숲을 이루고, 악기도 두 대나 됩니다. 마치 음악 소리에 맞춰 살구나무가 춤추듯 가지들이 만들어 내는 곡선이 현란합니다. 제자들의 숫자도 헤아리기 힘들 정도로 많습니다. 공자의 가르침에는 제약이 없어서 출신과 상관없이 많은

제자들이 모여들었다는 사실과 잘 어울립니다. 그림 속에 제자들은 자유롭게 자리잡고 음악을 들으며 편하게 이야기를 주고받습니다. 틀에 얽매이지 않은 분위기가 물씬 풍깁니다.

이 그림은 조선 화가의 순수한 창작물이 아닙니다. 원본은 1645년 함헌이라는 사람이 공자의 후손에게서 선물로 받아 조선으로 가지고 온 그림이라고 기록되어 있습니다. 기록에 따르면 지금 남아 있는 작품은 함헌이 받았던 그림을 지방의 화가였던 나능호가 1887년에 베껴서 그렸다고 합니다. 그러니 엄밀히 얘기하자면 [공자행단현가도]는 중국의 그림입니다. 그러나 현재는 원본이 존재하지 않아서 작품을 그대로 베낀 것인지, 나능호의 주관적인 개성을 덧입혔는지 알 길이 없습니다. 거의 그대로 모방했다고 추측하고 있지만, 19세기에 유행하던 화법이 적용되어 있고, 그림에 관한 정보가 비교적 상세하여 가치가 높다고 평가 받습니다.

그림의 출처를 밝힌 기록에는 한 가지 흥미로운 역사적 오류가 있습니다. 함헌이 중국에 갔다는 시기가 1645년으로 기록되어 있는데, 그때는 이미 그가 사망한 이후였습니다. 실제로 함헌이 중국에 갔던 때는 1552년이라고 합니다.

이 그림은 중요한 표현에도 큰 오류가 있습니다. 공자가 앉아 있는 곳 뒤에는 큰 책장이 보입니다. 사람 키보다 높은 크기의 책장에 책들이 가득 차 있습니다. 아마도 공자의 지혜나 공부하는 분위기를 강조하기 위한 설정일 텐데, 이것은 역사적으로 명백한 오류입니다. 공자가 살던 시대는 종이가 발명되기 전이었습니다. 당시에는 종이 대신 대나무를 엮어 책을 만들었습니다. 대나무를 젓가락처럼 세로로 길게 잘라 글씨를 쓰고, 이 조각들을 끈으로 엮었습니다. 두루마리의 형태로 읽을 때는 펼쳐서 보고, 보관할 때는 둘둘 말았습니다. 이처럼 대나무 조각으로 만든 책을 죽간(竹簡)이라고 불렀습니다. 세로로 자른 대나무를 가로로 끈을 이용해 엮은 모양을 본떠서 '책(冊)'이라는 한자가 만들어졌습니다.

책장은 표현 방식도 눈에 거슬립니다. 시대적 오류를 감안하더라도 지나치게 크고 경직되어 그림의 전반적인 분위기를 해치고 있습니다. 책장 안의 책들도 인위적입니다. 물론, 공자와 제자들을 그린 그림의 목적이 예술성보다는 기록화에 가깝지만 전반적인 조화를 깨뜨리는 표현에 고개를 갸우뚱거리게 됩니다. 모사할 때 화가가 책장을 고스란히 보고 베낀 것인지, 아니면 일부러 크게 한 것인지 모르겠지만 꽤 아쉬운 부분입니다.

그럼에도 불구하고 [공자행단현가도]는 '가르침'에 대한 공자의 태도와 분위기를 느낄 수 있다는 점이 매력적입니다. 이 그림의 소재는 행단예악(杏亶禮樂)으로 앞서 보았던 행단고슬과 같습니다. 살구나무 아래에서 공부하고, 음악을 연주한다는 뜻입니다. 그림의 제목에 쓰인 '현가(絃歌)'는 거문고 소리에 맞추어 부르는 노래라는 뜻입니다. 만약 그림에 모인 제자들이 모두 함께 노래를 부르면 합창단이라고 불러도 무방할 것 같습니다. [공자행단현가도]는 이처럼 다양한 사람들에게 배움의 기회를 열어 두었던 공자의 모습이 떠오르게 만든다는 점에서 의미가 있습니다.

4日·도전

헛된 도전은 없다

성적도(聖蹟圖) 자로문진(子路問津) - 김진여

일부 확대

묵묵하게 알아 나아가며, 배움에 싫증을 내지 않고, 가르치는 데 게으르지 않았으니, 그 이외에 나에게 더 무엇이 있겠느냐?

默而識之 學而不厭 誨人不倦 何有於我哉
묵 이 지 지 학 이 불 염 회 인 불 권 하 유 어 아 재 -**술이편**

어느 날 공자와 제자들이 강가를 지나다가 밭을 갈고 있는 장저(長沮)와 걸닉(桀溺)을 만났습니다. 공자의 제자인 자로가 나루터를 찾기 위해 장저에게 물었습니다. 장저는 수레에 앉아 있는 사람이 누구인지 알아보더니, 만약 그가 공자라면 (공자는 현명한 사람이니) 나루터의 위치를 모를 리 없다고 놀리듯 말했습니다. 조롱을 참으며 자로는 걸닉에게 나루터를 다시 물었습니다. 걸닉은 자로에게 공자의 제자냐고 묻고 난 후, 엉뚱한 말을 전했습니다. 세상은 도도하게 흐르는 저 강물과 같아서 사람이 감히 바꿀 수 없으니, 귀족들이 기피하는 공자를 따라다니지 말고, 험한 세상을 피하여 밭을 가는 자신들처럼 조용하게 살지 않겠냐고 권유한 겁니다. 공자라는 사람 한 명으로는 세상을 바꿀 수 없으니 쓸데없이 그를 쫓아다니지 말고 유유자적하게 살라는 뜻이었습니다.

이를 전해 들은 공자는 허탈한 표정으로 다음과 같이 말했습니다. "사람은 새나 짐승과 무리를 지어 살 수 없는 법이다. 내가 사람들과 어울리지 않는다면 누구와 함께 살아가겠는가? 만약 세상에 도(道)가 있다면, 나 공구는 세상을 바꾸려고 하지 않았을 것이다."(鳥獸不可與同群 吾非斯人之徒與而誰與 天下有道 丘不與易也 조수불가여동군 오비사인지도여이수여 천하유도 구불여역야 - 미자편)

제자들에게 공구라는 본명까지 거론하며 흥분하는 걸 보니 상당히 답답했던 모양입니다. 위에 언급된 '도'는 요즘 말로 최대한 단순하게 표현하면

'정의'입니다. 작게는 '사람으로서 지켜야 할 도리'이고, 크게는 '바른 사회 질서'입니다. 공자는 수시로 전쟁이 발발하던 춘추전국시대를 혼란의 시대로 규정하고 자신이 직접 바꾸려 노력했습니다. 정치가 바로 서야 세상이 바뀐다고 믿었습니다. 그래서 55세에 제자들을 이끌고 길을 떠났습니다. 살던 곳을 떠나 자신을 정치인으로 등용해 줄 사람을 찾아 나섰습니다. 세상을 바꿔 보겠다는 목표를 위해 안정을 버리고 도전을 선택했습니다. 늙은 나이에 관한 고민보다 세상에 대한 걱정이 앞선 결정이었습니다.

통계청의 자료에 따르면 1960년까지만 하더라도 한국 남자의 평균 수명은 51.1세였습니다. 요즘의 55세는 지하철이나 버스의 교통약자석에 발도 못 붙이지만 불과 120여 년 전의 조선 시대에서는 할아버지뻘이었습니다.

공자는 자신의 정치를 실현시킬 곳을 찾아 무려 13년 동안이나 헤맸습니다. 이 도전을 사람들은 주유천하(周遊天下) 혹은 주유열국(周遊列國)이라고 불렀습니다. 주유는 두루 주(周)에 놀 유(遊)자를 붙인 단어인데, 두루 떠돈다는 뜻입니다. 고로 주유천하나 주유열국은 세상을 두루 떠돌았다는 의미입니다. 이처럼 당시에 자신의 이념이나 이론을 전파하기 위하여 돌아다니는 행위를 다른 말로 유세(遊說)라고 했습니다. 요즘도 유세는 정치인이 돌아다니며 의견과 주장을 선전하는 행위로 사용됩니다.

노년의 도전은 결국 68세가 되어서야 멈췄습니다. 누구도 공자를 제대로 등용하지 않았기 때문입니다. 기존의 정치인들은 세상이 바뀌기를 원하지 않았습니다. 이상적인 세상보다 자신들의 안정이 우선이었습니다. 공자도 그 사실을 잘 알았지만 꿈을 포기하지 않았습니다. 어떤 사람은 노년에도 끊임없이 도전했던 공자를 두고 '불가능한 줄 알면서도 도전하는 사람 (是知其不可而爲之者與 시지기불가이위지자여 - 헌문편)'이라고 평가했습니다.

많은 사람들이 당시 공자의 신세를 안타까워하지만 저는 그렇게 생각하지 않습니다. 꿈을 향해 도전하고 뜻이 맞는 제자들과 긴 시간을 함께 했는데 어찌 처량했다고만 얘기할 수 있을까요? 저도 잘 다니던 직장을 그만두고 영상의 시대에 책을 쓰겠다고 했을 때, 대부분의 사람들은 걱정했습니다. 그러나 원고를 기획, 집필, 출간하고 그로 인해 강연까지 이어지게 된 과정들은 단연코 인생 최고의 순간이었습니다.

물론 그 어느 것도 정말 쉽지 않았습니다. 작가가 되었다고 삶이 달라진 것도 아닙니다. 그러나 모든 과정이 저를 성장시켰고, 어디에서도 맛볼 수 없는 뿌듯함을 주었습니다. 현재를 사는 사람은 원하는 일을 할 때 순수한 행복을 느낀다는 사실을 깨달았습니다. 아마 공자도 그를 응원해 주는 제자들과 꿈을 향해 달렸던 시간이 마냥 헛되다고 생각하지는 않았을 겁니다.

고향으로 돌아온 공자는 73세로 세상을 떠나기 전까지 학자와 교육자로 살았습니다. 마지막 기운을 모두 모아서 자료를 정리하고 제자들을 가르쳤습니다. 배움에 싫증을 내지 않고, 가르치는 데 게으름이 없었다는 고백은 말년의 소회 같습니다. 공자는 정치가의 꿈을 이루지는 못했지만 그의 도전으로 쌓인 내공은 그를 인류 최고의 교육자로 성장시켰습니다. 공자는 최고의 전문가가 되는 과정을 묵묵한 실천으로 증명했습니다. 시대를 뛰어넘는 가치관으로 출신에 관계없이 열린 교육을 펼쳤다는 사실만으로도 존경 받아 마땅한 스승입니다. 공자가 뿌린 도전의 씨앗은 2,500년이 지난 지금에도 전 세계에 새로운 싹들을 틔우며 살아 숨쉬고 있습니다.

성적(聖蹟)은 성스러운 역사적 사건이나 성인의 자취 혹은 업적을 뜻하는 말입니다. 일반적으로 [성적도]라고 하면 공자의 행적을 표현한 그림입니다. 다른 말로 [공자성적도]라고도 부릅니다. [성적도]는 공자의 생애를 주요 사건으로 정리하기 때문에 보통 한 장의 그림으로 끝나지 않습니다. 많게는 100장이 넘는 그림으로 구성된 책도 있습니다. 그림과 함께 내용이 서술되어 있어 일종의 그림책이 되는 셈입니다. 대부분 중국에서 만들어져 조선으로 넘어온 책을 베낀 것이 많습니다. 여러 장의 그림으로 구성된 [성적도]는 명나라 때부터 본격적으로 만들어졌는데, 김진여가 그린 작품은 1700년에 제작되었다고 알려져 있습니다. 현존하는 것 중에서 가장 오래된 작품이라고 합니다.

[성적도]에는 각 사건의 내용을 알 수 있는 제목이나 설명이 붙습니다. 위의 그림은 [성적도] 중에서 '자로문진(子路問津)'이라는 제목의 그림입니다. 자로가 나루터를 물어본다는 뜻입니다. 공자가 부푼 꿈을 안고 여러 나라를 돌아다닐 때의 모습이 담겼습니다. 작품이라기보다는 교재 같습니다. 일종의 전기나 위인전인 셈입니다. 그러나 다양한 색상을 동원하고, 나무와 같은 배경도 신경 쓴 점으로 보아 꽤 정성을 기울인 [성적도]입니다. 늙은 공자는 수레를 타고 몇몇 제자들이 그를 따르고 있습니다. 제자들의 눈이 서로 닮아서 얼굴도 모두 비슷하게 보입니다.

김진여의 [성적도]는 총 10개의 그림으로 구성되었습니다. 그중에서 공자의 도전 정신과 삶의 태도를 가장 잘 보여주는 그림이 자로문진입니다. 그를 조롱하는 사람들이 등장하지만 자신의 신념대로 살아가겠다는 굳은 의지가 담겨 있기 때문입니다. 자신의 신념대로 길을 가다 보면 때론 조롱과 비방에 시달리기도 합니다. 편법과 기만이 만연한 사회일수록 바른 길을 선택하는 일조차 쉽지 않습니다. 그러나 비뚤어진 의식이 넘치는 세상에서도 언제나 묵묵히 바른 길을 가는 사람들이 있습니다. 비록 모두가 불가능하다고 말하더라도 공자처럼 사회를 위해 나서는 사람들이 있을 때 세상은 자정 능력을 갖게 됩니다. 우리의 삶에도 바르고 곧은 의지가 필요한 이유입니다.

5日·자질

말과 다른 행동은 관계를 망친다

오수삼매(午睡三昧) - 유숙

썩은 나무로는 조각을 못 하고, 오물이 섞인 흙으로 쌓은 담장은 매끈하게 다듬을 수 없다.

朽木不可雕也 糞土之牆不可杇也
후 목 불 가 조 야 분 토 지 장 불 가 오 야 - **공야장편**

재여(宰予)라는 제자가 낮잠을 잤습니다. 공자가 그 모습을 보고 실의에 빠져 말합니다. "썩은 나무로는 조각을 못 하고, 오물이 섞인 흙으로 쌓은 담장은 매끈하게 다듬을 수 없다. 재여를 꾸짖어 봤자 무슨 소용이 있겠느냐?"

재여가 깜빡 졸았는지, 아니면 공부를 해야 할 시간에 땡땡이를 치고 몰래 자고 있었는지 알 수 없습니다. 다만, 제자를 호되게 평가하는 스승의 말투로 보아 낮잠이 어울리지 않았던 상황으로 추정됩니다.

2,500년 전에는 지금과 같이 전기를 사용할 수 없었습니다. 상용화에 성공한 전깃불은 에디슨이 1879년에 발명했습니다. 그러니 인류가 밤에도 낮처럼 지낼 수 있었던 시기는 불과 150년도 안 된 셈입니다. 그전까지는 불을 붙이는 재료도 귀하고, 불을 밝혀도 요즘처럼 환하지 않았습니다. TV나 컴퓨터도 없어서 밤에 딱히 할 일도 없던 시대였습니다. 해가 뜨면 일어나 제 몫의 일을 하고, 해가 지면 자는 게 일상인 세상이었습니다. 그러니 낮잠을 바라보는 시선도 지금과 같을 리 없습니다. 요즘이야 밤에 일하고 낮에 잠을 자는 사람도 있고, 야간에 활동량이 많아 잠이 부족하면 틈틈이 낮잠을 자기도 합니다. 허나 예전에는 원인이 분명하지 않은 낮잠을 게으름의 상징으로 여겼습니다. 특히 동양에서는 인구의 대부분이 농업에 종사했기 때문에 자연의 순환 원리를 따라 아침에 시작하여 해지기 전까지 끝내야 하는 하루 일과가 정해져 있었기 때문입니다.

사실 공자가 크게 실망한 원인은 한 번의 낮잠이 아니라 평소의 말과 달랐던 제자의 행동 때문이었습니다. 재여는 언어, 즉 말재주가 뛰어났습니다. 수많은 제자 중에서 언어에 뛰어났다고 《논어》에 기록된 두 명의 제자 중 한 명이 재여였습니다. 능력을 인정받을 만큼 뛰어난 제자가 말과 다른 행동을 보였기 때문에 공자가 화를 낸 것입니다.

"재여를 꾸짖어 봤자 무슨 소용이 있겠느냐"라는 구절 다음에는 공자의 진심이 뒤따릅니다. "지금까지 나는 사람이 하는 말을 듣고 그의 행실을 믿었다. 그러나 이제는 사람의 행실이 그의 말과 같은지 살펴보게 되었구나. 재여 때문에 사람을 보는 관점이 바뀌어 버렸다."(始吾於人也 聽其言而信其行 今吾於人也 聽其言而觀其行 於予與改是 시오어인야 청기언이신기행 금오어인야 청기언이관기행 어여여개시 - 공야장편)

낮잠은 제자를 철석같이 믿었던 공자를 배신한 행동이었습니다. 공자는 더 이상 사람들의 말을 못 믿게 된 현실이 안타까웠습니다. 그는 말만 앞세우고 실천이 따르지 않는 사람을 아주 싫어했습니다. 그런데 자신과 가장 친밀하고 솔직한 관계라고 여겼던 제자조차 믿지 못하게 되는 상황이 아쉬웠던 모양입니다.

[오수삼매(午睡三昧)]에서도 수행에 정진하겠다는 다짐과 달리 잠에 빠진 인물이 있습니다. 그림의 제목에서 오수는 낮잠입니다. 삼매는 불교 용어로 '마음이 안정되어 흔들리지 않는 최상의 상태'나 '어떤 대상에 대하여 완벽한 집중력이 발휘될 때' 쓰이는 단어입니다. 또한 잡념 없이 '한 가지에 몰입해 경지에 오른 상태'를 말하기도 합니다. 다양한 의미로 쓰이지만 모두 동요하지 않는 완전한 마음의 상태라는 뜻을 포함하고 있습니다.

삼매라는 제목과 짧은 머리카락을 보면 주인공의 신분은 스님입니다. 그런데 자세를 보면 삼매라는 단어와는 잘 어울리지 않습니다. 당장이라도 고개가 옆으로 떨어지거나 상체가 앞으로 쏠려 쓰러질 듯 구부정한 자세가 불안정하기 때문입니다.

그림 속 스님이 왜 낮잠을 자는지 알 수 없습니다. 다만 불편한 자세와 배경 없는 인물은 보는 사람의 상상력을 자극하기에 충분합니다. 조선 시대에는 여러 상황의 [오수도]를 그렸습니다. 제목은 등장하는 인물이 목동이면 '목동오수', 어부이면 '어부오수', 소나무 아래에서 낮잠을 자면 '송하오수'가 됩니다. 그런데 오수삼매처럼 배경을 모두 생략하고 등장인물에만 초점을 맞춘 [오수도]는 아주 드뭅니다. 배경이 없으니 인물에 대한 호기심이 더욱 강렬해집니다.

스님은 사회를 떠나 일상적인 삶을 포기하고 어려운 구도자의 길을 선택했습니다. 구도자들은 단순한 환경 속에서 엄격한 규율을 지키며 살아갑니다. 그러니 낮잠은 사실 스님과 어울리지 않습니다. 특히 불교에서는 삼매에 들기 위해 참선이나 좌선이라고 불리는 수행법을 흔히 이용하는데, 이때 잠은 적이나 다름없습니다. 이러한 생각은 공자도 마찬가지였습니다. 수련해야 하는 제자들에게 낮잠은 단순한 휴식이 아닙니다. 수행이나 수련의 질서에서 벗어나는 행위입니다. 그런 의미로 재여와 스님의 잠은 일탈이라는 교집합이 생깁니다.

동양화에서 먹물로 검은색의 명암을 조절하여 표현하는 기법을 농담(濃淡)이라고 합니다. 농담은 붓으로 먹물을 찍은 후 섞는 물의 양, 휘젓는 기술에 따라서 다양한 표현이 가능합니다. 한 번의 붓질로 진하고 옅은 색을 동시에 나타낼 수 있으며, 붓의 흐름에 따라서 차츰 옅어지게도 할 수 있고, 반대로 옅었다가 진해지게도 가능합니다. 농담은 검은색으로만 완성되는 수묵화에서 아주 중요한 기법이며, 동양의 신비함이 담뿍 느껴지는 오묘한 효과를 줍니다. 특히, 선으로만 완성되는 단순한 그림에서는 먹의 농담 표현이 곧 실력의 잣대가 되기도 합니다.

[오수삼매]는 붓의 선과 농담의 교차가 아주 매력적입니다. 머리와 얼굴, 발은 세심하고 잔잔하며, 겉옷은 과감하게 출렁입니다. 산들바람이 조금이라도 불어 겉옷을 흔든다면 스님의 감긴 눈이 번쩍 뜨일 것 같습니다. 듬성듬성한 머리카락이나, 발가락이 나와 있는 짚신처럼, 겉옷의 농담도 화가의 의도가 충분히 반영된 표현입니다.

자유분방한 옷의 곡선은 스님의 꿈속 같기도 하고, 쪼그려 잘 수밖에 없는 입장의 다른 표현 같기도 합니다. 즉흥적으로 거침없이 슥슥 그린 것 같은 붓의 놀림이 잘 살아 화가의 내공이 고스란히 뿜어져 나옵니다.

조선에서 가장 실력이 뛰어난 화가들은 임금의 초상화인 어진(御眞)을 그리는 일에 동원되었습니다. [오수삼매]를 그렸던 유숙도 여러 차례 어진을 담당했다고 합니다.

경지에 오르는 과정이 창조의 모태다

검을 차고 있는 아름다운 여인(佩劍美人圖) - 맹영광

옛것을 익혀 새로운 것을 알아낸다면 능히 스승이 될 수 있다.

溫故而知新 可以爲師矣
온 고 이 지 신 가 이 위 사 의 - 위정편

위 문장은 온고지신(溫故知新)이라는 고사성어로 유명합니다. 옛것이란 과거의 사람들이 만든 지식과 지혜이며, 새로운 것은 창조를 말합니다. 즉, 배움을 통해 창조할 수 있는 능력을 지닌다면 누구라도 스승이 될 수 있다는 말입니다. 이 구절에서 중요한 것은 '배움과 창조의 조화'입니다.

어느 날 자장(子張)이라는 제자가 좋은 사람으로 살아가는 방법을 묻자 공자는 다음과 같이 대답했습니다. "앞선 사람의 자취를 밟지 않으면 경지에 오르지 못한다."(不踐迹 亦不入於室 불천적 역불입어실 - 선진편) 사람은 혼자서 경지에 오를 수 없습니다. 만약 오른다 해도 매우 비효율적이며, 높은 수준에 도달하기 어렵습니다. 태어나서 한 번도 수영을 본 적 없는 사람이 물에서 자유자재로 놀 수 있으려면 얼마의 시간과 노력이 필요할까요? 수영을 배우려면 최소한 잘하는 사람의 동작을 보고 따라 하거나 책과 같은 자료라도 봐야 합니다. 그러나 눈으로만 보아서 원리를 이해하려면 진도가 더딜 수밖에 없습니다. 무엇이든 가장 빠르고 정확하게 습득하려면 전문가에게 배워야 합니다. 그 전문가들이 바로 앞선 사람들입니다.

우리는 가르쳐 주는 사람을 선생님이라고 부릅니다. 선생의 한자는 '먼저 선(先)'과 '날 생(生)'자가 합쳐진 단어입니다. 글자 그대로 해석하면 먼저 태어난 사람이라는 뜻입니다. 그런데 '생'에는 '낳다', '살다'라는 뜻 외에 '배우는 사람'이라는 뜻도 있습니다. 학문을 배우거나 학교에서 공부하는 사람을 학생(學生)이라고 부르는 이유입니다. 즉 선생이란 앞서 배운 사람이기 때문에 가르침이 가능한 겁니다.

배움은 자신을 위해서 시작하지만 궁극적으로는 타인을 위한 가르침으로 마무리됩니다. 이것이 예전부터 추구하던 동양 교육의 핵심입니다. 진정한 스승은 개인의 영달이 아닌 사회의 발전을 위한 교육에 힘씁니다. 배움과 가르침의 순환은 창조를 배양합니다. 똑같은 내용을 배워도 경지에 오르는 과정에서 개성이 가미되기 마련입니다. 그 과정에서 변형이 나타나고 창조가 태어납니다.

학문과 종교의 역사를 생각하면 이해가 쉽습니다. 한 명의 스승이나 교주에게서 똑같은 내용을 보고 들어도 나중에는 다양한 학파와 종파로 나뉩니다. 결국, 배움과 경지의 순환에서 창조가 탄생하고, 가르침의 과정에서 창조는 공유되며 확장됩니다. 이것이 인류가 문명을 발전시킨 과정입니다.

제 취미는 배움입니다. 호기심이 많다 보니 혼자 살았던 젊은 시절부터 다양한 것들을 배웠습니다. 수영, 마라톤, 글쓰기, 그림, 차 마시기 등과 같이 평범한 것들도 있고, 보통 사람들이 잘 생각하지 않는 모터사이클, 서예, 국궁, 검술, 명상, 대금(국악기) 등 비주류에 속하는 것들도 있습니다. 평범한 학원에서 배우기도 하고, 유명한 선생님을 찾아다니기도 했습니다.

한 우물만 파야 성공을 한다거나 지나치게 잡기에 매달리면 실속이 없다는 말도 있지만 저는 미래의 막연한 성공보다 현재가 더 중요했습니다. 궁합이 맞는 새로운 배움을 만날 때마다 현재를 사는 행복감이 몇 배로 커졌습니다. 호기심이 생기면 주저 없이 배움으로 다가갔고, 체험을 통해 쌓여 가는 즐거움과 만족감은 삶의 밀도를 높였습니다.

상황 때문에 오래 지속하지 못한 것도 있지만, 20대부터 지금까지 꾸준히 놓지 않는 것들도 있습니다. 두 돌이 지나면서부터 함께 차를 마신 두 아들은 벌써 각각 7년과 4년의 경력이 쌓였습니다. 아이들은 기분이나 날씨에 따라서 원하는 차를 골라 마시고, 박람회에 같이 가서 시음을 즐깁니다. 부모님이 반대했던 모터사이클은 제 첫 직장으로 연결되었습니다. 첫 직장은 부모님께 손 벌리지 않고 자립할 수 있다는 용기를 주었고, 17년 동안 제 생계를 책임졌습니다. 저는 지금도 근거리를 이동할 때 스쿠터를 애용합니다.

배움은 가르치는 사람뿐만 아니라 함께 배우는 사람들과 분위기에서도 얻습니다. 공자는 '세 사람이 함께 다니면 반드시 그 안에 나의 스승이 있다(三人行, 必有我師焉 삼인행, 필유아사언 - 술이편)'라고 했습니다. 나보다 나은 사람에게 장점을 배우고, 못한 사람을 통해 단점을 고치는 계기로 삼는다는 내용입니다. 다양한 배움은 참신한 영감을 불러일으키고 삶이 변화하는 계기를 마련해 줍니다.

[검을 차고 있는 아름다운 여인(佩劍美人圖 패검미인도)]을 그린 사람은 맹영광입니다. 그는 중국 사람으로, 조선에서 활동했던 화가입니다. 병자호란에서 패한 조선은 청나라에 무릎을 꿇고 왕세자였던 소현세자를 인질로 보냈습니다. 소현세자는 끌려간 청나라에서 맹영광과 친분을 맺었습니다. 그리고 소현세자가 8년 만에 조선으로 돌아올 때 맹영광도 함께 왔다고 알려져 있습니다. 국립중앙박물관에는 맹영광의 작품이 여덟 점 남아 있는데 대부분 섬세한 표현이 특징입니다.

[검을 차고 있는 아름다운 여인]은 세로 길이가 99.1cm 가로 길이가 43cm로 꽤 큰 편입니다. 조선 시대에 여성을 단독으로 그린 전신 그림은 주로 후기에 많이 나타나는데 일반적으로 [미인도]라는 제목이 붙습니다. 대표적으로 신윤복의 [미인도]가 있는데, 시기상으로 보면 맹영광의 그림보다 대략 최소 130여 년 후에 그려진 것으로 추정됩니다. 현재 맹영광의 작품 이전에 그려진 여성의 전신 그림은 전해지는 게 없고, 기록도 없습니다. 그래서 조선 후기의 다양한 미인도는 맹영광의 그림으로부터 영향을 받았

다고 보는 견해도 있습니다. 이런 시각을 온고지신에 대입해 보면 맹영광의 [검을 차고 있는 아름다운 여인]은 옛것이고, 신윤복의 [미인도]는 새로운 것이 되는 셈입니다.

맹영광의 그림들이 모두 조선에서 그려진 것인지는 정확히 알 수 없습니다. 다만 조선에 있었던 그의 그림들이 후대의 조선 화가들에게 큰 영향을 끼쳤다는 점은 분명합니다. 서로 다른 문화의 교류는 어김없이 새로운 창조의 밑거름으로 이어진다는 사실이 흥미롭습니다.

맹영광의 작품은 곳곳의 세심한 표현이 돋보입니다. 여러 겹으로 구성된 옷은 각각 다르게 새겨진 무늬가 정교합니다. 앞 이마의 잔머리와 머리 장신구도 꽤 자연스럽습니다. 여인이 등에 찬 칼이 전체 그림에서는 작은 부분이지만, 큰 의미를 부여할 수 있는 소재입니다. 칼은 사람을 죽이는 폭력적인 무기이고, 남성성이 강한 상징물이기 때문입니다. 그런데 칼자루의 끝에 달린 장식과 매듭에는 여성적인 색채가 짙습니다. 이러한 요소는 무기가 가진 잔인함을 희석시킵니다.

칼은 누가 어떤 상황에서 가지고 있는지에 따라 의미가 크게 달라집니다. 여유로운 표정과 부드러운 자세, 화려하지만 지나치지 않은 복장으로 볼 때 그녀는 앞선 사람이 분명합니다. 우리가 무엇을 배울 때 가장 많이 듣는 소리 중 하나가 몸에 힘을 빼라는 조언입니다. 운동이 아닌 명상이나 서예도 마찬가지입니다. 고수일수록 자세가 여유롭고 동작이 매끈합니다. 나이가 많고 경력이 오래되었다고 다 고수가 아닙니다. 자신의 나이와 경력을 내세우면서 다른 사람들의 이야기에는 귀 기울이지 않고, 뻣뻣한 옹졸함과 편협함 속에 갇혀 있는 가짜 고수들이 많습니다. 진짜 고수는 열린 태도와 자세로 배움을 지속하고 자신만의 것을 창조하기 위해 끊임없이 갈고닦는 사람입니다.

진솔함이 믿음과 신뢰를 낳는다

파초하선인(芭蕉下仙人) - 이재관

공자가 머무는 곳에 사람들을 안내하며 말을 전달하는 동자가 있었다. 어떤 사람이 동자를 보고 공자에게 물었다. "저 아이는 인재로 성장하는 중입니까?" 공자가 답했다. "제가 보니 제멋대로 아무 자리에나 앉고, 윗사람들과 똑같이 행동하려 합니다. 아무래도 발전을 위해 노력하는 아이가 아니라 그저 빨리 성공하고 싶은 욕망만 있는 것 같습니다."

或問之曰 益者與 子曰 吾見其居於位也 見其與先生幷行也
혹 문 지 왈　익 자 여　자 왈　오 견 기 거 어 위 야　견 기 여 선 생 병 행 야

非求益者也 欲速成者也
비 구 익 자 야　욕 속 성 자 야 - 헌문편

말을 전달하는 일은 쉽지 않습니다. 사람의 얘기를 잘 알아듣고, 똑바로 전달하는 능력이 있어야 합니다. 특히나 윗사람의 얘기를 전달하는 일은 똑똑하고 눈치도 빨라야 됩니다. 그 외에도 말과 행동을 함부로 하지 않는 조신함이 필요합니다. 따라서 위의 대화에서 언급된 질문의 의도는 단순합니다. 공자의 곁에서 말을 전달하는 일을 맡을 정도의 동자라면 똑똑함을 갖추었을 테니, 자기 발전을 위해 정진하고 있는지 물은 것입니다.

공자는 동자를 부정적으로 평가했습니다. 평소에 버릇없던 동자의 행동을 눈여겨본 모양입니다. 아무리 똑똑하더라도 기본적인 예(禮)가 없으면 인재로 성장할 수 없다고 답합니다. 공자는 매너에 해당하는 예를 아주 중요하게 여겼습니다. 예는 말과 몸가짐을 공손히 하며 존경을 표하는 예의(禮儀)부터, 지켜야 할 규범을 정하고 따르는 예법(禮法), 감사의 의미를 전달하기 위한 예물(禮物)까지 상황에 따라서 다양하게 확장됩니다. 그 근본에는 공통적으로 겸손이 깔려 있습니다.

사람보다 돈의 가치가 더 높아지는 세상에서 우리 모두가 진지하게 생

각해야 할 문제가 바로 '예'입니다. 돈이 점점 더 많은 것을 지배하는 세상으로 바뀌고 있습니다. 신분과 평판도 모두 돈으로 따집니다. 돈이 없으면 사람 대접을 못 받습니다. 사는 아파트와 부모의 자동차 브랜드, 해외 여행의 경험 등으로 친구들의 등급을 나눈다는 초등학생들의 이야기를 들을 때마다 애처로움이 밀려듭니다. 맹목적으로 돈만 숭배하는 사람들은 돈을 벌기 위해서 수단과 방법을 가리지 않습니다. 물질이 지배하는 세상에서, 빠르게 성공하기만 하면 된다는 생각이 넘치니 예의 가치가 하락합니다. 이런 어른들의 생각과 행동은 고스란히 아이들에게 전염됩니다. 물론 돈은 삶의 중요한 요소입니다. 그러나 성공의 기준이 재산의 규모로 평가되고, 절제 없는 욕망이 넘치는 사회의 미래는 밝을 수 없습니다.

사람은 함께 살아가야 한다는 가치관의 시작이 바로 예입니다. '나'라는 존재가 소중하듯이 사람은 누구나 똑같이 귀하다고 여길 때 서로를 존중하는 마음이 생깁니다. 존중하는 마음이 자리잡으면 강요하지 않아도 겸손이 생깁니다. 겸손은 단순히 자신을 낮추는 행위가 아닙니다. 존중이 반영된 태도의 결과입니다. 존중과 겸손이 세상에 두루두루 퍼질 때 사람이 사람답게 살게 됩니다. 예는 그 가치를 실행하는 가장 기본적인 기준선입니다.

진솔한 예는 믿음과 신뢰를 낳습니다. 이것들이 사회 전반적으로 확장되면 삶이 평안합니다. 그 대표적인 예가 타인의 물건에 함부로 손을 대지 않는 문화입니다. 우리나라도 한때는 소매치기가 극성을 부리던 시기가 있었습니다. 그런데 언제부턴가 소지품 도난에 크게 신경 쓰지 않는 환경이 되었습니다. 이렇게 변한 이유를 한 마디로 단정하기는 어렵습니다. 안정된 치안과 많아진 CCTV도 큰 역할을 하겠지만, 우리의 의식 수준이 높아진 것도 큰 몫을 차지합니다. 이와 같은 시민 의식이 바로 예입니다.

한국에 여행 온 외국인들이 가장 놀라는 점 중 하나는 소지품 도난 우려가 없다는 점입니다. 우리는 공공장소에 다른 사람의 소지품이 있으면 손을 대지 않습니다. 오히려 소지품이 있는 곳을 타인의 영역으로 여깁니다. 심지어 값비싼 노트북이나 스마트폰이 놓여 있어도 웬만해서는 사라지지 않습니다. 실수로 소지품을 두고 갔다가 한참 뒤에 다시 가 보니 그대로 있었다는 경험담도 익숙합니다. 해외를 나가 보지 않은 사람들은 잘 모르겠지만 이것은 대단히 큰 생활의 여유입니다. 일본 정도를 제외하면 미국, 영국, 프랑스, 이탈리아 등 그 어떤 선진국도 한국과 같은 분위기가 아닙니다. 외국의 관광지나 대도시에서는 소매치기가 하도 많아서 내 몸에 있는 돈과 귀중품도 언제 빼앗길지 모른다는 불안함에 바짝 긴장하게 됩니다. 유럽의 상가들은 영업을 마치면 일제히 문과 쇼윈도를 철문이나 셔터로 꽁꽁 잠급니다. 그 모습을 보면 두려움과 함께 안쓰러움이 느껴지기도 합니다.

미국 출장 중에 스마트폰을 잃어버린 동료를 목격한 적이 있습니다. 시카고의 노천 카페에 함께 앉아 있었는데 바로 눈앞의 테이블에 놓았던 스마트폰이 순식간에 사라졌습니다. 자리를 비우지도 않았고, 손이 닿는 위치에 있었지만 알지 못했습니다. 뒤늦게야 소란스럽게 지나치며 길을 물어보던 사람이 범인이었던 것 같아 신고했지만, 경찰은 찾을 방법이 없다는 말만 했습니다. 이탈리아의 밀라노에서는 상의 안주머니에 있던 돈을 분실한 동료도 있었습니다. 소매치기가 안주머니 속에서 지갑을 꺼낸 뒤 돈만 빼내고 지갑은 도로 넣어 두었습니다. 그 소매치기는 지하철을 타고 내리는 혼란한 틈을 이용했는데, 그 짧은 순간에 유럽에서 통용되는 유로만 쏙 빼고 다른 나라의 지폐는 고스란히 남겨 두었습니다. 흥분한 동료의 말을 듣던 일행은 모두 놀람을 넘어 감탄할 정도였습니다.

바른 예가 넘쳐야 사회가 밝아집니다. 예의 기준이 올라가면 그 영향력이 사회에 전반적으로 퍼집니다. 공자는 거듭 예의 가치를 강조하며 말했습니다. "예와 겸양으로 나라를 다스리지 않는다면 예를 어디에 쓰겠는가?"(不能以禮讓爲國 如禮何 불능이례양위국 여례하 - 이인편)

[파초하선인(芭蕉下仙人)]은 파초 아래에 도인이라는 뜻입니다. 선인은 신선일 수도 있고, 도를 닦는 사람일 수도 있습니다. 이 그림 속 선인의 쪼그려 앉은 자세를 보니 신선은 아닌 것 같습니다. 선인은 진중하게 나뭇잎에 글씨를 쓰고, 동자는 웃으며 부지런히 벼루에 먹을 갈고 있습니다. 공자의 곁에서 말을 전하는 동자가 성공만 꿈꾸는 아이였다면, 그림의 동자는 자신의 일을 즐기는 듯 보입니다. 동자의 미소에서 순수함이 느껴집니다. 이처럼 진솔하고 바른 예는 순수한 미소와 가깝습니다. 만약 공자에게 이 동자에 대한 평가를 묻는다면 조금 더 긍정적으로 답하지 않을까요?

선인의 뒤에는 책상과 바위가 있습니다. 책상에 놓인 붓과 두루마리는 선인의 신분을, 바위와 그 옆에 곧게 자란 나무는 성품을 대변하는 것 같습니다. 인물들의 옷에 사용된 선이 묵직합니다.

이 그림을 그린 이재관은 어린 나이에 아버지를 여의었습니다. 어머니를 모시고 살았는데, 집이 가난하여 독학으로 배운 그림을 팔아 생계를 유지하던 직업 화가였습니다. 하지만 열심히 갈고닦다 보니 실력이 일취월장하여 일본 사람들도 이재관의 그림을 좋아했다고 합니다. 그는 태조의 어진을 모사한 공로로 관직도 받을 만큼 초상화를 잘 그렸습니다.

커다란 나뭇잎에 글을 쓰는 장면이 다양한 재료를 활용하는 현대미술의 관점에서는 낭만적일 수도 있습니다. 하지만 옛사람들에게는 안타까운 상황입니다. 당나라의 명필가 회소(懷素)는 종이를 못 살 만큼 가난해서 파초를 심고 그 잎을 이용해 글씨를 연습했습니다. 자신이 할 수 있는 범위 내에서 최선을 다해 기량을 갈고닦은 것이지요. [파초하선인]에서 이재관은 회소를 그렸을까요? 아니면 자신의 모습을 담았을까요?

8日·인

간절하게 원하면 바로 닿는다

매화초옥도(梅花草屋圖) - 전기

마음에 간절함이 없으니 멀게 느껴지는 것이 아니겠는가?

未之思也 夫何遠之有
미 지 사 야 부 하 원 지 유 - 자한편

공자가 시 한 편을 읽습니다. "나무에 봄꽃이 풍성하고, 살랑살랑 바람에 나부끼네, 어찌 그대 생각이 안 나겠는가, 허나 그대의 집은 멀기만 하구나." (唐棣之華 偏其反而 豈不爾思 室是遠而 당체지화 편기반이 기불이사 실시원이 - 자한편) 그러고 나서 이렇게 감상을 덧붙였습니다. "마음에 간절함이 없으니 멀게 느껴지는 것이 아니겠는가?"

위의 시는 봄꽃을 보며 그리운 사람을 생각하는 내용입니다. 이 시는 다른 고전에는 나오지 않습니다. 그래서 《논어》에 나오는 구절이 시의 전체 내용인지 일부인지는 알 수 없습니다. '나무에 봄꽃이 풍성하고'로 번역한 부분이 《논어》 원문에는 '당체나무의 꽃(唐棣之華)'으로 되어 있습니다. 당체나무는 산앵두나무라는 번역이 많습니다만, 누구는 '아가위(산사나무)'라고도 하고, 또 어떤 이는 '채진목'이라고도 합니다. 앞에 언급된 나무들은 전문가가 아닌 사람에게 생소한 이름이고, 설령 산앵두나무라고 해도 어떤 종류의 꽃인지 알기 어렵습니다. 그래서 저는 쉬운 이해를 위해 의역을 했습니다. 위에 언급된 나무의 꽃들은 모두 공통적으로 작고 풍성하며 봄에 꽃을 피웁니다. 그래서 그 교집합을 이용하여 원문의 뜻에서 최대한 멀어지지 않게 번역해 보았습니다. 아무리 꽃에 대해 잘 모른다고 하더라도, 봄에 피는 꽃에 대한 이미지와 느낌은 누구나 가지고 있기 때문에 조금 더 쉽게 시에 다가갈 수 있을 것입니다.

공자가 덧붙인 감상은 가슴에 꽂히듯 다가옵니다. 짠하게 느껴지던 장

거리에 대한 안타까움이 한순간에 초라하게 바뀌지만, 《논어》의 매력이 봄
꽃의 향기처럼 스며듭니다. 《논어》에는 이와 비슷한 형식으로 전달하는 메
시지가 하나 더 있습니다. "인(仁)이 멀리 있느냐? 내가 원하면 바로 거기에
닿는 것이 인이다." (仁遠乎哉 我欲仁 斯仁至矣 인원호재 아욕인 사인지의 - 술이편)

인은 기본적으로 '어질다' 또는 '인자하다'로 쓰이며, 그런 상태를 나타내
기도 합니다. 공자는 인을 늘 곁에 두어야 한다고 했습니다. 인은 행동의 기
준이기도 하고, 올라서야 할 경지이기도 합니다. 공자는 언제나 인에 닿기
위해 힘쓰고, 그 안에 오래 머무르기를 강조했습니다. 많은 사람들이 공자
의 핵심 사상으로 자주 사용하는 단어가 바로 '인'입니다. 공자는 인이 바르
고 선한 모든 관념들을 아우르는 최고의 덕목이라고 생각했습니다.

제자 안회(顔回)가 인에 대해 묻자 공자는 이렇게 대답했습니다. "자신을
극복하고 예로 돌아가는 것이 인이란다." (克己復禮爲仁 극기복례위인 - 안연편)
이 말은 부적절한 욕망을 이겨내고 예를 삶의 지침으로 삼는 것이 인이라는
말입니다. 예가 아니면 보지도 말고, 듣지도 말며, 말하지도, 움직이지도 말
라고 했습니다. 아울러 인은 자기로부터 나오는 것이지 타인에게 달려 있는
것이 아니라고 강조했습니다. (爲仁由己, 而由人乎哉 위인유기, 이유인호재 - 안연편)
결국, 멀게 느끼는 것도 자신이고, 간절하게 느끼는 것도 자신입니다. 어떤
선택을 할지는 오롯이 자신의 몫입니다. 닿기 위한 마음가짐과 노력은 그
누구도 대신해 줄 수 없습니다.

공자는 '인하다'라는 평가에 인색했습니다. 그만큼 인에 닿기 어렵고 따
르기 힘든 탓입니다. 그는 제자 중에서 기껏해야 안회만이 석 달 동안 인에
서 어긋남이 없으며, 나머지는 한 달이나 하루밖에 머물지 못한다고 했습니
다. (回也 其心三月不違仁 其餘則日月至焉而已矣 회야 기심삼월불위인 기여즉일월지언이
이의 - 옹야편) 그러니 다른 제자들은 인을 다가가기조차 어려운 경지로 생각

할 수밖에 없었습니다. 그런 제자들에게 공자는 인은 멀리 있는 것이 아니라 원하면 즉시 닿는 것이라고 얘기했습니다. 인간이 가진 최고의 무기가 바로 간절함이라고 가르쳤습니다.

[매화초옥도(梅花草屋圖)]는 매화가 핀 초가집이라는 뜻입니다. 흐드러지게 핀 매화의 향기가 그림 밖으로 퍼질 듯합니다. 이처럼 매화가 만발한 그림은 조선 후기에 유행했습니다. 임포(林逋)라는 중국 시인의 이야기가 널리 퍼졌기 때문입니다. 임포는 송나라 사람으로 학식이 높아 벼슬을 하라는 권유를 자주 받았지만 거절했습니다. 온갖 이익과 세속적인 욕망을 거부하며 산속에 초가집을 짓고 스스로 가난한 삶을 선택했습니다. 평생 자연을 벗 삼아 결혼도 하지 않고 시를 쓰며 살았습니다. 그는 매화와 학을 좋아해서 집 주변에 300그루의 매화를 심고 학을 길렀습니다. 사람들은 그를 매처학자(梅妻鶴子)라 불렀는데, 매화를 아내로 삼고 학을 자식으로 여겼다는 뜻입니다. 예부터 매화는 봄에 가장 먼저 꽃을 피우고 향기를 퍼뜨려 고결함을 상징했고, 학은 고귀한 자태를 지닌 신선의 새로 여겨졌습니다.

임포가 한문으로 쓰던 시는 요즘의 현대시와 쓰는 방법이 많이 달랐습니다. 글자의 운을 맞추는 기본적인 조건 이외에도 역사와 철학 등을 두루 공부하여 인문학적 소양을 녹여야 제대로 된 시라고 평가받았습니다.

임포는 다양한 학문과 경전에 두루 통달하고도 사사로운 이익을 멀리했으니 그가 선택한 삶의 방식은 공자가 말한 인에 가깝습니다. 자신이 목표로 한 고결한 삶을 미래의 먼 곳으로 삼지 않고 가까이에 두며 평생을 즐겼습니다. 죽을 때까지 강직하게 자신의 의지대로 살다 간 임포의 이야기는 조선 후기 혼란한 사회의 많은 사람들에게 큰 울림을 주었습니다.

전기(田琦)의 [매화초옥도]는 무거운 배경색과 산뜻한 주제 색상이 돋보입니다. 눈이 내리듯이 만발한 매화가 인상적입니다. 주변의 산과 언덕이 모두 눈으로 덮여 있습니다. 그런데 매화의 흰 색이 눈 덮인 배경을 초라하게 만듭니다. 자세히 보면 나무에는 초록색으로 동글동글하게 표현한 새싹들이 보입니다. 초록 새싹이 하얀 색을 받쳐주니 꽃이 더욱 돋보입니다. 그림 안에는 두 명의 인물이 등장합니다. 한 사내가 거문고를 둘러메고 눈이 잔뜩 쌓인 길을 따라 느긋한 발걸음으로 지인에게 다가가고 있습니다. 붉은색 옷을 입은 사내는 화가 자신이며, 초록색 옷을 입고 창문을 열어 놓은 채 기다리는 지인은 화가의 친구 오경석(吳慶錫)으로 해석하기도 합니다. 매화 사이로 들려올 거문고의 음률은 어떤 색으로 표현될까요?

매화는 꽃을 모아 말리면 따뜻한 물에 우려서 차로 마실 수 있습니다. 봄에 가장 먼저 피는 매화는 색감뿐 아니라 바람에 실려 먼 곳까지 퍼지는 향기, 자연의 기운을 전하는 맛까지, 시각, 후각, 미각을 두루 자극하는 꽃입니다. [매화초옥도]에서 거문고에 대한 상상력을 보태면 현악기를 연주하는 손의 촉각과 음악의 청각까지 추가됩니다. 그래서 이 그림은 매화차를 마셔 보고, 거문고를 즐겨 본 사람에게는 오감의 자극을 선물합니다.

전기는 약방을 운영하던 중인이었습니다. 약을 팔면서 종이에 그림을 그려서 주기도 했다고 합니다. 그는 김정희(金正喜)에게 인정받을 정도로 실력이 출중했지만, 안타깝게도 서른 살에 세상을 떠났습니다. 그래서 전해지는 작품의 수가 많지 않습니다. [매화초옥도]는 사람들이 전기의 대표작으로 꼽는 작품 중 하나입니다. 이 그림과 함께 매화가 한껏 흐드러진 다른 시선의 [매화서옥도]가 두 점이 더 남아 있는 것을 보면 그가 얼마나 매화를 좋아했는지 알 수 있습니다. 전기도 임포의 삶을 동경했던 것일까요? 아니면 단순히 매화 그림을 좋아했던 걸까요? 현실을 벗어나기 어려운 중인의 신분이었던 전기는 자신이 꿈꾸던 인의 세상을 매화가 만발한 그림으로 표현한 것인지도 모르겠습니다.

아는 것만 안다 하고,
모르는 것은 모른다 해야 한다

총석정(叢石亭) - 이인문

선생님은 괴상한 것, 강압적인 것, 문란한 것, 초자연적인 것에 대해서는 말씀하지 않으셨다.

子不語怪力亂神
자 불 어 괴 력 난 신 - 술이편

인류는 긴 시간 동안 신비로운 존재를 숭배하거나 알 수 없는 현상을 두려워하며 살아왔습니다. 흥미로운 점은 과학과 기술의 발전으로 열린 이성의 시대를 살면서도 미신을 믿는 사람들이 존재한다는 사실입니다. 우리 주위에는 아직도 운명을 점괘로 판단하는 사주나 궁합이 흔합니다.

공자의 위대함은 미신의 시대를 살면서도 이성을 강조하려고 노력했다는 점입니다. 그는 교육의 가치를 높이 평가했고, 리더의 모범을 강조했습니다. 좋은 정치를 기반으로 다 함께 잘 사는 사회를 꿈꿨습니다. 자신이 알 수 없는 영역이나, 설명할 수 없는 초자연적 현상에 대해서는 정확히 선을 그었습니다. 공자는 제자 자로에게 이렇게 가르쳤습니다. "아는 것을 안다고 하고, 모르는 것을 모른다고 하는 것, 이게 바로 아는 것이다." (知之爲知之 不知爲不知 是知也 지지위지지 부지위부지 시지야 - 위정편) 또한 지혜에 대해 묻는 제자에게 다음과 같이 답했습니다. "사람으로서 의로움에 힘쓰고, 초월적 존재에 대해 공경은 하되 멀리한다면 지혜롭다고 할 수 있겠다." (務民之義 敬鬼神而遠之 可謂知矣 무민지의 경귀신이원지 가위지의 - 옹야편)

많은 사람들이 서양은 이성적 사고가 발전했고, 동양은 그렇지 않다고 생각합니다. 그러나 이같은 단순한 이분법적 사고는 사실이라고 보기 어렵습니다. 현대 과학의 토대가 되는 많은 기술이 유럽에서 비롯되었지만, 그전에 인류의 문화를 크게 발전시킨 종이, 화약, 나침반, 인쇄술, 자기(도자기)

등은 모두 동양에서 서양으로 전파되었습니다. 또한 중세 유럽은 종교 전쟁을 일으켜 수세기 동안 엄청난 숫자의 목숨을 빼앗았으며, 15세기부터 시작된 마녀사냥은 18세기까지 이어졌습니다.

공자가 괴상하고, 강압적이고, 문란하고, 초자연적인 것들에 대해 말하지 않았다는 것은 예부터 그의 교육 방침이 이성에 근거한다는 뜻입니다. 공자는 인류에게 꼭 필요한 학문, 실천, 충실, 신뢰(子以四教 文行忠信 자이사교 문행충신 - 술이편) 네 가지를 중점적으로 가르쳤습니다. 공자의 말이 2,500여 년 동안 세상으로 퍼질 수 있었던 이유는 상식적이고 합리적인 사고를 바탕으로 했기 때문입니다.

'총석정(叢石亭)'은 강원도 북쪽에 위치한 정자입니다. 총석(叢石)이란 총총히 선 바윗돌이라는 뜻입니다. 관동팔경의 하나로 양양의 낙산사, 강릉의 경포대 등과 더불어 강원도의 명소로 손꼽히는 곳입니다. 현재는 북한의 영토이기에 갈 수 없습니다. [총석정]은 그림으로 표현된 모습이 실존하는지 의심이 들 정도로 괴이한 형태가 압도적이며, 신이 만든 예술 작품 같아 경외감마저 느껴집니다.

이인문이 표현한 총석도 초자연적인 형태로 괴상하게 생겼습니다. 비교적 평온해 보이는 먼 바다와 달리 갈피를 잡을 수 없이 문란하게 사방으로 요동치는 파도에도 흔들림 없는 긴 바위는 바다와 조화를 이루기 보다 하늘에서 뚝 떨어져 바다에 처박히거나 바다를 뚫고 나온 듯하게 보입니다. 마치 공자가 언급하지 않았다는 괴상하고, 강압적이고, 문란하고, 초자연적인 것이 한꺼번에 녹아든 광경같습니다. 독특한 모습 때문인지 조선에서 이름깨나 알려진 화가들은 저마다의 개성을 보태 총석정을 그렸습니다. 정선과 김홍도를 비롯해 이재관, 허필, 이병연, 김하종 등의 작품이 현존합니다. 정선은 총석정으로 세 작품이나 남겼습니다.

저는 많은 작품 중에서 가장 개성적으로 돋보이는 표현을 남긴 사람이 이인문이라고 생각합니다. 산등성이가 만들어 내는 곡선과 가운데 우뚝 솟아 중심을 잡은 총석, 소용돌이치는 파도와 해무까지 모두 각기 다른 기운으로 자신만의 영역을 만듭니다. 흙과 돌의 고요함, 물과 바람의 과한 움직임이 묘하게 조화롭습니다.

산수화에서 중요한 요소 중 하나는 시점입니다. 화가의 시선에 따라서 구도가 바뀌면 같은 장소라도 느낌이 완전히 달라지기 때문입니다. 이인문의 [총석정]은 다른 화가들의 작품과 달리 높은 시점을 선택했습니다. 이처럼 하늘에서 내려다본 듯이 그리는 방법을 부감법(俯瞰法)이라고 합니다. '구부릴 부(俯)'에 '굽어볼 감(瞰)'이 더해진 단어로 몸을 숙여 내려다본다는 뜻입니다. 부감법은 사진처럼 경치를 정확하게 표현하기보다 주로 화가의 개성을 반영합니다. 동양화에서는 다양한 시점을 섞거나 장소의 배율을 달리하여 예술성을 증폭시키는 일이 흔했습니다. 이인문의 그림이 내뿜는 각 대상들의 조화는 그 어떤 화가보다 높은 시점을 선택한 안목 덕분입니다.

사람은 자기가 믿고 싶은 대로 생각하는 특성을 지녔습니다. 이러한 심리 현상을 확증편향이라고 합니다. 진정한 앎은 확증편향을 깨는 일에서 시작됩니다. 틀에 갇힌 사람은 발전할 수 없고, 함께 어울리지도 못합니다. 아무리 과학이 발전해도 자연이 만든 물질이나 현상을 신앙처럼 숭배하는 사람들이 있습니다. 비상식적인 종교나 비과학적인 건강법을 따르는 사람들도 끊이지 않습니다. 선택은 개인의 몫입니다. 그러나 상식적인 수준의 이성적 판단이 늘어갈 때, 우리는 더 나은 세상을 위한 합의와 협력이 가능하다는 사실을 잊으면 안 됩니다.

저는 2020년에 무릎을 다쳤습니다. 정식 병명은 반월상 연골판 손상입니다. 연골판이 파열되어 원래대로 되돌리기 불가능하다는 판정을 받았습니다. 대학 병원부터 국가 대표 운동선수가 다닌다고 소문난 병원까지 여러 곳을 방문했지만 희망적인 얘기는 없었습니다. 정형외과는 찢어진 부위 제거 수술을 권했고, 재활의학과와 마취통증의학과는 주사와 물리치료를 추천했지만 모두 완치가 아닌 통증을 줄여 주는 치료였습니다. 의사들은 뛰거나 무거운 것을 들면 더 나빠질 것이고 어떤 스포츠도 하면 안 된다고 말했습니다. 유일한 완치 방법은 이식인데 성공률도 낮고 구하기도 어려워 그 얘기를 꺼냈던 의사도 권장하지 않았습니다.

10분을 걷는 것도 힘들 정도로 고통스러웠을 때는 좌절감에 빠졌고, 이제 40대 중반일 뿐인데 앞으로 어떤 일도 하기 어렵겠다는 두려움과 어린 두 아들을 업어 주거나 밖에서 함께 놀아 주지 못한다는 생각 때문에 우울증이 찾아오기도 했습니다. 그때 잠시 검증되지 않은 비과학적 치료 방법들에 혹했던 경험이 있습니다. 지푸라기라도 잡고 싶은 심정이었거든요. 유튜브에 떠도는 말과 주변 사람들의 얘기를 들으며 다양한 시도를 하고 온갖 것들을 먹어 봤지만 효과는 없었습니다.

결국 재활은 무릎 주변의 근육을 키우는 방법밖에 없다는 정직한 의사의 말을 따르기로 했습니다. 영업적인 견해만 건조하게 전달하는 의사들과 달리 그는 자신이 정확히 아는 것만 말하고, 도움이 되지 않는다고 판단되는 치료나 약은 권하지 않았습니다. 그의 상식적인 의견을 따라 꾸준히 하체의 근력 운동을 하니 한 달 뒤에는 일상 생활이 가능해졌습니다.

그때 다시 한번 깨달았습니다. 마음이 약해질수록 헛된 말에 빠지기 쉽고, 방법이 안 보이면 비상식적인 것에도 매달리게 되지만 그런 때일수록 마음을 다잡아야 한다고요. 힘들고 어려울수록 상식적인 선에서 합리적인 답을 찾는 게 최선입니다. 그렇지 않으면 더 고달프게 됩니다.

자신만의 생각이 없으면 '나'도 없다

무제(사이불학*) - 이광사

* '사이불학'은 저자가 제목이 없는 그림에 주관적으로 이름을 부여한 것입니다.

배우기만 하고 생각하지 않으면 사리에 어둡고, 생각만 하고 배우지 않으면 위태롭다.

學而不思則罔 思而不學則殆
학 이 불 사 즉 망   사 이 불 학 즉 태 - 위정편

공자는 배움을 가장 중요하게 여겼습니다. 그리고 융통성 없고, 자신의 의견만 옳다고 우기는 고집을 극도로 경계했습니다. 그는 배움의 조력자로서 제자들에게 반드시 깊은 생각이 필요하다고 조언했습니다. 자신이 그랬던 것처럼, 제자들도 배운 것에 대한 치밀한 분석과 연구를 더해 탁월한 통찰력을 얻길 원했습니다. 배움과 생각은 사람을 사람답게 만드는 기본적인 요소입니다. 공자는 둘 중에 어느 하나라도 소홀하게 되면 제대로 성장하기 어렵다고 충고했습니다.

우리는 종종 몸은 어른이 되었지만 정신이 함께 자라지 못한 사람들을 마주치게 됩니다. 성인인데도 자기 결정권 없이 지나치게 부모에게 의존하고, 타인을 이해하거나 공감하는 능력이 없어서 같이 어울리지 못하고, 자신만의 세상에 갇혀 사는 사람들이 있습니다. 이러한 현상은 특정 환경에서만 나타나는 게 아닙니다. 가치관이나 정체성이 정립되지 않으면 누구든지 그럴 수 있습니다. 풍요로운 환경에서 자라거나, 좋은 대학을 나온 사람들이 상식 밖의 행동으로 사람들에게 피해를 주거나, 성공했다고 알려진 인재가 터무니없는 말썽을 일으켜 인생을 망치는 경우도 종종 있습니다.

정상적인 어른으로 성장하지 못하는 현상은 일방적인 구조의 교육 문화도 한몫을 합니다. 최고의 명문대에서 성적이 우수한 학생일수록 창조적이고 비판적인 사고력이 확연히 떨어진다는 연구 결과도 있습니다. (출처: 《서울

성적이 좋은 학생은 가르쳐 준 지식에 대한 암기 및 이해는 탁월하지만 그 이외의 자발적인 사고력이 떨어진다는 것입니다. 어린 시절부터 강요된 경쟁은 생각의 시야를 좁히고, 주입식으로 정해진 답만 찾는 요령에 익숙해진 교육은 자신만의 생각이 자랄 틈을 주지 않습니다.

공자가 살던 시대는 입시나 공채가 없었기 때문에 당시의 공부를 지금과 직접적으로 비교하기는 어렵습니다. 그러나 배움과 사고를 함께 강조하는 위의 구절은 단편적인 지식 쌓기만 강조하고, 생각할 기회를 주지 않는 우리의 교육 관계자들과 학부모들이 꼭 새겨들어야 할 내용입니다.

진정한 배움은 인격 형성을 우선으로 합니다. 부모와 사회가 함께 아이들이 바른 인성을 키울 수 있도록 노력해야 하는데, 현재 우리의 환경은 오로지 성적에만 몰두하게 만들고 있습니다. 사람이 바르게 성장하지 못한다면 공부가 과연 어떤 쓸모를 지닐까요?

공자는 줄곧 인성이 먼저고 학문이 나중이라고 얘기했습니다. 지식은 지혜로 승화되어야 하는데 그 과정에는 분별력이 필요합니다. 욕망이 가득한 지식은 바른 지혜로 향하지 못하고 오로지 이기적인 이익만을 위해 달리게 만듭니다. 탐욕에 눈 먼 사람들이 지식을 이용해 높은 자리를 차지하면 많은 사람들이 힘들어집니다. 조국을 팔고 동포들의 피로 자신의 배를 불렸던 친일파들 대부분이 지식인이었다는 사실을 잊으면 안 됩니다.

공자는 배움이 없는 사고의 무익함에 대해서도 경고했습니다. 음악으로 비유하면 쉽게 이해됩니다. 악기를 연주하기 위해서는 기초를 닦는 배움의 과정이 필요합니다. 먼저 음계를 따라 소리를 내고, 악보대로 연주하는 훈련을 합니다. 그 과정을 반복해야 몸이 익숙해지고 음악에 대한 눈높이가 생깁니다. 아무리 깊이 생각하거나 영감이 충만하더라도 기본적인 훈련이 없다면 그저 소음을 만들게 될 뿐입니다. 공자는 직접 하루 종일 먹지도 않고, 밤새도록 잠도 안 자며 내내 생각에만 빠져 보았는데 아무런 이익도 없었다는 경험담을 털어놓기도 했습니다. (吾嘗終日不食 終夜不寢以思 無益 오상종일불식 종야불침이사 무익 - 위령공편)

위 그림은 제목이 없습니다. 심사정, 정선, 최북 등과 같이 당대 최고의 화가들이 그린 그림을 모아 놓은 합벽첩(合璧帖)에 초대받지 않은 손님처럼 끼어 국립중앙박물관에 소장되어 있습니다. 저는 국립중앙박물관 홈페이지에서 우연히 발견한 이 그림에 대한 정보를 어디서도 찾을 수 없었습니다. 화가도 그저 낙관을 보고 추정하고 물어서 확인했을 뿐입니다. 단서가 될 만한 글도 없고, 그림 안에 아무런 소품도 없으니, 배경을 중심으로 감상자의 상상력에 해석을 맡기는 수밖에 없습니다. 작품은 전체적인 색채가 따뜻하고 먹선이 안정적입니다. 얼핏 보면 요즘 그린 그림이라고 해도 믿을 정도입니다. 개성 있는 만화나 애니메이션의 배경 같기도 합니다.

이 그림을 그린 사람은 이광사입니다. 그는 그림보다 서예로 유명했습니다. 김정희가 이름을 떨치기 전까지 붓글씨로 한 시대를 평정했던 인물입니다. 이광사는 보물로 지정된 서예 작품을 남길 정도로 많은 사람들에게 인정받았으며 서예 이론서를 집필하고 자신의 글씨체까지 만들었습니다. 실기와 이론을 겸비한 실력자이기도 했습니다. 명문가 집안에서 태어나 일흔세 살까지 장수했으나 말년에는 역모로 몰려 23년 동안 유배 생활을 하다가 유배지에서 생을 마쳤습니다.

이광사의 그림은 사람들의 주목을 받지 못했지만, 그의 초상화는 국가 유산이 되었습니다. 신윤복의 아버지인 신한평이 그린 [이광사 초상]은 보물로 지정되어 국립중앙박물관에서 아주 귀한 대접을 받지만, 그가 직접 그린 그림은 같은 곳에서 제목조차 없이 보관되고 있다는 것이 흥미롭습니다.

조선 시대의 그림 중에는 제목 없는 그림이 많습니다. 인류의 역사를 보면 그림에 제목이 없는 시기가 훨씬 깁니다. 그림이 상업적으로 거래되기 전에는 굳이 제목이 필요하지 않았습니다. 애초에 그림이란 기록이거나 소망을 담는 형태였고 권력이 높거나 재산이 많은 소수의 사람들만 가질 수 있었기 때문입니다.

제목은 화가가 의미를 담아 붙이지 않으면 지인이 지어 주기도 하는데, 그 과정이 모두 생략되면 추후에 소장자나 학자, 평론가와 같은 전문가들이 이름을 정합니다. 이럴 경우는 대개 그림의 소재를 따서 붙입니다. 여인의 전신상이면 미인도, 인물이 폭포를 보고 있으면 '볼 관(觀)'자와 '폭포 폭(瀑)'자를 가져와 관폭도, 풀과 벌레가 있으면 '풀 초(草)'자와 '벌레 충(蟲)'자를 써서 초충도라고 붙이는 것 등이 대표적입니다. 제목만으로 쉽게 소재를 파악한다는 장점은 있지만, 멋과 향은 느껴지지 않습니다. 자신이 사는 집이나 머물던 건물조차 의미 있는 이름을 붙였던 선조들의 운치가 그림의 제목에는 반영되지 못했다는 현실이 조금은 안타깝기도 합니다.

저는 이 그림의 제목을 [사이불학(思而不學)]이라고 붙였습니다. '생각만 하고 배우지 않으면'이라는 뜻으로, 위 《논어》의 구절에서 따왔습니다. 저는 [사이불학]의 구성적 핵심 요소를 사람으로 보았습니다. 작은 자리를 차지할 뿐이지만 사람이 있는 것과 없는 것은 차이가 큽니다. 사람의 배치가 시선을 끌며 구도에 변화를 줍니다. 눈, 코, 입도 없는 사람이 차분하게 앉아서 고개를 들고 있습니다. 나무를 보는지, 산을 보는지 알 수 없지만 자연과 더불어 골똘히 생각에 빠져 있는 것처럼 보여서 제목을 그렇게 정했습니다. 만약, 여러분의 생각을 반영한다면 어떤 제목을 붙이시겠습니까?

3장. 산수 - 자신을 남어서야 경치가 보인다

65

11日 · 해석

다양한 해석은 시야를 넓힌다

관폭도(觀瀑圖) - 장시흥

스승님이 냇가에서 말씀하셨다. "가는 것이 이 물과 같구나. 밤낮을 쉬지 않고 흐르는구나."

子在川上曰 逝者如斯夫 不舍晝夜
자 재 천 상 왈　서 자 여 사 부　불 사 주 야 -자한편

냇물이란 강보다는 작고, 시냇물보다는 큰 물줄기를 말합니다. 공자는 냇물을 보면서 시간의 흐름이 물과 같으며, 낮과 밤을 개의치 않고 흘러간다고 말했습니다. 이 구절은 다양한 해석이 가능합니다. 이 말이 나오게 된 자세한 배경 설명이 없기 때문입니다.

《논어》는 대부분 공자가 말했던 짧은 문장으로 구성되어 있습니다. 그러다 보니 무슨 뜻인지 한참 생각해야 하는 일도 생깁니다. 이것은 《논어》를 어렵게 만드는 원인 중 하나입니다. 그래서 처음 볼 때는 친절한 번역이 있는 책을 고르는 편이 좋습니다. 그 후에 조금 더 자세히 알고 싶다면 다양한 해석을 찾아서 나의 생각과 비교해 보길 추천합니다. 하나의 문장을 두고 전혀 다른 생각들이 공존한다는 사실에 놀랄 수도 있지만 그 과정을 즐기게 된다면 어느새 《논어》는 인생 최고의 동반자가 되어 있을 것입니다.

위 구절의 일차원적 해석은 시간의 흐름에 대한 탄식입니다. 시간은 쉬지 않고 쏜살같이 흘러가기에 덧없다는 해석도 있고, 쉼 없이 빠르게 지나가는 세월이 야속하다는 풀이도 있습니다. 그러나 일부 사람들은 이렇게 뻔한 얘기를 굳이 《논어》에 넣을 필요가 있었느냐고 따집니다. 자신의 목표를 향해 쉬지 않고 도전했던 공자의 성향과 맞지 않다고 평가하기도 합니다.

이차원적 해석은 배움에 대한 격려입니다. 흐르는 물은 연속성이 있습니다. 물의 그런 특성을 배움에 적용하여 본받으라는 해석입니다. 게을러지

지 말고, 물처럼 쉬지 않고 지속적으로 노력해야 한다는 뜻을 비유적인 표현으로 봅니다. 이것이 지속적으로 배움에 몰두하고 제자들을 가르쳤던 공자의 성향에 더 어울리는 해석 같긴 합니다.

삼차원적인 해석은 조금 더 깊이 들어갑니다. 물이 멈추지 않고 위에서 아래로 흐르는 것은 해와 달이 뜨고 지고, 계절이 순환하는 것과 같은 자연의 법칙입니다. 자연은 겉으로 보기에는 멈추어 있는 것 같지만 언제나 움직이고 있습니다. 따라서 사람도 높은 경지에 오르면 순수한 내면의 상태가 끊이지 않고 지속된다는 의미입니다. 내면의 흔들림이 없는 성인의 경지를 물의 흐름에 비유했다고 보는 관점입니다.

어떤 해석이 맞을까요? 단순한 말을 지나치게 확대 해석한 것은 아닐까요? 너무 짧아서 다양한 해석의 여지가 있다는 사실은 《논어》의 단점이지만 장점이기도 합니다. 자신만의 관점과 환경에 맞는 해석이 나올 수도 있기 때문입니다. 원래의 글에서 논리적으로 벗어나지 않는다면 환경이나 시대적 특성에 맞는 개성적 해석도 나쁘지 않습니다. 그게 자신만의 관점을 갖게 되는 기초 단계입니다. 다른 사람들의 의견에 주의를 기울이되 일방적인 수용은 자제하는 편이 좋습니다. 힘들더라도 해석의 경계에서 다양한 가능성을 열어 놓고 자신의 논리를 만들어 나가면 차츰 내공이 쌓입니다.

도서관이나 서점에 가서 여러 권의 《논어》를 펼쳐 보면, 같은 글자를 두고 전혀 다르게 해석한 내용도 많습니다. 2,500년이 넘는 시간 동안 사람들은 모두 자신의 입장에서 《논어》를 해석해 왔기 때문입니다. 다양한 해석 중 하나만 맞고 나머지는 전부 틀리다고 말하기도 어렵습니다. 그러나 주관적인 해석에 앞서 반드시 신경 써야 할 부분이 있습니다. 전체적인 맥락입니다. 공자가 반복적으로 했던 말이나 비슷한 내용이 들어 있는 말은 그만큼 중요하게 생각했다는 뜻입니다. 따라서 개성적인 해석에 앞서, 공자가 어떤 의도로 말했는지, 어떤 태도를 일관되게 유지했는지 파악하는 일이 우선입니다. 해석에 일관성이 없거나 지나치게 악의적인 경우, 혹은 극단적 편향성을 좇는 경우만 아니라면 어떤 관점이든지 괜찮지 않을까요?

장시흥은 냇물 만큼이나 쉬지 않고 흐르는 폭포를 그렸습니다. 그가 그린 [관폭도(觀瀑圖)]는 전반적으로 검은색과 푸른색으로 만들어진 웅장한 조합에 은은한 물색과 툭툭 불거진 초목의 붉은 기운이 개성적으로 표현된 그림입니다. 그런데 나무줄기와 곳곳에 배치된 붉은 기운의 꽃과 잎이 잔잔함에 간섭을 합니다.

[관폭도]는 조선에서 가장 흔하게 그려지던 그림의 소재였습니다. 대부분 단순하고 비슷한 구조입니다. 그림 한쪽에는 폭포가 있고, 등장하는 인물은 폭포를 쳐다봅니다. 비교적 단순하던 [관폭도]에 비해 이 그림은 꽤 다양한 요소가 가미되어 있습니다. 그림을 멀리서 전체적으로 볼 때와 세세하게 들여다볼 때의 느낌이 다릅니다. 무엇보다 이 그림은 시원하게 쏟아지는 폭포와 굽이굽이 돌아가는 물줄기가 인상적입니다. 사람의 크기와 비교하면 물줄기가 얼마나 큰지 알 수 있습니다. 폭포에서 시작된 물소리가 그림 밖으로 퍼져 나올 듯 사방에서 세차게 흐릅니다. 아래로 흐르는 특성에 왼쪽, 오른쪽이 더해지고 휘돌아 가거나 감기기도 합니다.

등장하는 사람들의 자세도 물줄기의 방향처럼 제각각입니다. 가운데에는 두 사람이 폭포를 바라보고 심부름을 하는 동자가 그들 뒤에 서있습니다. [관폭도]라는 제목이 붙는 대다수 그림에 등장하는 일반적인 인물의 구도와 자세입니다. 폭포를 바라보는 인물들의 시각적 이미지가 주제로 작용하는 일차원적인 표현입니다. 그들의 왼편에는 한 소년이 바위에 앉아 대금을 불고 있어 청각적 이미지가 추가된 이차원적인 해석이 가능합니다.

그림의 하단에는 긴 지팡이를 들고 다리 위에 서 있는 노인들, 거문고와 등짐을 짊어진 젊은이들이 등장합니다. 이들의 등장으로 그림은 더욱 다층적으로 해석할 여지가 생깁니다.

[관폭도]를 그린 장시흥은 도화서(圖畵署)의 화원(畵員)이었습니다. 도화서는 조선에서 그림에 관한 일을 담당하던 관청이고, 화원은 도화서에 소속된 전문 화가를 말합니다. 화원의 선발과 진급은 시험을 통해 이루어졌으며, 응시하는 대상은 주로 중인이었습니다. 화원은 궁궐에서 장식용으로 사용되는 그림이나 국가의 중요한 행사를 기록하는 그림을 그렸습니다. 화원 중에서도 실력을 인정받은 유능한 사람들은 임금의 초상화인 어진을 그리는 일에 동원되었습니다.

장시흥도 정조의 어진을 제작할 때 김홍도와 함께 참여했습니다. 장시흥이 화원으로만 부지런히 활동했는지 민간에는 그의 그림이 많이 남아 있지 않습니다. 화원은 주문된 그림을 위주로 그리기 때문에 개성을 넣기 어렵지만 민간에 남긴 그림은 화원들의 성향이 맘껏 표출됩니다. 장시흥도 자신만의 [관폭도]를 만들기 위해 많은 고민을 했겠지요. 다양한 개성은 참신한 해석을 기다립니다.

글과 그림을 보며 다른 사람들의 친절한 해석을 따르거나 받아들이는 것도 좋습니다만 조금 어렵고 불편하더라도 자신만의 해석을 붙여 보길 권해 드립니다. 이 책도 마찬가지입니다. 《논어》와 그림에 대한 해석은 모두 저의 관점일 뿐입니다. 완벽한 수용보다는 다른 입장을 환영합니다. 엉성하더라도 자신이 쌓아 올린 해석에 더 큰 보람이 따릅니다. 꾸준히 쌓다 보면 결국 탄탄하게 구축됩니다.

12日 · 내면

내면이 맑아야 담긴 것의 가치가 빛난다

백분홍련(白盆紅蓮) - 김수철

군자는 그릇처럼 하나의 형태로 정해진 존재가 아니다.

君子不器

군 자 불 기 **- 위정편**

위의 구절은 한문으로 군자불기(君子不器)라 합니다. 겨우 네 글자지만 정말 유명한 문장입니다. 짧은 원문에 어울리도록 각기 한 개의 주어, 보어, 서술어로 풀어 '군자는 그릇이 아니다'라고 간단하게 번역한 책이 많습니다. 이 구절도 원문이 짧아서 다양한 해석이 가능합니다.

우선, 이 구절을 이해하려면 군자에 대해 알아야 합니다. 앞서 언급했듯이 인(仁)은 공자가 주장하는 행동의 기준이기도 하고 노력을 통해 닿아야 하는 경지입니다. 이와 같은 인의 정신을 향해 예를 품고 당당히 실천하는 사람이 군자입니다. 인이 가치의 기준이라면, 군자는 수준의 대상입니다.

군자는 본래 귀족을 표현하는 단어였습니다. 춘추전국시대 이전에 중국은 주나라의 시대였습니다. 주나라의 왕은 '하늘의 아들'이라는 뜻으로 천자(天子)라 불렸습니다. 천자는 중국의 넓은 영토를 전부 직접 다스릴 수 없었습니다. 그래서 영토를 나누어 친인척과 측근들을 제후(諸侯)로 임명하고 통치를 맡겼습니다. 제후들 역시 자신이 맡은 지역을 혼자 감당하기 힘들어 자신들의 영토를 나누고 대부(大夫)에게 맡겼습니다. 정치적인 안정을 위해 친인척이나 믿을 만한 사람을 지역의 관리자로 임명한 이 정책이 바로 봉건제도입니다. 여기서 제후들이 다스리던 지역을 '국(國)'이라 하였고, 대부들이 관리하던 지역을 '가(家)'라 불렀습니다. 지금 우리가 흔히 '나라'라는 뜻으로 함께 사용하는 '국가'라는 단어는 이 당시에 제후와 대부가 관할하던 호칭에서 유래됐습니다.

중국 대륙의 최고 통치자는 당연히 천자였습니다. 그러나 '가'에 사는 사람들은 대부를, '국'에 사는 사람들은 제후를 자신들의 우두머리로 섬겼습니다. 이처럼 자신이 사는 지역의 최고 통치자를 군주(君主)라고 불렀습니다. 천자, 제후, 대부는 변하지 않는 호칭이지만, 군주는 기준과 상황에 따라서 달라졌습니다. 대부는 제후를 군주로 모셨고, 제후의 군주는 천자였습니다. 이와 같이 군주는 입장에 따라 바뀌는데, 본래 군자는 군주의 아들을 부르던 호칭이었습니다.

봉건제도는 군주의 입장에서 아주 효율적인 제도였습니다. 넓은 영토를 친인척과 측근들에게 맡겨 반란의 여지를 없앴고, 천자의 명에 절대적으로 복종하는 관계를 이어갔습니다. 그러나 오랜 시간이 흐르자 천자와 제후의 관계가 느슨해졌습니다. 친인척과 측근으로 시작했던 관계는 세대가 거듭 바뀌며 긴 시간이 흐르다 보니 남과 같은 사이가 되었습니다. 제후와 대부도 마찬가지였습니다. 먼 친척들에게 관심이 없고 남처럼 지내는 요즘과 비슷한 분위기로 바뀌었습니다. 거기에 천자보다 권력이 센 제후, 제후보다 힘이 강한 대부들이 등장하자 관계가 역전되기 시작했습니다. 이들이 자신들의 이익을 위해 수직적 관계를 깨며 들고일어나면서 춘추전국시대라는 피의 시대가 열렸습니다. 사실, 춘추전국시대도 겉으로는 주나라의 봉건제도를 이어갔고 천자도 엄연히 존재했으며 가장 높은 서열을 차지하고 있었습니다. 그러나 권력이 없는 천자는 꼭두각시나 마찬가지였습니다.

공자는 피의 시대를 맞아 귀족이라는 의미의 군자에 다른 상징성을 부여했습니다. 군자는 어린 시절부터 세습을 위해 전문적인 교육을 받으며 교양을 쌓았습니다. 공자는 이러한 특징을 감안하며 단어의 의미를 바꾸었습니다. 수양을 통해 일정한 수준에 도달한 존재라는 뜻으로 사용했습니다. 신분을 나타내던 말이 수준을 나타내는 의미로 바뀌며 새로운 단어가 된 셈입니다. 귀족으로 태어나더라도 자격을 갖추지 못하면 군자가 아니고, 신분이 미천하더라도 그릇을 키워 인에 가까워지면 군자라는 의미였습니다.

군자불기의 보편적인 해석은 그릇의 쓰임새를 이용합니다. 그릇은 밥이나 국, 반찬 등을 담는 용도에 따라 제각기 형태가 다릅니다. 처음부터 용도에 맞게 만들어지는 특성이 있습니다. 그런 기본적인 의미를 활용하여 '군자는 정해진 용도로만 사용되는 그릇과 같지 않다'라는 해석이 일반적입니다. 이것은 '군자는 하나의 형태로 고정된 고지식한 사람이 아니다'라는 의미도 될 수 있고, '군자는 다방면에 두루두루 능통해야 한다'라고도 볼 수 있습니다. 또한 '군자는 그릇이라는 표면보다 그 안에 어떤 내용물을 담느냐가 중요하다'라는 해석도 존재합니다. 집에 있던 단순한 유리병도 꽃을 담으면 멋진 화병이 되는 것과 같은 이치입니다.

여기 특별할 것 없는 그릇이 연꽃을 담아 군자의 청렴함을 표현한 그림이 있습니다. [백분홍련(白盆紅蓮)]은 김수철의 화첩 《북산화사(北山畵史)》에 들어 있는 그림입니다. [백분홍련]이란 하얀 그릇에 핀 붉은색 연꽃을 말합니다. 이 그림은 조선의 감성인지 의아할 정도로 자유분방함이 너풀거립니다. 풍부한 감각이 돋보이며 순박한 아름다움이 참신합니다. 이 그림은 일반적으로 보아왔던 연꽃과 사뭇 다릅니다. 곧은 줄기와 단아한 연꽃 특유의 생김새가 없어 낯선 느낌입니다. 이게 과연 연꽃인가라는 의심이 들 정도인데 점이 찍힌 줄기와 커다란 잎이 우리는 연꽃이 맞다고 속삭입니다.

이 그림은 크게 보면 곡선의 연꽃과 직선의 그릇으로 구분되는데 조금 더 살펴보면 연꽃과 연잎이 하나의 식물이 아닌 것처럼 보입니다. 각기 다른 색상과 형태의 연꽃과 연잎이 묘한 신경전을 벌이고 있습니다. 연꽃과 연잎은 고정된 그릇으로부터 자유를 갈망하는 몸짓인데, 서로 다른 꿈을 꾸는 듯 좌우로 흩어지고 있습니다. 그러나 그릇이 그 둘을 단단히 잡아주고 있기 때문에 자칫하면 너저분하게 보일 수 있는 구도가 오히려 세련된 느낌을 줍니다. 이것은 상하의 직선과 좌우의 곡선이 적절한 조화를 이루어 만든 효과입니다.

그릇은 어떤 내용물을 담고 있느냐에 따라 가치가 달라집니다. 아름답고 향기로운 것을 담으면 그릇도 좋아 보입니다. 반면 지나치게 꾸며진 그릇은 그 화려함이 내용물을 가리기도 합니다. 그릇은 내용물을 잘 담거나 돋보이게 만드는 목적을 가지고 있는 만큼 담긴 것과 조화로울 때 함께 빛나기 마련입니다.

사람이라는 그릇도 마찬가지입니다. 내면에 무엇을 얼마나 조화롭게 담느냐가 중요합니다. 내용물에 따라서 삶의 방향성이 달라지기 때문에 아무거나 담을 수 없습니다. 가급적이면 나와 궁합이 맞고 감당할 수 있는 양만큼 담는 게 좋습니다. 좋아보이는 것보다 진짜 좋은 것, 버거운 양보다 가능한 양이 중요합니다. 군자는 단박에 뛰어오르는 자리가 아니므로 착실하게 다가가야 합니다. [백분홍련]은 한 송이의 꽃으로도 풍족함을 표현합니다. 내면을 맑은 향기로 채우고 싶다면 밝게 살아 숨쉬는 한 송이로도 충분할 수 있습니다.

진흙에서 피어올라 맑은 향기를 널리 퍼뜨리는 연꽃은 흔히 불교의 상징으로 알려져 있습니다. 그러나 조선의 선비들은 연꽃을 군자의 꽃으로 여겼습니다. 많은 선비들이 연꽃을 좋아했는데, 아마도 중국 송나라의 유학자 주돈이(周敦頤)의 영향력이 컸다고 생각됩니다. 그는 연꽃을 몹시 좋아해서 자신이 연꽃을 사랑하는 이유를 밝힌 〈애련설(愛蓮說)〉이라는 글까지 남겼습니다. '연꽃은 진흙에서 나왔으나 더럽지 않고, 맑은 물에 씻겨도 요염하지 않으며, 안은 비어 있으나 밖은 곧고, 향기는 멀수록 맑고, 정정하게 서있는 모습이 밝다'라고 극찬을 아끼지 않았습니다. 마치 군자가 갖추어야 할 태도를 꼼꼼하게 정리한 느낌입니다.

경복궁 북쪽에는 보물로 지정된 향원정이라는 정자가 있습니다. 조선 후기에 만들어졌는데, 아름다운 주변 환경과 더불어 많은 사람들에게 꾸준히 사랑받고 있는 장소입니다. 이 정자의 이름이 '연꽃의 향기는 멀수록 맑다'라는 〈애련설〉의 향원익청(香遠益淸)에서 따왔다고 알려져 있습니다. 그런 연유로 향원정에는 해마다 연꽃이 관람객들을 맞이하고 있습니다.

걱정할 것은 오직 내 능력의 부족함이다

꽃과 나비(花蝶圖) - 남계우

다른 사람이 나를 알아주지 않는다고 걱정하지 말고, 내가 다른 사람을 알아보지 못하는 것을 걱정하거라.

不患人之不己知 患不知人也
불 환 인 지 불 기 지   환 부 지 인 야 - **학이편**

위 구절도 《논어》에서 여러 번 반복해서 등장합니다. "다른 사람이 나를 알아주지 않는다고 걱정하지 말고, 내 능력이 부족함을 걱정하라." (不患人之不己知 患其不能也 불환인지불기지 환기불능야 - 헌문편), "군자는 무능력함을 병으로 여기지만, 다른 사람이 나를 알아주지 않더라도 병으로 여기지 않는다." (君子病無能焉 不病人之不己知也 군자병무능언 불병인지불기지야 - 위령공편), "내가 설 자리가 없다고 걱정하지 말고, 그 자리에 설 만한 능력을 지녔는지 걱정하라. 나를 알아주지 않는다고 걱정하지 말고, 내가 알려지기 위해서는 무엇을 해야 하는지 걱정하라." (不患無位 患所以立 不患莫己知 求爲可知也 불환무위 환소이립 불환막기지 구위가지야 - 이인편)

같은 내용이 네 번이나 나온다는 것은 그만큼 중요하다는 의미입니다. 공자가 살아 있을 때 제자들에게 여러 번 강조를 했겠지요. 위 내용의 핵심은 두 가지입니다. 첫 번째로 평판에 쓸데없이 귀 기울이지 말고 두 번째로 명성보다 실력이 중요하다는 얘기입니다.

이러한 내용은 각종 SNS가 넘치는 요즘 시대에도 필요합니다. 지금은 스마트폰 터치 한 번이면 외국인과 인맥을 쌓고, 서로의 안부를 쉽게 확인하는 세상입니다. SNS는 거리나 환경의 제약 없이 많은 사람들과 소통이 가능하다는 장점이 있지만, 그에 못지않은 단점과 부작용도 있습니다.

SNS에서 보이는 화려함은 거품이 많습니다. 현실에서는 고민, 걱정, 후회가 많지만, SNS에는 보정된 웃음만 드러냅니다. 남들보다 더 멋지고 행복해 보이기 위해 현실과 다르게 꾸며진 나를 등장시키기도 합니다. 그래야 많은 사람들에게 관심을 받기 때문입니다. 온라인 세상은 사람들의 공감 혹은 개인의 이익을 얻으려는 원초적인 자극과 조작이 넘쳐납니다. 가식적인 행위와 그로 인한 인맥이 과연 얼마나 가치가 있을까요?

성공은 다른 사람이 인정해 주는 것이 아니라 자신이 느끼는 것입니다. 성공은 도달하거나 넘어야 할 기준점이 아니라 즐기면서 성장해 가는 과정에 가깝습니다. 기준점을 정하고 닿는 것을 성공으로 여기면, 도달하거나 넘어선 이후에는 허무만 남거나 또 다른 기준점을 찾는 의미 없는 행위를 반복하게 됩니다.

흔히 성공은 준비된 자에게 온다고 하는데《논어》의 이 구절이 바로 그 의미입니다. 만약 가치 있는 사람을 만나고 함께 어울리고 싶다면 방법은 간단합니다. 내가 먼저 가치 있는 사람으로 성장하면 됩니다.

저의 글쓰기는 개인사를 끄적이던 블로그에서 시작되었습니다. 그때는 나중에 작가가 되리라고 생각하지 못했습니다. 그저 평범한 직장인이 가졌던 퇴근 후 삶의 일부분이었습니다. 죽기 전에 해 보고 싶은 것을 다 해 보자는 생각으로 시작한 취미가 다양해지자 블로그에 담는 내용이 풍성해졌습니다. 심지어 도서관에서 소재에 관한 자료를 조사하고 글을 쓸 정도였습니다. 누가 시키지도 않고 보수를 받는 일도 아닌데, 몇 시간씩 꼼짝하지 않고 화장실 가는 것도 참아가며 자판을 두드리던 모습에 스스로 놀라기도 했습니다. 그러던 어느 날 회사가 만든 고객용 잡지에 고정적으로 기사를 쓰게 되면서, 글을 제대로 잘 쓰고 싶다는 생각이 들었습니다. 그리고 야간 대학원의 문예창작과를 들어갔습니다.

군대에서 우연히 접한 무라카미 하루키의 책에 심취하여, 제대 후 그의 모든 책을 전부 읽고 잠시나마 소설가라는 꿈을 꾼 적이 있었습니다. 그러나 아무런 준비 없이 홀로 세상에 나오면서 꿈의 우선순위는 현실의 그림자에 묻혔습니다. 20대 초반에 가졌던 막연한 꿈이 문예창작과를 다니면서 30대 중반에 되살아났습니다. 소설은 아닐지라도 언젠가 내 책을 한 권 써야겠다고 다짐했습니다. 그러고 나서 대학원을 졸업하고 10여 년 뒤에 운이 좋게 제 이름이 적힌 책을 출간하게 되었습니다.

출판의 과정을 몰랐던 저는 아주 무식한 방법으로 출판사와 계약했습니다. 6개월 정도 자료 조사를 하고, 1년에 걸쳐 원고를 썼습니다. 글을 쓰면서 목디스크를 얻었고, 학교를 다닐 때도 안 했던 밤샘도 수시로 했습니다. 원고를 다 쓴 후에 연락할 출판사 목록을 만들고, 우선순위를 정해서 매일 열 군데에 제안서와 원고를 보냈습니다.

십여 일이 지나도 긍정적인 답변을 못 받자 '그럼 그렇지, 실력이 부족한 내가 지나친 욕심을 냈구나'라는 생각이 들었습니다. 원고를 구상할 때부터 제안서를 제출할 때까지 긴 시간 품어 왔던 꿈이 좌절되는 느낌이었고, 목표가 구체적이고 확실했던 만큼 실망도 컸습니다. 당시 회사를 퇴사한 뒤였기에 제게는 출판 여부가 성공의 잣대였습니다.

실망의 무게가 너무 무거워 잔뜩 짓눌린 희망을 들고 있기도 힘들 때쯤에야 출판사에서 긍정적인 연락이 왔습니다. 그 뒤 몇 곳의 출판사와 미팅을 하고 가장 마음에 드는 곳과 계약을 했습니다. 이후 퇴고와 편집의 과정을 거쳐 계약 후 약 1년 뒤에 제 책이 세상에 나왔습니다. 책은 많은 분들의 도움으로 3쇄까지 판매되었으며, 다음 해에는 문화체육관광부가 주최하고 한국출판문화산업진흥원이 주관하는 2022년 세종도서 교양부문에도 선정되었습니다.

우여곡절의 긴 출판 과정을 겪으며 저는 다시 한번 깨달았습니다. 결과도 중요하지만, 방법을 알아가는 험난한 과정이 진정한 성장이라는 점을 배웠습니다. 바른 과정을 밟아간다면 큰 명성을 얻지 못해도 상관없습니다. 과정에서 쌓인 실력과 경험은 사라지지 않기 때문입니다. [꽃과 나비]를 그린 남계우 역시 나비를 정확히 그리기 위해 아주 세밀하게 관찰하는 과정을 거쳤습니다. 나비를 자주 들여다 본 경험이 실력으로 나타난 것이죠.

[꽃과 나비]는 다른 말로 [화접도(花蝶圖)]라고도 하는데 '꽃 화(花)'와 '나비 접(蝶)'을 씁니다. 이 그림은 꽃의 잎과 나비의 날갯짓이 더해져 마치 한 편의 무도회를 보는 것 같습니다. 같은 줄기에서 나온 세 송이의 꽃이 모두 다른 색 드레스를 입었습니다. 하양, 분홍, 빨강 모두 화려함을 뽐내며 경쟁합니다. 특히 빨간꽃을 쳐다보는 분홍꽃의 자태가 눈에 띕니다. 꽃에 뒤질세라 나비가 춤을 추며 꽃에게 다가옵니다. 이 나비들도 자신의 가치를 과시하기 위해 선명한 색과 무늬로 치장했습니다. 꽃이 나비를 유혹하는지, 아니면 나비가 꽃을 유혹하는지 헷갈릴 정도입니다. 서로 자신을 알아달라고 경쟁을 벌이는 듯 보입니다.

그림 속의 꽃은 모란입니다. 화가는 나비 못지않게 꽃과 잎도 세심하게 표현했습니다. 모습이 꽤 현실적입니다. 꽃과 나비는 서로 뒤쳐지지 않으려 합니다. 모란은 중국에서 들어온 꽃으로 화려하고 커서 예부터 꽃들의 왕(花中王 화중왕) 혹은 부귀를 상징하는 꽃(富貴花 부귀화)으로 불렸습니다.

고려 시대에는 화려한 모란을 선호하며 심고 가꾸는 것이 유행했다고 합니다. 조선 시대에 접어들면서 군자의 꽃이라고 하는 매화와 국화에게 다소 밀리기는 했지만, 그럼에도 모란이 위엄과 품위를 갖추었다고 여긴 사람들은 그림의 소재로 곧잘 활용했습니다.

이 그림을 그린 남계우(南啓宇)는 꽃과 나비를 주로 그린 화가로 유명합니다. 뛰어난 표현력으로 별명이 '남나비'였습니다. 남계우가 그린 나비는 진짜 정교하여 생물학자가 종류와 암수까지 구별이 가능할 정도로 세밀하다고 합니다. 나비 그림의 달인인 셈입니다. 남계우가 당대의 유명한 다른 화가들보다 더 나비를 잘 그릴 수 있었던 이유는 단순합니다. 더 깊게 관찰하고, 더 많이 그렸기 때문입니다. 명성을 생각하기 보다 자신의 능력을 키우기 위해 노력했던 남계우의 태도가 결과적으로는 명성을 가져다 줬다는 점을 기억할 필요가 있겠습니다.

인문학적 통찰력은 사람을 이해하는 도구다

작약도 - 전 허초희

삼백 편의 시를 살펴보니, 한마디로 정리하면 생각에 간사함이 없구나.

詩三百 一言以蔽之 曰思無邪
시 삼 백 일 언 이 폐 지 왈 사 무 사 · **위정편**

시는 함축적인 의미를 담아 짧은 글로 표현하는 문학 장르를 말합니다. 공자가 살던 2,500여 년 전의 시는 지금과 조금 달랐습니다. 요즘에는 시와 노래의 구분이 명확하지만 그때의 시는 노래에 가까웠습니다. 민간에서 유행하던 노래와 궁중의 행사 음악에 붙인 가사가 모두 시였습니다.

공자는 사람들에게 널리 알려진 300여 개의 시를 읽고 짧게 평가를 내렸습니다. 시의 내용이 단순하거나, 거칠거나, 지나치더라도 그 안에는 간사함이 없다고 생각했습니다. 비록 말끔하지 못하더라도 내용이 진실하다는 뜻입니다. 솔직함을 높게 평가하는 공자의 일관된 태도가 드러납니다. 조선의 대학자였던 퇴계 이황은 위 구절에서 언급된 '생각에 간사함이 없다(思無邪 사무사)'를 좌우명으로 삼았다고 합니다. 그는 또 '자신을 속이지 않고(無自欺 무자기), 혼자 있을 때에도 생각과 행동을 조심하며(愼其獨 신기독), 사람에게 늘 공경함을 가져야 한다(毋不敬 무불경)'라는 문구를 함께 써서 붙여 놓고 늘 바른 몸과 마음을 유지하기 위해 노력했습니다.

공자가 보던 시들은 《시경》이라는 책으로 엮여 지금까지 전해집니다. 본래 노래라는 관점에서 보자면, 음악의 곡조는 사라지고 가사만 남은 겁니다. 《시경》은 총 311편의 시로 구성이 되어 있는데, 제목만 남은 6편을 제외하고 305편이 고스란히 남아 있습니다. 대부분 여러 지방의 민요이고, 나머지는 궁중 음악과 제사 음악에 쓰이던 가사입니다. 시는 노래를 넘어서 인문학을 위한 교재로, 사람들의 지식과 지혜를 키우는 틀로 활용되었습니다.

시에 대한 이해와 활용은 교양과 통찰력의 잣대였습니다. 우리가 고사성어를 이용하듯 당시 사람들은 《시경》의 시구절을 인용했습니다.

공자는 늘 시를 읊으며 그 중요성에 대해 강조했습니다. 시는 감정을 이해하고, 관점을 키우며, 벗을 만들고, 비판적 사고를 길러준다고 말했습니다. (詩 可以興 可以觀 可以群 可以怨 시 가이흥 가이관 가이군 가이원 - 양화편) 즉, 시는 공자가 가르치는 배움의 기초이자 사람을 이해하는 필수 조건이었습니다.

사람의 감정과 생각을 함축한 시는 고대부터 지금까지 최상의 인문학 교재입니다. 조선 시대에 과거 시험을 위해 공부하던 필수 과목이 '사서삼경(四書三經)'입니다. 사서와 삼경은 총 7종류의 책을 말합니다. 그 삼경 중에 하나가 바로 《시경》입니다. 선비들에게 시를 이해하고 짓는 능력은 기본 자질이었습니다. 조선을 건국하면서 가장 처음으로 지었던 경복궁의 이름도 《시경》에서 따왔습니다. 2,500년 전의 정서를 맛보고자 《시경》에 나오는 민요를 하나 소개합니다. 민요는 반복되는 운율과 애잔한 정서가 특징입니다.

큰길을 따라나서며, 그대의 옷소매를 붙잡았지요
나를 미워하지 마세요. 우리의 과거를 그렇게 서둘러 지우지 마세요
큰길을 따라나서며, 그대의 손을 붙잡았지요
나를 추하다고 하지 마세요. 우리의 정을 그렇게 서둘러 끊지 마세요

遵大路兮 摻執子之袪兮 無我惡兮 不寁故也
준 대 로 혜　섬 집 자 지 거 혜　무 아 오 혜　불 잠 고 야
遵大路兮 摻執子之手兮 無我魗兮 不寁好也
준 대 로 혜　섬 집 자 지 수 혜　무 아 수 혜　불 잠 호 야

[작약도]는 조선의 대표적인 여류 시인 허초희(許楚姬)가 그렸다고 전해지는 그림입니다. 허초희는 《홍길동전》을 쓴 허균(許筠)의 누나로 이름보다는 '난설헌(蘭雪軒)'이라는 호로 더 알려져 있습니다. 그녀의 시는 조선을 뛰

어넘어 국제적으로 큰 인기를 끌었습니다. 성별을 떠나서 그녀는 조선 대표 시인이었습니다.

그녀의 집안은 고려 때부터 대대로 높은 벼슬에 오른 사람과 뛰어난 문장가를 많이 배출한 명문가였습니다. 그녀의 아버지 허엽(許曄)과 아들 삼형제 그리고 허초희는 '허씨 5문장가'로 불릴 정도로 글솜씨가 뛰어났습니다. 그녀는 정식 교육을 받지 못하고 어깨너머로 글을 배웠다고 합니다. 그럼에도 여덟 살 때 〈광한전 백옥루 상량문〉이라는 글을 지어 사람들을 놀라게 만들면서 신동으로 소문이 났습니다.

허난설헌은 시인으로 널리 알려져 있지만, 그림 실력도 뛰어났습니다. 다만, 공인된 현존 작품은 두 점이라서 그녀의 그림 세계를 분석하는 하는 일은 쉽지 않습니다.

[작약도]는 허난설헌이 그렸다고 추정되는 작품으로 국립중앙박물관에서 보관하고 있습니다. [작약도]는 세 송이의 꽃이 각기 다른 형태로 표현된 점과 다양한 잎의 모양이 특색입니다. 말리고, 뒤집어지고, 벌레먹은 잎들의 세세한 표현이 인상적입니다. 이 그림은 마치 시를 반복해서 읽으며 감정을 되새기고 의미를 확장시키 듯, 각기 다른 형태의 꽃과 잎으로 구성되어 자꾸 들여다보게 만듭니다.

작약은 동북아시아에 널리 퍼져 있는 꽃으로 예부터 관상용으로 많이 재배되었습니다. 뿌리는 한의학에서 약재로 쓰이기 때문에 화려한 외관에 실용성을 겸한 꽃입니다. 글과 그림에 능했던 허초희에게 잘 어울리는 꽃입니다. [작약도]는 그녀의 삶과 연관시키면 색다르게 다가옵니다. 시인의 삶을 알면 시에 대한 해석이 조금 더 애잔하게 바뀌는 것과 비슷한 맥락입니다.

좋은 집안에서 태어나 우애 좋은 형제들 사이에서 총명하게 자라 남부러울 것 없던 그녀의 삶은 결혼과 동시에 바뀝니다. 그녀는 두 자식을 이른 나이에 모두 잃은 뒤 스물일곱 살에 요절했습니다. 남편과 사이도 좋지 않았다고 합니다. 행복하지 못했던 성년의 삶이 원인이었을까요? 그녀는 죽기 전에 자신이 쓴 시를 모두 불태워 달라는 유언을 남겼습니다. 그런데 이를 안타깝게 생각한 동생 허균이 그녀의 시를 모아서 《난설헌집》을 만들었습니다. 그녀의 시들은 중국과 일본에서도 출간되며 폭발적인 인기를 누렸습니다. 그녀의 시가 인기를 얻자, 당시부터 지금까지 꾸준히 표절 시비가 있습니다. 중국의 시 일부분을 베꼈다는 의혹인데, 정작 그녀는 자신의 시를 불태워 달라고 했으니 혐의가 애매합니다.

여러분께 지금 보아도 시적 감각이 돋보이는 동선요(洞仙謠)라는 제목의 시를 소개합니다. 이 시의 제목은 '동선의 노래'라는 뜻인데, 시각과 청각의 이미지를 잘 살린 작품입니다.

> 자주빛 퉁소 소리에 붉은 구름이 흩어지니
> 발 밖의 서리가 차가워 앵무새가 지저귀네
> 늦은 밤 외로운 촛불이 휘장을 두르니
> 때에 맞추어 트인 별이 은하수를 건너가네
> 똑똑 은빛 물시계 소리는 서풍에 메아리가 되고
> 이슬이 떨어지는 오동나무 가지에 밤벌레가 우네
> 손수건 위에 깊은 밤의 눈물이
> 아마도 내일이면 붉은 점들로 남겠구나

紫簫聲裏形雲散 簾外霜寒鸚鵡喚 夜闌孤燭照羅帷
자 소 성 리 동 운 산　염 외 상 한 앵 무 환　야 란 고 촉 조 라 유
時見疎星度河漢 丁東銀漏響西風 露滴梧枝語夕蟲
시 견 소 성 도 하 한　정 동 은 루 향 서 풍　노 적 오 지 어 석 충
鮫綃帕上三更淚 明日應留點點紅
교 초 파 상 삼 경 루　명 일 응 류 점 점 홍

15日·능력

한계는 미리 정하지 않는다

고양이와 참새(猫雀圖) - 변상벽

自신이 역부족이라고 느끼는 사람들은 할 수 있는 데까지 최선을 다해보고 판단하지만, 너는 노력을 하기도 전에 미리 자신의 한계를 정해 선을 긋고 있구나.

力不足者中道而廢 今女畵

역 부 족 자 중 도 이 폐 금 여 획 - 옹야편

염구(冉求)라는 제자가 공자에게 말했습니다. "저는 선생님의 가르침을 좋아합니다. 허나 제가 선생님의 가르침을 따르기에는 역부족이라고 생각합니다." (非不說子之道 力不足也 비불열자지도 역부족야) 이 말을 들은 공자는 답했습니다. "자신이 역부족이라고 느끼는 사람들은 할 수 있는 데까지 최선을 다해보고 판단하지만, 너는 노력을 하기도 전에 미리 자신의 한계를 정해 선을 긋고 있구나."

누구나 자신의 분야에서 최고가 되기를 꿈꾸지만 모든 일이 의지만으로 해결되지는 않습니다. 노력은 기본이고 기회, 환경, 체력, 조력자 등 다양한 요소들이 뭉쳐 힘을 발휘할 때 최상의 결과가 나오기 마련입니다.

가끔은 운으로 좋은 결과를 얻기도 합니다. 어떤 사람들은 운의 중요성을 따지며 운칠기삼(運七技三)이라는 말을 씁니다. 성공하는 일은 의지와 노력이 합쳐진 실력이 30% 정도이고 나머지 70%는 운에 의해 결정된다는 뜻입니다. 그러나 여기서 중요한 점은 아무리 운이 좋아도 가만히 있으면 아무 일도 일어나지 않는다는 사실입니다. 밤나무 아래로 가야 떨어지는 밤 한 톨이라도 얻을 수 있습니다.

무슨 일이든 결과를 만들기 위해서는 의지와 실천이 필요합니다. 그중에서 의지는 기본 중의 기본입니다. 나무로 비유하자면 씨앗입니다. 씨앗이

뿌려지지 않으면 나무는 자랄 수 없고, 어떤 열매도 기대할 수 없습니다. 의지는 가급적이면 밝고 긍정적인 마음으로 감싸 주어야 합니다. 그래야 자라면서 지치거나 꺾이지 않습니다.

굳은 의지는 결과에서 큰 격차를 만듭니다. 무슨 일이든지 잘 해내겠다는 의지가 있는 것과 없는 것은 차이가 큽니다. 반드시 구체적인 계획이나 웅대한 목표가 필요한 것은 아닙니다. 다만 무엇이든 바로 실행으로 옮기고 힘닿는 데까지 밀어붙이겠다는 마음만 있으면 됩니다. 그 마음이 실천에 날개를 달아 줍니다. 때로는 작은 습관이 좋은 결과를 만드는 데 도움을 줍니다. 꾸준함을 잃지 않는 습관은 성취감과 자신감을 불러일으킵니다.

저는 작가가 되기로 결심한 후에 본격적으로 명상을 시작했습니다. 성격이 다소 급하고 산만한 저에게 차분함과 집중력을 향상시킬 수 있다는 실험적 결과들은 꽤 매력적이었습니다. 제가 선택한 것은 불교의 좌선에서 유래된 호흡 명상법이었습니다. 방법도 간단합니다. 자세를 바르게 유지하고, 편안하게 숨을 쉬면서, 호흡에 집중하는 게 전부입니다. 처음에는 너무 쉽다고 생각했지만, 아무것도 안하고 가만히 앉아 숨만 쉬는 게 그렇게 힘든 일인 줄 몰랐습니다. 특히나 결가부좌로 앉으면 몇 분만 있어도 땀이 흘렀습니다. 한 번에 10분씩 연습하다가 한 달 뒤부터 하루 기준을 30분으로 정했습니다. 그리고 1년 동안 빠짐없이 하면서 시간을 조금씩 늘리다 보니 어느새 1시간도 버티게 되었습니다.

처음에 두세 달 동안은 어려웠지만 하루도 빠짐없이 30분 이상 하다 보니 꾸준함에서 오는 묘한 성취감이 컸습니다. 규칙적으로 빠뜨리지 않고 무언가를 할 수 있다는 자신감으로 글도 이렇게 쓰면 되겠구나 싶었습니다.

사실 아무런 강요나 제재 없이 처음으로 도전하는 일을 의지만으로 장기간 꾸준히 지속하는 것은 어렵습니다. 우리가 다이어트와 영어 공부를 매번 실패하는 이유도 마찬가지죠. 저는 글쓰기에 도움을 줄 수 있는 몇몇 습관들을 모아 루틴을 만들었습니다. 나태해지거나 흔들릴 때는 명상으로 마음을 다잡았습니다. 명상의 차분함은 불쑥불쑥 찾아오는 불안감도 해결해 주었습니다. 특히 마음이 불편하면 습관적으로 입에 물었던 담배를 끊게 했고, 400쪽이 넘는 원고를 1년 안에 완성하는 데 큰 도움을 주었습니다.

의지가 부족하다고 느낀 분들은 우선 나에게 맞는 작은 습관이나 루틴을 만들어 보는 건 어떨까요? 하루에 30초 동안 플랭크를 하거나, 3분 동안 스트레칭을 해 보세요. 가만히 앉아서 호흡이나 내면에 집중하는 1분 명상도 좋고, 10분 책읽기도 좋습니다. 아무리 바빠도 하루에 10분 정도는 시간을 낼 수 있습니다. 빠짐없이 석 달 이상 실천하면 큰 변화가 찾아옵니다.

요즘에도 많이 쓰는 단어 중에 하나가 역부족입니다. 사전적 의미로는 힘이나 역량이 미치지 못한다는 뜻입니다. 우리는 반드시 해야 할 일을 포기할 때 정말로 역부족인지 아니면 포장하기 위해서 다른 이유를 끌어오는지 고민해야 합니다. 위 《논어》 구절은 그 경계에 대한 공자의 충고입니다.

어떤 길을 선택하든지 삶에는 곳곳에 위기가 존재합니다. 아무리 수많은 경우의 수를 예상하고 다양한 대비책을 세우더라도 위기는 찾아옵니다. 때로는 전혀 상상할 수 없는 방식으로 다가와 도저히 빠져나갈 수 없을 것처럼 느껴지기도 합니다. 마치 고속도로에서 역주행으로 빠르게 다가오는 자동차를 마주치는 것 같습니다. 설마 입구와 출구가 명확한 고속도로를 누가 잘못 알고 들어가겠냐거나 자신이 역주행을 하는지 모르고 운전하는 사람이 어디 있겠냐고 의문을 품을 수 있지만 검색해 보면 이런 말도 안 되는 일이 심심치 않게 일어난다는 사실을 알게 됩니다. 위기는 '설마'라는 단어와 친합니다.

학업, 취업, 사업, 결혼, 건강 등 사람이 살면서 접하게 되는 모든 길은 전부 비슷합니다. 언제 찾아올지 모르는 위기를 극복해야만 정상으로의 여정을 지속할 수 있습니다. 위기는 침착하게 마주보고, 진솔한 태도로 헤쳐나가야 합니다. 편법은 더 큰 위기를 불러옵니다. 사람은 위기를 극복하면서 실력이 쌓입니다. 그리고 쌓인 실력만큼 성장합니다. 역부족의 경계선은 자신이 긋는다는 사실을 명심해야 합니다.

[고양이와 참새]를 그린 변상벽은 초상화에 뛰어났고, 고양이를 정교하게 그려서 '변고양이'라는 별명까지 얻었습니다. 그런데 그가 인물과 동물을 잘 그리게 된 배경이 흥미롭습니다. 처음에는 산수화를 배웠는데 아무래도 다른 화가들을 뛰어넘을 수 없겠다는 판단이 들었다고 합니다. 동양에서는 산수화를 다른 종류의 그림보다 높게 평가하는 경향이 있었습니다. 변상벽은 세상이 정한 기준에서 벗어나 자신의 분야를 정하고 파고들었습니다. 그는 자신의 역부족을 정확히 판단한 화가였습니다.

변상벽은 동물화와 인물화에 집중했습니다. 빠른 판단과 노력의 결과로 자신의 분야에서 압도적인 실력자로 성장합니다. 그가 그린 초상화는 백 점을 넘었으며, 그림을 요청하는 사람들이 매일 줄을 설 정도였습니다. 도화서 화원이 되어 영조의 어진을 제작하는 일에도 참여했습니다. 그리고 도화서 경력을 인정받아 지방의 관리직인 현감이 되기도 했습니다.

[고양이와 참새]는 한자로 [묘작도(猫雀圖)]라고 합니다. '고양이 묘(猫)'자와 '늙은이 모(耄)'자는 중국어 발음이 '마오'로 동일합니다. 중국의 고전《예기(禮記)》에는 '모(耄)'가 장수한 사람을 뜻하는 글자로 사용되었습니다. 그래서 발음이 같은 '묘(猫)'도 장수를 상징하는 의미가 생겼다고 합니다. 이런 연유로 고양이 그림에도 오래 살기를 희망하는 바람이 담겨 있습니다. 또한 고양이가 예부터 집안의 곡물이나 집기들을 갉아먹는 쥐를 잡았기 때문에 이로운 동물로 대접을 받았습니다.

그림 속 고양이가 참새를 잡으려고 나무에 올랐습니다. 나무 위에는 참새가 부산하게 떠들고, 아래에는 두 마리의 고양이가 시선을 교환합니다. 큰 고양이는 땅에서 작은 고양이를 격려하지만, 나무에 매달린 작은 고양이의 시선은 아래를 향하고 있습니다. 작은 고양이는 자신이 참새를 잡기에 역부족이라고 생각하는 걸까요? 참새들이 도망가지 않고 수다만 떠는 상황을 보니 아무래도 작은 고양이의 실력을 눈치챈 것 같습니다. 그런데 작은 고양이의 눈동자가 아주 강렬합니다. 강력하게 포기를 전달하는 표현일까요? 아니면 다시 도전하겠다는 의지를 불태우는 눈빛일까요? 작가인 변상벽은 어떤 마음을 담아 그렸을지 헤아려 보게 됩니다.

부모는 늘 자식을 걱정한다

어미닭과 병아리 - 변상벽

맹부백이 효에 관해 공자에게 물었다. 그러자 공자는 이렇게 대답했다. "부모는 오로지 자식에게 병이 생기지 않을까 걱정합니다."

孟武伯問孝 子曰 父母唯其疾之憂
맹 무 백 문 효 자 왈 부 모 유 기 질 지 우 - **위정편**

누군가 어떤 사안에 대해 물으면 대체로 그 사안의 주체 중심으로 답변하기 마련입니다. 효는 부모를 잘 섬기는 것이므로 효에 대한 질문에는 자식이 어떻게 해야 한다는 답변이 일반적입니다. 그런데 공자는 객체인 부모의 입장으로 대답했습니다. 이러한 말의 패턴도 공자의 화법 중 하나입니다. 단순하지만 입장을 바꾸어 더 깊은 통찰에 다가가게 만듭니다.

부모는 자식이 뱃속에 있을 때 태어날 자식이 건강하기만을 빕니다. 종교나 사상과 상관없는 인간 본연의 바람입니다. 태어난 후에도 혹여나 자식이 아프면 자신의 탓인 것처럼 괴로워합니다. 이러한 부모의 마음을 아는 자식이라면 자신의 몸을 소홀히 대할 수 없습니다. 공자의 답변은 순수한 인간 본연의 특징과 가족 관계를 잘 끄집어냈습니다.

자식을 향한 부모의 사랑은 조건이 없습니다. 부모는 어린 자식의 대소변도 손으로 다 받아냅니다. 자신은 굶어도 자식에게는 먼저 끼니를 챙겨주는 게 부모 마음입니다. 그 마음과 행동을 느끼고 이해한다면 부모의 사랑처럼 효 또한 당연한 것입니다. 효는 의무가 아니라 부모에게 받은 은혜를 갚는 일입니다.

공자는 공경하는 마음이 없다면 개와 말을 기르는 일과 부모를 모시는 일을 어찌 구별할 수 있겠냐고 했습니다. (今之孝者 是謂能養 至於犬馬 皆能有養 不敬 何以別乎 금지효자 시위능양 지어견마 개능유양 불경 하이별호 - 위정편) 부모를 동물에 비교한 꽤 거친 표현입니다. 이 말에는 가족의 의미를 가볍게 여기는 사람들에 대한 분노가 섞여 있습니다.

부모와 관련된 공자의 말들은 모두 사람으로서 지녀야 할 기본적인 도리에 대한 얘기입니다. 즉, 효란 겉으로 드러내는 행위보다 내면에서 우러나는 진심에 가치가 있다는 뜻입니다. 공자는 그게 동물과 다른 사람의 기본 도리임을 강조했습니다.

요즘은 결혼을 안 하는 사람들도 많고, 하더라도 자식을 낳지 않는 경우도 많습니다. 낳더라도 대부분 한 명에서 그치는 경우가 일반적입니다. 자식이 한 명이니 부모들이 쏟는 애정도 남다릅니다. 그런데 부모는 자식에게 잘해주고 싶은 마음 보다 자식이 잘살기를 바라는 기대가 더 큰 것 같습니다. 아이들은 어렸을 때부터 자신들의 의사와 상관없이 바쁘게 지냅니다. 어린이집을 다닐 때부터 영어와 태권도는 기본이고 악기나 교육 활동 두세 개를 추가하면 직장인과 다를 바 없는 일과를 보냅니다.

부모가 맞벌이를 해서 어쩔 수 없는 상황도 있지만, 아침에 잠깐 아이의 얼굴 보고, 저녁 때 서로 피곤하여 생기 없이 마주치는 일상을 가족이라 부르기가 민망합니다. 이렇게 자라는 아이들이 이른 시기부터 부모와 감정적으로 담을 쌓는 것도 어쩌면 당연할지 모르겠습니다.

첫 아이가 태어났을 때 어머니께서 하신 말씀이 있습니다. "자식은 아기였을 때 평생의 효도를 다한다." 아기의 천진난만하고 사랑스러운 모습에 부모가 행복을 느꼈다면, 그것으로 이미 자식의 의무를 다 했다는 뜻이었습니다. 그러니 나중에 자식이 커서 효도하기를 바라지 말라는 얘기지요. 그저 건강하게 잘 크고, 잘 살아가는 것에 만족하라는 뜻입니다.

어쩌면 요즘 어린아이에게 가장 필요한 것은 좋은 학원이 아니라 평범한 사랑일지도 모릅니다. 서로 얼굴 보고 얘기하거나, 안아주면서 감정을 교류하는 시간은 아무리 많아도 부작용이 없습니다.

자식은 소유물이나 대리만족의 수단이 아닌 하나의 인격체로 대우해야 합니다. 아무리 어리고 말을 못해도 자식은 부모의 행동 하나하나에 자극받습니다. 겉으로 표현을 안 하더라도 아이들의 내면에는 자극이 쌓입니다. 남보다 한글을 일찍 깨우치고, 영어 단어를 하나 더 배우는 것보다 부모와 깊은 교감을 한 번 더 나누는 기회가 필요합니다. 물론 저도 많이 부족하고, 생각대로 실천하지 못할 때도 있습니다만, 매일 아이들을 수시로 안아 주고, 함께 차를 마시며, 틈나는 대로 같이 놀기 위해 노력합니다.

공자는 가정이 사회의 기반이라고 생각해 그 중요성을 강조했습니다. 그가 살던 시대는 권력을 차지하기 위해 아들이 아버지를 죽이고, 형제가 서로 음해하거나 암살하는 일이 빈번했기 때문입니다.

제나라의 왕이었던 경공이 정치에 대해 묻자 공자는 이렇게 답변합니다. "왕은 왕다워야 하고, 신하는 신하다워야 하며, 아버지는 아버지다워야 하고, 자식은 자식다워야 합니다." (君君 臣臣 父父 子子 군군 신신 부부 자자 - 안연 편) 이 말을 두고 누구는 보수주의적 시선이 담겼다고 하고, 누구는 신분제도를 옹호했다고도 합니다. 그러나 극단적인 해석보다 상식적이고 기본적인 관점이 논어의 전반적인 맥락에 가장 잘 맞습니다. 이 구절은 사람이 사람다워야 한다는 의미처럼 누구나 자신의 자리에서 기본적인 역량과 품격을 갖추는 게 중요하다는 뜻입니다. 그리고 확장된 해석으로는, 왕이 먼저 왕다워야 신하가 신하다울 수 있고, 아버지가 아버지다워야 자식이 자식다울 수 있다는 상식을 추가할 수 있습니다.

고양이 그림을 잘 그렸던 변상벽의 또 다른 별명이 '변닭'이었습니다. 고양이만큼 닭도 잘 그렸거든요. [어미닭과 병아리]는 그가 변닭으로 불리는 데 큰 기여를 한 작품입니다. 강세황과 정약용 같은 당대의 인물들도 그의

5장. 동물 - 최선을 다해 보이아 한계를 안다

닭 그림을 보고 칭찬을 아끼지 않았습니다.

[어미닭과 병아리]는 어미닭이 병아리를 거느린 그림으로 마치 실제 상황을 보는 것처럼 정교합니다. 특히 어미닭의 몸 부위별로 다른 깃털의 모양과 색상은 실물처럼 정교합니다. 병아리는 모두 조금씩 다른 색깔과 행동으로 자신의 존재를 드러냅니다. 깨진 그릇에서 먹이를 찾는 자식과 어미 품에 숨어 있는 자식, 가장 신선한 먹이를 차지하려는 자식들까지 다양한 움직임이 앙증맞습니다. 마치 그림에서 삐약삐약 소리가 들리는 듯합니다.

이 그림에서 화가가 가장 신경 쓴 부분은 어미닭의 주둥이 근처인 것 같습니다. 어미닭에게 잡힌 벌의 다리와 날개가 움직일 것처럼 생생하고, 그것을 노리는 병아리들의 눈빛에서 생동감이 넘칩니다.

이 그림에는 수탉이나 다른 닭이 나오지 않아서 암탉의 모성애가 더욱 강조됩니다. 암탉은 실제로 모성애가 강한 동물로 알려져 있습니다. 알을 품는 21일 동안에는 생존을 위해 최소한의 먹이만 입에 대고 거의 움직이지 않습니다. 알들이 부화하면 먹이를 꼼꼼하게 챙겨 주며 잘 보살핍니다. 동물들의 모성애도 사람과 같습니다. 이유가 필요 없는 당연함에서 비롯된 사랑입니다. 동물들은 배우지 않고도 자식을 위해 아낌없이 자신을 희생합니다. 가족에 대한 사랑은 본능의 영역이기 때문입니다.

17日 · 두려움

떳떳해야 두려움이 없다

고매서작(古梅瑞鵲) - 조속

마음속에 꺼림칙한 것이 없는데, 무슨 근심과 두려움이 있겠느냐?

內省不疚 夫何憂何懼

내 성 불 구 부 하 우 하 구 - 안연편

군자란 꾸준한 수양을 통해 경지에 오른 사람입니다. 여기에서 중요한 점은 경지에 오를 때 반드시 인격이 뒷받침되어야 한다는 사실입니다. 수양의 종류는 다양하지만, 군자가 되기 위해서는 학문적인 소양과 능력만으론 부족합니다. 반드시 진실되고 바른 마음을 갖춰야 합니다.

어느 날 제자 사마우(司馬牛)가 군자에 대해 물었습니다. 공자는 다음과 같이 대답했습니다. "군자는 근심과 두려움이 없는 존재다." (君子不憂不懼 군자불우불구) 사마우가 대답을 듣고 다시 물었습니다. "근심과 두려움이 없다면 모두 군자입니까?" (不憂不懼 斯謂之君子矣乎 불우불구 사위지군자의호) 이 질문을 듣고 공자가 말했습니다. "마음속에 꺼림칙한 것이 없는데, 무슨 근심과 두려움이 있겠느냐?"

근심과 두려움은 삶의 그림자처럼 사람들을 평생 따라다닙니다. 좋은 대학을 들어가거나 좋은 직장을 얻는다고 사라지지 않습니다. 돈이 아무리 많아도 소용없습니다. 따라서 근심과 두려움으로부터 벗어나는 일은 정말 중요합니다. 학자들은 근심과 두려움이 인류의 생존 본능이라고 합니다. 맹수로 부터 살아남기 위해 원시 시대부터 지속된 유전자 때문이라는 거죠. 그러나 맹수가 사라진 빌딩 숲에서 살아가는 현대인들은 그들의 조상보다 더 많은 걱정과 불안에 시달립니다.

공자는 근심과 두려움을 없애는 방법으로 내면의 당당함을 제시했습니다. 언제, 어디서나, 누구 앞이든 떳떳할 수 있다면 근심과 두려움이 생길

틈이 없다고요. 현대인이 겪는 모든 걱정을 당당함으로 극복하기는 쉽지 않지만, 스스로에게 당당하지 못하면 근심과 두려움은 덩치를 더 키워 나갑니다. 자신이 삶의 주인공으로 살아가려면 가장 먼저 꺼림칙한 것들을 멀리해야 합니다. 그렇지 않고서는 절대 당당해질 수 없습니다.

제가 정식으로 얻은 첫 번째 일자리는 모터사이클 영업이었습니다. 지금이야 많은 사람들이 취미로 타는 오토바이를 알지만, 20여 년 전에는 오토바이 하면 폭주족과 배달 수단으로만 인식하던 시절이었습니다. 제가 취업을 위해 면접을 본 곳 중에서는 자기소개서에 쓴 취미가 모터사이클이라는 이유로 폭주족이냐는 조롱을 받기도 했습니다. 그런 시대에 모터사이클이라는 업종을 고른 것은 쉬운 선택이 아니었습니다.

저는 가장 좋아하는 취미를 직업으로 선택했습니다. 주변의 반대와 우려가 있었지만, 뒤돌아보면 그 결정은 제 인생 최고의 선택이었습니다. 좋아하는 것에 더 애착이 생기고, 맘껏 즐기고, 전문가가 되었기 때문입니다.

물론 일이 쉽지는 않았습니다. 내성적이었던 제게 영업은 정말 어려웠습니다. 모터사이클이라는 비주류 취미를 선택한 소수의 사람들을 상대하는 일은 만만치 않았습니다. 사회 경험이 없는 20대의 젊은 나이로 아버지뻘인 40~50대를 상대하는 일이 어색했습니다. 요즘은 많이 바뀌었지만, 그당시에는 투박한 문신을 내세운 꽤 거친 고객들도 많았습니다. 아직도 입사하여 선배에게 처음으로 들었던 꾸중이 생생합니다. 매장에 들어온 고객에게 인사하는 목소리가 작다는 이유였습니다. 저는 낯선 사람들과 말하는 것이 어려웠고, 실적과 목표에는 늘 그림자처럼 근심과 두려움이 따라붙었습니다. 그러던 어느 날 이러한 불안을 극복하는 길은 정면 승부 밖에 없겠다는 생각이 들었습니다. 차츰 제 삶에 변화를 주었습니다.

우선, 회사에서 가장 큰 목소리를 가진 사람이 되었습니다. 시작은 인사였습니다. 매장으로 들어오고 나가는 모든 사람들에게 큰 소리로 인사를 했습니다. 덕분에 점점 말소리도 커지고 자존감이 살아난 저를 보고 사람들은 자신감 넘치는 사람으로 평가해 주었습니다. 그리고 '나는 영업사원이 아니라 행복을 파는 사람'이라는 자기 암시를 반복했습니다. 모터사이클을 탈 때 행복한 표정을 짓는 사람들을 보면서 생각해 낸 아이디어였습니다. 어떻게든 팔아 보겠다는 얄팍한 상술과 꼼수는 버리고, 고객의 입장으로 생각했습니다.

제가 판매했던 할리데이비슨은 취미로 타는 럭셔리 모터사이클입니다. 큰돈이 드는 일인 만큼 고객들이 후회 없는 선택을 할 수 있도록 도왔습니다. 할리데이비슨이 가진 특성과 다른 성향을 찾는 사람들에게는 정중하게 다른 회사의 모델을 권했습니다. 그러자 그분들이 지인을 소개시켜 주거나 나중에 저를 다시 찾기 시작했습니다. 모터사이클 영업사원이란 직업도 흔하지 않았고, 사지 않는 고객은 무시당하던 시절이었습니다. 저는 경험이 없는 사람들에게는 안전하게 타는 법을 가르쳐서 팔았고, 쉬는 날에는 고객들과 함께 모터사이클을 탔습니다. 그때부터 저는 영업사원이 아니라 모터사이클 즐기는 법을 알려 주는 선생이 되었고, 취미를 함께 즐기는 동반자가 되었습니다. 단순히 물건을 사고 파는 관계에서는 절대 있을 수 없는 일입니다.

제가 입사했을 때만 해도 국내에 럭셔리 모터사이클 공식 수입사나 지사가 생긴지 얼마 안 된 시점이었기 때문에 판매가 주먹구구식으로 이루어졌습니다. 저는 다른 부서의 업무까지 공부하며 고객들에게 제 담당 영역 밖의 편의도 제공하고, 전문 지식에 브랜드의 역사나 에피소드를 묶은 스토리텔링을 얹어 자부심을 선사하고, 그들과 함께 모터사이클을 즐겼습니다. 고객에게 인생 최고의 경험과 추억을 선물하는 사람으로 살고자 노력했습니다. 그러자 사람과 얘기하는 일이 쉬워졌고, 좋은 실적은 저절로 따라왔습니다. 그 후로 관리자가 되기 전까지 매년 판매 1위의 실적을 놓친 적이 한 번도 없었습니다.

공자의 가르침처럼 거리낌 없는 삶을 추구했던 화가 조속은 대단한 사람이 아니더라도 누구나 내면의 당당함을 이룰 수 있음을 그림으로 표현했습니다. [고매서작(古梅瑞鵲)]은 '오래된 매화에 앉은 상서로운 까치'라는 뜻입니다. 한자로는 간단히 '까치 작(鵲)' 하나로 표현하는데, 다른 한자 이름으로 '기쁠 희(喜)'자를 더해 '희작(喜鵲)'이라고도 불렀습니다. 예부터 까치가 기쁜 소식이나 반가운 사람이 올 것을 알리는 새로 여겨졌기 때문입니다. 둥지를 튼 나무 아래에 집을 지으면 부자가 되거나 벼슬을 얻는다는 속설이 전해 올 정도로 까치는 오래전부터 행운의 새였습니다.

이 그림 안의 까치는 예사롭지 않습니다. 긴 꼬리와 시선, 진하고 검은 깃털에서 의연함이 느껴집니다. 보통 이렇게 홀로 당당하게 자태를 뽐내는 새로는 매나 독수리 같은 맹금류가 많이 등장합니다. 그런데 화가는 까치로도 얼마든지 멋진 자태를 표현할 수 있다는 사실을 보여줍니다. 의연한 당당함은 누구든 가질 수 있습니다. 오히려 예상하지 못한 까치의 당당한 자태 때문에 그림의 매력과 가치가 더 커집니다. 넓은 여백에 매화가 향기를 입히니 까치의 깃털이 훨씬 도드라지게 눈에 들어옵니다.

이 그림을 그린 조속(趙涑)은 조선 중기에 활동한 양반 화가입니다. 조속은 권력에 욕심부리지 않고 서예와 그림을 즐기며 좋은 예술 작품을 감상하고 수집하며 살았습니다. 《조선왕조실록》에는 그의 성품이 잘 드러나는 기록이 남아 있습니다. 태도와 행실이 바르고, 재물에 대한 욕심이 없는 맑은 사람이었다고 합니다. 조속이 김제 군수를 지내던 시절에 암행어사로 다녀간 심택(沈澤)은 왕에게 다음과 같이 보고했습니다. "조속은 스스로 청렴하고 검소함을 규제하여 백성들이 모두 편안하게 일하며 삽니다."

그는 집이 매우 가난하여 끼니를 잇기 어려울 때도 태연함을 버리지 않았습니다. 조속이 얼마나 바르게 살았던지, 그가 다스리던 지역 백성들은 조속을 소중하게 여길 정도였습니다. 조속은 왕을 비롯해 동료 관리, 백성 모두에게 인정받았던 진정한 군자인 셈입니다. [고매서작]에는 그의 정신이 고스란히 스며들어 있습니다. 조속의 당당한 삶을 생각하며 감상할 때 이 그림의 묵직함이 더 대단하게 느껴집니다.

상식적인 예의가 가치를 만든다

양도(羊圖) - 작가 미상

너는 그 양을 아끼느냐? 나는 그 예를 아낀단다.

爾愛其羊 我愛其禮
이 애 기 양 아 애 기 례 - 팔일편

고대부터 동양에서는 하늘에 제사를 지낼 때 제물로 바치던 동물을 '희생(犧 牲)'이라고 불렀습니다. 주로 소, 양, 돼지 등의 동물이었습니다. 그중에서 양이 제물로 쓰일 경우에 '희생양'이라고 불렀습니다. 우리가 흔히 쓰는 희 생과 희생양이라는 단어의 어원입니다.

공자가 살던 시대에 제후는 매월 첫째날을 기념하는 예식을 벌였습니 다. 이것은 초하루를 고한다는 뜻으로 '곡삭(告朔)'이라 했으며, 이때 제사를 지내고 정사를 의논했습니다. 이 예식에는 일반적으로 양을 제물로 바치던 풍습이 있었는데, 어느 날 공자의 제자 자공이 이 풍습을 없애려 했습니다. 이때 공자는 자공의 이름을 부르며 말했습니다. "너는 그 양을 아끼느냐? 나 는 그 예를 아낀단다."

자공이 왜 양을 바치던 풍습을 없애려 했는지 자세한 내막은 알 수 없지 만 아마도 불필요한 관습이라고 판단했던 모양입니다. 이러한 사실만 놓고 보면, 공자는 예부터 내려오는 관습을 절대 바꾸지 않는 고집불통이거나 허 례허식에 집착하는 사람처럼 보입니다. 과연 그럴까요?

공자는 꽉 막힌 사고방식을 싫어하고 좋다고 생각한 변화는 흔쾌히 받 아들였습니다. "옛 관습의 관(조선의 갓처럼 신분에 따라 쓰거나 행사 때 쓰는 모자) 은 제작하기도 어렵고 귀한 소재로 만들었으나, 요즘 사람들은 평범한 재료 를 활용하는구나. 검소한 변화이니 나도 사람들을 따라서 바꾸겠다." (麻冕 禮也 今也純 儉 吾從衆, 마면 예야 금야치 검 오종종 - 자한편) 그리고 뒤이어, 요즘 절하는 방식이 오만하게 바뀌어 자신은 도저히 따를 수 없다는 말이 나옵니다. 많은 사람들과 다르더라도 자신은 홀로 예법을 따르겠다고도 합니다. 이것을 정리하면, 그는 합리적인 변화는 얼마든지 받아들이되 기본적인 예의를 벗어나거나 전통이 사라질 것을 염려해야 하는 정도의 변화는 따르지 않았다는 사실을 알 수 있습니다. 《논어》에는 이런 태도가 곳곳에 스며 있습니다. 공자는 반드시 필요하다고 생각하는 최소한의 예의와 전통이 사회의 뿌리라고 생각했습니다.

〈중니제자열전(仲尼弟子列傳)〉에 따르면 희생양을 없애려 했던 자공은 공자의 제자 중에서 가장 부유했습니다. 싸게 사서 비싸게 파는 능력 덕분에 재산이 천금(千金)이나 되었다고 합니다. 그는 상업에 뛰어났고 계산에 밝은 사람이었습니다. 거기에 말솜씨까지 좋아서 공자는 종종 자공에게 주의를 주었습니다. 자공의 이런 성향을 생각하면 입장 차이가 분명해집니다.

지금의 시선으로는 그 당시 희생양이 가진 의미와 가치를 정확히 알기 어렵습니다. 그러나 예를 아낀다는 말은 가치 있는 것을 아낀다는 말과 같은 뜻입니다. 공자는 계산적인 제자의 행동이 존속해야 할 전통문화를 훼손한다고 생각한 것 같습니다. 효율성만으로는 그 가치를 따질 수 없는 존재들이 있습니다. 그 대표적인 것이 바로 전통문화입니다. 전통이 사라지면 사회나 국가의 정체성도 사라집니다.

위의 상황과는 거리가 좀 있지만, 일본이 조선을 빼앗은 35년 동안 우리는 다양한 전통문화를 잃어버렸습니다. 많은 사람들의 헌신과 노력으로 겨우 이어가거나 되살리고 있지만, 본래의 양과 질에는 미치지 못하는 경우가 많습니다. 만약 일본의 통치 기간이 조금만 더 길었다면 지금 우리의 모습이 어떻게 달라졌을지 모릅니다.

안타까운 사실은 광복 이후에도 우리는 서양의 문화를 쫓기에 급급하여 스스로 전통문화를 저버린 적이 많았다는 겁니다. 국악은 촌스럽고, 클래식은 수준 높다고 생각하는 경우도 많습니다. 보존 가치가 있는 오래된 건축물을 낡은 것으로 취급하여 부수고, 그 자리에 상업성이 좋은 빌딩과 아파트를 지었습니다. 장기적인 관점으로 보면 순간의 이익인 개발보다 정체성을 유지해 주는 전통과 문화가 더 중요합니다. 설날과 추석같은 명절이 유지되는 이유는 그 안에 전통의 가치와 가족의 의미가 남아 있기 때문입니다. 명절과 역사적인 기념일을 단순한 휴일로만 여기면 가치관이 가벼워질 수 밖에 없습니다. 효율성만을 기준으로 삼고 계산적으로 관계를 따지면 사람도 기계처럼 살아가야 합니다. 그런 생각이 사회를 메마르게 만들고 삶의 가치를 떨어뜨립니다. 우리 삶 곳곳에는 효율로 따질 수 없는 가치 있는 것들이 많습니다. 공자가 지키려 했던 예법은 바로 그러한 가치라고 생각됩니다.

인류에게 양은 소중한 가축이었습니다. 고기와 우유로 식량을, 털로 의복을 제공했기 때문입니다. 동양에서는 오래전부터 열두 동물을 이용하여 시간과 방위, 사람이 태어난 해를 구분해 의미를 부여했습니다. 이를 십이지(十二支)라고 하는데, 이들은 신격화된 십이지신으로도 활용되었습니다. 양은 사람과 친근하면서도 신령스러운 존재로 여겨졌으나 조선 시대에 그려진 양 그림은 그리 많이 남아 있지 않습니다. 다른 동물과 비교하면 아주 적은 편입니다.

소개하려는 그림은 국립중앙박물관에서 소장하고 있는데, 제목이 [양], [양도(羊圖)]로 되어 있습니다. 그런데 여기에 등장하는 양은 우리가 흔히 아는 털이 복슬복슬한 모습이 아니라 염소처럼 생겼습니다. 예부터 양과 염소를 엄격하게 구분하지 않았기 때문에 염소도 양의 한 종류로 불렸다고 합니다. 지금도 염소를 산양(山羊)이라고 부르는 것과 비슷합니다. 그림에서 보이는 긴 수염이 더더욱 염소를 떠올리게 만듭니다.

사실 우리가 흔히 떠올리는 하얀 털의 온순한 양의 이미지가 한국에 전해진 건 털을 사용하기 위한 산업용 양이 정착된 일제강점기 이후입니다. 그전까지 양은 대부분 염소에 가까운 모습입니다. 조선 후기에 김홍도가 그린 [금화편양(金華鞭羊)]에 등장하는 양도 확실히 염소를 닮았습니다.

[양도(羊圖)]는 작자 미상의 그림입니다. 누가 그렸는지 알 수 없어서 그림에 대한 정보가 거의 없습니다. 제작 시기가 조선 전기로 추정된다는 것이 유일한 정보입니다. 동물의 털과 뿔을 세심하게 처리한 묘사가 인상적입니다. 등장하는 양의 눈과 입, 얼굴의 형태가 달라 각기 표정이 다릅니다. 눈이 강렬해서 다소 경직된 듯이 보이지만, 입을 자세히 보면 웃는 모습처럼 보이니 기분은 그리 나쁘지 않은 듯합니다.

양을 소재로 삼은 《논어》의 구절과 함께 양 그림을 살펴보았습니다. 만약 여러분이 공자의 생각에 공감한다면, 앞으로 양이나 염소 그림을 마주할 때 '나는 예를 아낀단다'라는 말이 생각나겠지요. 저는 이 말을 엉뚱한 곳에서 쓴 적이 있습니다. 예전 아버지의 형제들이 살아 계실 때는 명절에 큰집에서 사촌들과 모여서 함께 차례를 지냈습니다. 차례가 끝나면 근처에 있는 선산에 올라 돌아가신 할아버지와 본 적 없는 친척 어르신들 묘소에 인사를 드렸습니다. 그때 다 같이 절을 하는데 동생은 흙이 바지에 묻을까 봐 무릎을 땅에서 살짝 띄우고 발과 손만 사용해 절을 했습니다. 저는 그 모습을 보고 동생에게 말했습니다. "너는 그 바지를 아끼느냐? 나는 그 예를 아낀단다." 여러분도 여러분의 삶 속에서 지키고 싶은 예를 생각해 보시기 바랍니다.

19日 · 근본

무엇이든 기본이 먼저다

사인휘호(士人揮毫) - 강희언

그림은 바탕색이 준비된 후에 그릴 수 있단다.

繪事後素

회 사 후 소 · 팔일편

"선생님 '예쁜 웃음에 보조개, 아름다운 눈에 선명한 눈동자, 바탕에서 아름다운 광채가 나는구나'라는 구절은 무슨 뜻입니까?" 자하라는 제자가 시의 한 구절을 인용하며 공자에게 물었습니다. "그림은 바탕색이 준비된 후에 그릴 수 있단다." 공자가 대답했습니다. "그렇다면, 예도 인품이 갖추어진 후가 되는 겁니까?" 자하가 말했습니다. "나에게 깨달음을 주는 사람이 바로 자하구나. 이제야 비로소 그대와 함께 시에 대해 이야기를 나눌 수 있겠구나." (子夏問 巧笑倩兮 美目盼兮 素以爲絢兮 何謂也 子曰 繪事後素 曰 禮後乎 子曰 起予者 商也 始可與言詩已矣 자하문 교소천혜 미목반혜 소이위현혜 하위야 자왈 회사후소 왈 예후호 자왈 기여자 상야 시가여언시이의)

위의 대화에서 언급된 시는 《시경(詩經)》으로 남아 있습니다. 자하는 미인의 보조개와 눈동자를 묘사한 부분을 가져와서 공자에게 물었습니다. 중요한 부분은 보조개와 눈동자 같은데 왜 바탕이 되는 웃음과 눈에서 광채가 나는 건지 의아했던 모양입니다. 현존하는 《시경》의 원문에는 '바탕에서 광채가 나는구나'라는 마지막 부분은 없습니다. 다른 곳에서 따와서 붙인 것인지 같은 시의 다른 버전인지는 알 수 없습니다.

공자는 제자의 질문에 그림을 그리는 작업을 비유해서 답을 했습니다. '바탕색이 갖추어져야 그림을 그릴 수 있으니, 웃음이 있어야 보조개가 매력이 되고, 눈이라는 틀 안에서 눈동자가 아름다워진다.' 무엇이든 바탕이 되는 근본이 중요하다는 얘기였습니다.

검은 바탕에는 어떤 색도 본연의 색채를 드러낼 수 없습니다. 변색되거나 왜곡됩니다. 다른 색들이 고유한 아름다움을 뽐내도록 가장 잘 받쳐 주는 색이 바로 하얀색입니다. 그렇기 때문에 지금도 어린이들이 사용하는 도화지부터 유화를 그릴 때 사용하는 캔버스나 동양화의 화선지까지 모두 바탕이 하얀색을 사용합니다. 바탕이 잘 갖추어진 다음에 꾸밈이 들어가니 사람도 그 무엇보다 인품이 중요하다는 뜻으로 위《논어》의 내용을 함축하여 만든 고사성어가 '회사후소'입니다.

스승은 시를 들으며 상상으로 이어진 시각적 이미지를 그림이라는 장르로 바꾸어 설명했습니다. 이에 제자는 한술 더 떠서 변주된 장르를 스승의 가르침으로 승화시켰습니다. 즉, 문학으로 시작된 질문이 미술의 비유를 거쳐 학문까지 확장된 셈입니다. 예는 진실된 마음으로 행할 때 진정한 의미를 갖고, 그렇지 않으면 껍데기에 불과하다는 뜻입니다. 몇줄 안 되는 짧은 내용이지만, 따뜻한 인문학적 배움과 사제지간의 교류까지 들어 있습니다. 제자를 인정하는 공자의 진솔한 태도가 인상적입니다. 공자는 자신이 기대하지도 못했던 분야로 대화를 확장시키는 제자의 발상에 감탄하며, 맛깔스러운 격려의 말을 전했습니다.

이 그림을 그린 강희언(姜熙彦)은 활쏘기 그림인 [사인사예(士人射藝)], 시를 쓰는 [사인시음(士人詩吟)]과 더불어 [사인휘호(士人揮毫)]를 연작의 형태로 남겼습니다. 모두 선비들의 여가 생활을 사실적으로 담아냈습니다. [사인휘호]라는 제목에서 사인은 선비를 말하고, 휘호는 붓을 휘두른다는 의미입니다. '터럭 호(毫)'는 기본적인 뜻이 털인데 털로 만든 붓이라는 의미도 함께 지니고 있습니다. 그렇다면 붓을 휘두른다는 말은 무슨 뜻일까요? 그것은 붓으로 글씨를 쓰거나 그림을 그리는 행위를 말합니다. 그래서 지금도 서예나 사군자 등을 경쟁 부문으로 삼는 대회를 휘호 대회라고 부릅니다.

[사인휘호]는 그림 그리는 순간을 잘 포착했습니다. 이 그림은 그리는 자세와 도구 등을 통해 조선 후기 화가들의 모습이 생생하게 전달합니다. 조선을 딱딱하게만 바라보면 화가들도 책상을 가져다 놓고 상체를 반듯하게 세워 그림을 그릴 것 같지만 [사인휘호]를 보면 편하게 그리는 자유분방함이 넘칩니다. 인물들의 자세는 모두 제각각이지만 표정은 다 똑같이 진지합니다. 사람들은 한 공간에 옹기종기 모여 각기 다른 형태의 바탕에 그림을 그리고 있습니다.

같은 대상이라도 화가의 바탕에 따라 개성이 다르게 표현됩니다. [사인휘호]를 보면 각기 다른 바탕에서 누구의 그림이 더 뛰어난지 경쟁하는 모습처럼 보이기도 합니다. 가장 넓은 바탕에 그림을 그리는 사람은 붓 2개를 한 손으로 활용하고, 그 위의 사람은 윗도리까지 벗고 앉아 있으니, 이들이 과연 어떤 관계이며 무엇을 그리는지 호기심을 자극합니다. 이 그림은 조선 화가들의 일상을 포착한 보기 드문 소재의 그림입니다.

서양의 경우 그림과 글씨는 별개의 영역으로 취급하지만 동양은 그렇지 않은 경우도 많습니다. 일반적으로 유럽에서 그려진 유명한 작품들은 화가의 사인 외에 별도의 글이 들어가지 않습니다. 그런데 조선의 유명한 그림에는 다양한 종류의 글이 들어 있습니다. 우리의 선조들은 좋은 그림을 보면 그 안에 시를 적기도 하고, 어울리는 글귀를 쓰기도 하고, 감상평을 남기기도 했습니다. 아마도 유럽인의 시선으로 보면 낙서처럼 보일 수도 있고, 작품의 가치가 떨어진다고 판단할 수도 있습니다. 그러나 우리는 그림에 어울리는 좋은 글은 작품에 운치를 더한다는 의식이 있었습니다. 그림에 들어가는 글은 내용만 중요한 것이 아니라 여백에 어울리는 배치 그리고 글씨체의 모양과 크기까지 신경 썼습니다. 화가가 직접 글을 적기도 하지만 지인이나 소장자가 쓰기도 하고 심지어 관람자가 남기기도 했습니다. 이것은 그림에 서예라는 예술을 보태고 시라는 문학을 살려 그것을 종합 예술로 승화시키는 동양 문화의 한 단면인데, 회사후소의 대화에서 장르를 변주하고 확장시켰던 상황과 그리 다르지 않습니다.

붓을 휘두르는 일도 마찬가지입니다. 면과 색을 중요시하는 서양과 달리 선을 중요하게 여긴 동양은 붓 하나로 다양한 표현이 가능합니다. 동양의 붓은 털이 길고 단면이 모두 둥그렇게 생겼습니다. 일반적으로 그림 그리는 붓과 글씨를 쓰는 붓이 다르지만 실력이라는 바탕이 있다면 많은 붓이 필요 없습니다. 붓 하나로 밑그림과 채색, 붓글씨까지 모두 가능합니다.

조선의 선비들은 작가의 내면이 그림이나 서예에도 투영되는 것을 중요하게 여겼습니다. 갈고닦은 인품이 작품에 반영되어야 좋은 작품이라고 생각했습니다. 뛰어난 기교로 화려함을 뽐내는 것보다 투박하더라도 인품의 바탕이 녹아든 작품을 더 높이 평가했습니다. 그래서 회사후소의 정신은 지금도 서예와 사군자 등을 통해 꾸준히 이어지고 있습니다.

[사인휘회]를 그린 강희언은 중인 신분으로 관상감에서 근무했습니다. 관상감은 천문, 지리, 기상 등에 관계된 일을 담당하던 기관인데, 그는 천문에 관련된 일을 했다고 합니다. 따라서 강희언은 본업이 공무원이고, 부업으로 그림을 그린 셈입니다. 부업이라곤 하지만, 그는 아마추어를 넘어서는 실력의 소유자였습니다.

강희언은 정선에게 그림을 배우고, 김홍도와도 두터운 친분이 있었다고 알려져 있습니다. 그 외에도 신한평이나 이인문 같은 당대의 화가들과 폭넓은 교류를 하며 안목을 넓혔습니다. 그는 정선을 비롯하여 앞선 화가들의 영향을 많이 받았으나, 서양의 원근법을 비롯해 다양한 기법을 작품에 적용하여 자신만의 화풍을 만들고자 노력했습니다.

현존하는 그림이 많이 없지만, 남아 있는 그림만으로도 그의 개성과 실력을 충분히 입증하는 화가입니다. 강희언은 열린 안목으로 자신의 바탕을 넓히고, 창조적인 자신만의 광채로 그림을 채우기 위해 노력한 화가였습니다.

엄격한 잣대보다 도리가 앞서야 한다

적죄인 형벌하는 모양 - 김준근

법으로만 다스리고 형벌로만 질서를 잡는다면, 사람들은 처벌을 모면하기 위한 노력을 할 뿐 자신의 행동에 대한 부끄러움을 모르게 된다. 덕으로 다스리고 예로 질서를 잡는다면, 사람들이 부끄러움을 알게 되고 또한 인격을 갖게 된다.

道之以政 齊之以刑 民免而無恥 道之以德 齊之以禮
도 지 이 정 제 지 이 형 민 면 이 무 치 도 지 이 덕 제 지 이 례

有恥且格
유 치 차 격 **- 위정편**

사람들을 다스리고 질서를 잡는 일에 덕(德)과 예(禮)가 나옵니다. 현재의 관점으로는 선뜻 공감하기 어렵습니다. 예는 앞서 살펴본 바와 같이 사람이 사람답게 살기 위해 지켜야 할 도리를 뜻하는 말로 요즘에는 예의, 예절, 예법 등과 같은 의미로 쓰입니다. 그렇다면 덕은 무엇일까요? 덕이 들어간 단어를 살펴보면 쉽게 이해가 갑니다. 요즘도 흔히 사용하는 말 중에서는 덕분, 덕택, 덕목 등이 대표적입니다. 덕분이나 덕택은 모두 '이게 다 네 덕이야' 처럼 다른 사람의 도움이나 은혜를 뜻합니다.

덕은 기본적으로 다른 사람에게 선한 의지로 베푸는 행동 혹은 그런 마음이나 성품입니다. 또한 다양한 윤리를 포괄하는 개념으로도 활용됩니다. 누군가 효성이 지극하고, 예의가 바르고, 인격이 좋고, 다른 사람을 위한 희생정신이 강할 때, 사람들은 그를 가리켜 덕이 높다고 평가했습니다.

법과 형벌로 사람들을 관리하고 처벌하면 편리한데, 공자는 왜 덕과 예를 앞세웠을까요? 공자는 법과 형벌 이전에 사람다운 됨됨이와 바른 사회적 관계가 더 중요하다고 생각했습니다. 이러한 견해는 오래전부터 내려오는 동양의 보편적이고 상식적인 가치관 중에 하나였습니다. 꼼꼼하게 법을 만

들고 관리하면, 사람들은 자신의 행동을 법의 기준으로만 판단합니다. 그리고 사람으로서 마땅히 행하고 지켜야 할 도리는 신경 쓰지 않게 됩니다. 사람들이 도리를 지키면 자율적인 사회가 되지만, 법에 맞는지 아닌지만 따지면 타율적인 사회가 됩니다. 자율적인 사회는 구성원들의 신뢰를 바탕으로 만들어지지만 법에는 신뢰가 없습니다. 오로지 판결만 있을 뿐입니다.

덕과 예로 사람들을 이끌기 위한 가장 기본적인 요소는 리더의 모범입니다. 리더가 바른 기준과 태도를 가지고 있어야 그 영향이 사회의 구성원들에게 퍼지기 때문입니다. 그렇지 못하면 덕과 예에 대한 기준이 모호해지고 서로 믿지 못하는 사회가 됩니다. 공자는 바른 리더들을 길러내기 위해 마지막까지 최선을 다했습니다. 그는 바른 정치를 직접 실현하려는 도전에 실패했지만, 혼란한 세상을 그대로 놔둘 수 없었습니다. 그의 마지막 희망은 학문과 제자였습니다.

강한 권력을 가졌거나, 많은 돈을 소유한 사람들이 큰 죄를 짓고도 교묘히 법망을 빠져나가는 사례는 어느 시대에나 넘쳐납니다. 과거에 귀족들은 죄를 지어도 대신 처벌을 받는 대리인을 고용하거나 돈으로 사건을 무마시켰습니다. 요즘에는 비싼 변호사를 고용하면 소송에 유리해집니다. 예나 지금이나 신분이 높거나 돈이 많은 사람들은 죄를 지어도 특별 대우를 받습니다.

상식적이지 않은 재판의 결과는 신뢰에 악영향을 미칩니다. 법과 형벌이 돈과 권력 앞에서 무용지물이라는 사실을 사람들에게 각인시킵니다. 아무리 완벽해 보여도 제도에는 한계가 있습니다. 부끄러움을 모르는 사회는 점점 더 사람들을 무력하게 만들고 삶의 질을 떨어뜨립니다. 사회가 혼란할수록 이상적인 리더상과 우리에게 진정으로 필요한 것이 무엇인지 함께 고민해야 합니다. 깨어 있는 시민이 많아져야 합니다.

[겪죄인 형벌하는 모양]은 죄인을 고문하는 그림입니다. 조선 시대를 배

경으로 하는 영화나 드라마에서 흔히 '주리를 튼다'라고 표현하는 벌입니다. 이 고문은 '전도주뢰(剪刀周牢)'라는 명칭으로 불렸는데, 다른 이름으로 '가새주리' 혹은 간단하게 '주리형'이라고도 합니다. 두 개의 긴 막대를 다리 사이에 끼고 조여서 사람에게 고통을 줍니다.

　조선 시대에 법률로 정해진 형벌은 총 5가지였습니다. 회초리로 때리는 태형, 그것보다 큰 몽둥이로 때리는 장형, 징역으로 가두면서 일을 시키던 도형, 먼 곳으로 유배를 보내는 유형, 그리고 마지막은 사람을 죽이는 사형입니다. 주리형은 범죄인의 죄를 자백 받기 위한 고문이었는데, 엄밀히 구분하자면 법의 테두리를 벗어난 형벌이었습니다. 그 당시 범죄는 증인을 포함한 증거 혹은 자백을 통해서 밝혀내야 했습니다. 죄를 지은 사람들은 보통 자신의 범죄를 인정하지 않았기 때문에, 자백을 위해 인류가 아주 오래전부터 사용한 기술이 고문이었습니다.

　조선의 기본 법전 《경국대전》은 죄인을 심문할 때 사용할 수 있는 몽둥이의 크기, 때리는 부위, 때릴 수 있는 최대 양까지 정해 놓았습니다. 그러나 우리가 사극에서 익숙하게 보고, 조선 후기에 그려진 [격죄인 형벌하는 모양]에서 드러나듯이, 실제로는 법률로 정해진 고문 이외에도 잔혹한 행위들이 많았습니다. 《경국대전》에는 관리가 법을 따르지 않고 함부로 형벌을 남발하면 장형 100대, 도형 3년에 처하고, 사람을 죽게 하면 파면하고 재임용을 금지한다고 되어있지만 실제로는 거의 지켜지지 않았다고 합니다.

　잔혹한 고문은 죄가 없는 사람을 범인으로 만들기도 합니다. 달구어진 쇠로 몸을 지지거나, 거꾸로 매달아서 잿물을 부어 숨을 못 쉬게 만드는 등의 고문은 없는 죄도 자백할 만큼 고통스럽기 때문입니다. 언제나 그런 일은 가난하고 힘 없는 자들에게 닥칩니다. 따라서 사사로운 이익을 멀리하며 바르게 판단할 수 있는 관리의 자질과 역량이 매우 중요합니다.

이 그림을 그린 화가는 김준근으로 조선의 마지막 풍속화가였습니다. 그의 생애에 대해서는 알려진 내용이 거의 없습니다. 그저 남아 있는 그림을 통해 19세기의 마지막을 장식한 풍속화가로 짐작할 뿐입니다. 소문에 따르면 원산 출신이라고 하며, 그림을 제대로 배운 적이 없고, 기독교 신자였다는 얘기도 있습니다. 김준근은 1895년 국내 최초로 번역 출판된 서양 소설 《텬료력뎡(天路歷程, 천로역정, The Pilgrim's Progress)》의 삽화를 그렸습니다. 기독교를 소재로 한 이 책에 그는 42장의 삽화를 그렸는데, 흥미로운 점은 예수가 조선의 갓을 쓴 모습으로 등장한다는 사실입니다.

김준근은 그림으로 생계를 유지했는데, 조선을 방문한 외국인들이 그의 그림을 꽤 사들였습니다. 그의 풍속화는 압도적인 실력으로 인정받을 만큼 뛰어난 예술 작품들은 아닙니다만, 당시의 서양인들 눈에는 조선을 이해하는 도구로 활용되었던 모양입니다. 서양인들이 가져간 그의 그림은 무려 1,500여 점에 이릅니다. 미국 워싱턴의 스미소니언 박물관(Smithsonian National Museum), 프랑스 파리의 국립 기메 동양 박물관(Musée national des Arts asiatiques-Guimet), 독일 함부르크의 로텐바움 박물관(Museum am Rothenbaum) 등 세계 20여 개국에서 그의 그림을 보존하고 있습니다.

김준근은 다른 사람들이 그리지 않았던 다양한 조선인들의 생활상을 그림으로 표현했습니다. 형벌이나 장례에 관한 그림이 대표적입니다. 그의 그림은 사진이 귀하던 시절에 풍속의 속살을 고스란히 드러냈습니다. 그 속에 덕으로 다스리고 예로 질서를 잡은 모습이 없다는 점이 아쉽습니다.

사람이 사람답지 못하면 아무 소용이 없다

산수풍속화 - 작가 미상

─────────── ◈◈◈ ───────────

사람이 어질지 못하다면 예가 무슨 소용이겠느냐? 사람이 어질지 못하다면 음악이 무슨 소용이겠느냐?

人而不仁 如禮何 人而不仁 如樂何

인 이 불 인 여 례 하 인 이 불 인 여 악 하 - 팔일편

─────────────────────────────

이번 구절에서는 공자가 중요하게 생각하는 세 가지 개념이 동시에 나옵니다. 어질다는 말로 대표되는 인(仁), 예의로 사용되는 예(禮), 음악으로 대변되는 악(樂)입니다. 공자는 예와 악을 요즘과는 다르게 보았습니다.

그는 '시로 흥을 돋우고, 예로 바로 서며, 악으로 완성된다(興於詩 立於禮 成於樂 흥어시 입어례 성어악 - 태백편)'라는 말을 남겼습니다. 너무나 함축적이라 이해가 쉽지 않은 문장입니다. 그러나 공자의 핵심적인 교육 철학이 담겨 있기에 꼭 살펴보아야 합니다. 우리는 배움을 통한 성장이라는 주제로 위 구절을 알아보도록 하겠습니다.

시는 배움의 시작을 뜻합니다. 앞서 당시의 시는 노래나 마찬가지였다고 말씀드렸습니다. 리듬과 함께 전달되는 시는 흥을 일으킵니다. 발라드가 눈물샘을 자극하고 댄스곡이 몸을 들썩거리게 만들듯이, 시는 내용으로 감성을 자극하고, 리듬은 감정을 두드립니다. 감성과 감정에 흥이 납니다. 좋은 노래는 계속 듣고 싶고 따라 부르고 싶어집니다. 그러다가 나중에는 가수에게도 관심이 생깁니다. 마찬가지로 진정한 배움도 흥이 나야 합니다. 그래야 인생에 도움이 되는 배움이 시작됩니다. 다른 사람의 강요에 의한 것이나 의무적인 공부가 하기 싫어지는 이유는 내 마음이 끌리지 않기 때문입니다. 호기심을 자극하고 흥이 올라야 시키지 않아도 알아서 공부합니다. 이런 의미로 시는 배움의 시작으로 연결됩니다.

예는 바로 선 중심을 뜻합니다. 사람은 자주 흔들리는 존재입니다. 흔들릴 때마다 중심을 바로잡아야 앞으로 갈 수 있습니다. 아무리 흥이 일어서 배움을 시작했더라도 흔들리면 제자리걸음입니다. 무엇이든 꾸준히 지속하려면 확고하게 서 있는 중심이 필수입니다.

중심은 예로 통합니다. 사람이 행동의 근본을 예로 두면 어긋나는 일이 발생하지 않기 때문입니다. 사람을 만날 때나 일을 할 때 그리고 행사에 참여할 때 알맞은 예로 중심을 잡고 나아가면 흔들림 없이 바로 서게 됩니다. 이와 같은 의미로 예는 배움의 과정과 태도를 상징합니다.

악은 배움의 완성을 뜻합니다. 음악의 필수 요소는 조화입니다. 하나의 악기는 음이 조화를 이루어야 아름다운 선율이 되고, 여러 대의 악기는 다른 소리가 조화를 이루어야 멋진 음악이 됩니다. 음과 악기의 완벽한 조화는 저절로 얻어지지 않습니다. 부단한 노력이 경지에 오를 때 사람들이 감탄하는 음악이 탄생합니다. 바로 선 중심으로 끌어낸 음악은 마음을 다독여 줍니다. 사람을 유연하게 하고 정화시킵니다. 이것은 사람을 변화시키는 인격의 완성과 연결됩니다. 변화가 없는 배움은 거짓입니다. 이와 같은 의미로 악은 배움의 완성을 의미합니다.

함축적으로 표현한 시, 예, 악을 배움의 성장으로 알아봤습니다. 각각의 요소는 《논어》에 반복적으로 나오는 말이므로 연관성을 따라가면 《논어》 전체를 이해하는 데 큰 도움이 됩니다. 예와 악에는 모두 어진 마음 즉 인이 필요합니다. 바로 선 중심과 조화로운 완성에 배려하고 존중하는 어진 마음이 깔려 있지 않다면 모두 껍데기에 불과합니다. 겉과 속이 다른 예와 악은 언젠가는 탈이 납니다. 공자는 진심에서 우러나오지 않는 예와 악은 아무짝에도 쓸모 없다고 말했습니다. 무엇을 하더라도 먼저 사람다운 사람이 되어야 한다는 뜻입니다.

앞에서 여러 번 말씀드렸지만, 공자는 배움을 무척 중요하게 여겼고, 제자들에게 수시로 부지런히 배우라고 강조했습니다. 배워야 크게 성장할 수 있기 때문입니다. 그런데도 공자는 배우는 것보다 사람이 되는 것이 중요하다고 가르쳤습니다. 사람으로서 기본적인 도리를 다한 후에 힘이 남아 있으면 그때 배우라고 말했습니다. (弟子 入則孝 出則弟 謹而信 汎愛衆而親仁 行有餘力 則以學文 제자 입즉효 출즉제 근이신 범애중이친인 행유여력 즉이학문 - 학이편) 이것은 지금도 마찬가지입니다. 요즘의 우리는 바른 성장의 가치를 너무 소홀히 생각하고 있는 건 아닐까요?

[산수풍속화(山水風俗圖)]는 과거에 급제하여, 환영을 받으며 집으로 돌아가는 모습을 담은 풍속화입니다. 이 그림은 화가를 알 수 없고, 제목도 맞지 않습니다. 관리하는 곳에서 여러 장의 그림을 하나로 묶어 [산수풍속화]라는 제목을 붙였는데, 내용을 보면 '과거급제(科擧及第)'나 '금의환향(錦衣還鄕)'이 더 어울려 보입니다. 보통 이런 그림은 [평생도]의 일부인 경우가 많습니다. [평생도]는 아이가 태어나 돌을 맞이하고, 자라서 성인식을 치르고, 결혼으로 배우자를 만나고, 과거에 급제하여 출세하고, 결혼 60년을 기념하는 회혼례를 여는 등의 인생 여정을 모은 그림입니다. [평생도]라는 호칭은 조선에서 사용되지는 않았고 후대에 붙여진 명칭입니다. 성공한 양반에게는 개인의 역사를 기념하기 위한 기념품이 되고, 성공하고 싶은 양반에게는 다가올 행운의 장식이라는 의미가 있습니다. 아마도 이 그림은 평생도에서 떨어져 홀로 살아남은 그림 같습니다.

이 그림은 과거에 급제한 선비가 집 앞에 당도하는 장면인데, 구경거리가 생긴 조선의 마을이 잘 담겨 있습니다. 다른 [평생도]보다 등장하는 인물이 많아서 그 당시 동네 분위기가 그대로 전달됩니다. 단순한 구조의 풍속화와 달리 각자의 역할에 충실한 사람들을 살펴보는 맛이 있습니다.

그림의 주인공은 어사화를 꽂고 하얀 말을 탄 과거 급제자입니다. 그런데 그의 뒤를 따르는 인물도 만만찮습니다. 외바퀴가 달린 수레는 초헌이라고 하는데 종2품 이상의 고위 관리만 탈 수 있기 때문입니다. 초헌에 탄 관리는 과거 급제자의 집안 사람일까요? 아니면 축하하러 온 사람일까요? 급제자가 들어가려는 집의 규모와 그 안에서 기다리는 사람들을 보니 보통 집안은 아닌 것 같습니다.

조선에서 양반으로 태어난 사람에게 성공의 기준은 단 하나였습니다. 과거 시험을 우수한 성적으로 통과해 관리가 되는 것입니다. 지속적으로 관리를 배출하지 못하면 그 가문은 양반의 지위를 이어갈 수 없기 때문입니다. 양반이 3대 동안 관직을 얻지 못하면 사람들은 몰락한 가문으로 취급했습니다. 현실적으로도 생계가 어려워지고, 과거 시험을 볼 때도 보증인이 필요했기 때문입니다.

양반은 본래 '두 양(兩)'과 '나눌 반(班)'을 써서 문신과 무신을 다르게 부르던 문반과 무반을 함께 지칭하던 말입니다. 그러나 시간이 지나면서 집안, 가문, 지배 계층을 뜻하는 말로 확장되었습니다. 양반들의 등용문이었던 과거 제도는 절차와 형식으로 보면 거의 완벽에 가까운 인재 선발법입니다. 균등한 참여 기회, 지역별 합격자수 배정, 주관식과 구술시험으로 구성된 아홉 번의 다중 평가 등이 대표적입니다.

하지만 과거를 보는 사람들에게 어짊이 없으면 좋은 제도도 소용이 없습니다. 과거는 출세와 성공에만 눈이 멀어 거짓된 답을 적는 사람들을 거를 장치가 없었습니다. 매국노로 악명이 높은 이완용과 함께 을사늑약(일본이 조선의 외교권을 박탈한 강제적 조약)과 경술국치(일본이 조선의 국권을 빼앗은 날)에 찬성하고 협조했던 11명의 관리들은 대부분 과거 합격자들이었습니다. 이들에게 성장은 오로지 사익이었습니다. 나라를 위해 일하라고 뽑은 사람들이 나라를 일본에 넘기는 데 앞장선 꼴입니다. 겉으로는 대의를 말하면서 각종 비리에 관여하여 사회적으로 물의를 일으키는 정치인과 기업가들을 보고 있노라면 "어질지 못하면 예와 악이 무슨 소용이 있겠느냐?"라고 호통 쳤던 공자의 말이 귓가에 맴돕니다. 우리의 일상에서도 어진 마음부터 챙기는 것이 중요합니다.

22日 · 인내

작은 것을 참지 못하면 큰 계획을 망친다

묵매(墨梅) - 허련

교묘한 말은 덕을 어지럽히고, 작은 것을 참지 못하면 큰 계획을 망치기 마련이다.

巧言亂德 小不忍則亂大謀

교 언 난 덕 소 불 인 즉 난 대 모 · **위령공편**

덕은 앞서 얘기한 것처럼 인간적으로 바른 성품, 다른 사람에게 도움을 주거나 은혜를 베푸는 행동과 마음을 의미합니다. 덕은 실천으로 증명됩니다만 바른 의지도 상당히 중요합니다. 실천은 하는데 의지가 약하면 오래가지 못하기 때문입니다. 바른 의지와 행동의 결합은 덕을 튼튼하게 만듭니다. 반면 바른 행동에 바른 의지가 없는 경우도 있습니다. 어떤 목적을 위한 행동이 그렇습니다. 위선적인 행동은 겉으로 구분이 안 될 수도 있지만 역시 오래 가지는 못합니다. 장기간 본성을 숨기기 어렵고, 목적이 이루어지거나 변경되면 바로 본래의 모습으로 돌아가기 때문입니다. 오랫동안 차츰 쌓인 습관들은 금방 표시가 납니다. 그렇기 때문에 장기간에 걸쳐 쌓인 덕은 교묘한 말에도 쉽게 어지럽혀지지 않습니다.

속담에 '참을 인(忍)이 셋이면 살인도 면한다'라는 말이 있습니다. 흔히 쓰는 '참는 자에게 복이 온다'라는 말도 비슷한 뜻입니다. 동서양을 막론하고 참는 것에 대한 다양한 격언이 존재합니다. 집단 생활을 하는 인류에게 인내심은 꼭 필요하기 때문입니다. 먹고 싶은 대로 다 먹고, 자고 싶은 대로 다 자고, 싫어하는 사람을 마음대로 때리고, 좋아하는 사람을 마음대로 끌어안으면 제대로 살 수도 없고 사회 질서도 무너집니다.

인생을 살다 보면 누구나 한 번쯤은 화를 참지 못해 사고를 치거나, 사람과의 관계를 망치는 경험을 하게 됩니다. '그때 조금만 참았더라면' 하고 나중에 후회하더라도 돌이킬 수 없습니다. 특히 청춘기에는 폭발하는 화를 누르는 일이 쉽지 않습니다. 그러나 사회생활에 익숙해지면서 어느 정도 철이 들면 알게 됩니다. 가족, 친구, 동료부터 사랑하는 연인과의 사이까지 결국은 인내심이 관계를 지속하고 발전하는 데 가장 중요하다는 사실을 깨닫게 됩니다. 다만, 무조건 참으면 병이 나거나 반작용이 일어날 수 있기 때문에, 스스로 잘 참는 방법을 찾아야 합니다.

저는 참는다는 말이 수동적이고 당하는 느낌이 들어서, 절제한다는 말로 자기 암시를 겁니다. 폭발하는 감정과 온갖 욕망 등은 어쩔 수 없이 참아내야 하는 것이 아니라 내 삶의 주인으로 살아가기 위해 필요한 절제라는 생각으로 심호흡을 합니다. 그러면 흥분을 가라앉히는 일이 한결 수월합니다.

저는 30대 초반에 부채 할아버지를 만난 추억이 있습니다. 연세가 아흔에 가까운 할아버지는 종로 2가 사거리 근처에서 좌판을 깔고 부채를 팔았습니다. 직접 부채에 붓글씨를 쓰거나 그림을 그려서 판매하는 거리의 예술가였습니다. 지인들에게 줄 선물로 할아버지의 부채를 종종 구매하다 보니 적당한 친분이 생겼습니다. 할아버지는 본래 서예가이고 학원도 운영하시는 분인데, 용돈 벌이 삼아서 틈날 때마다 좌판을 깐다고 하셨습니다.

어느 날 할아버지께서는 큰 화선지에 붓글씨를 써서 선물로 주셨습니다. 두꺼운 붓으로 忍中大達(인중대달)이라는 글자를 쓰셨는데, 그때는 '참으면 크게 이룬다'라는 내용이 뻔하고 시시하다고 생각했습니다. 집에 와서 붓글씨를 구석에 놓았다가 내용보다는 글자가 멋있고, 구부정한 할아버지의 손에서 춤추듯 움직이는 화려한 붓놀림에 감탄했던 터라 그냥 두기 아까운 마음에 액자로 만들어서 현관문 옆에 붙여 놓았습니다.

10여 년이 지나도록 매일 현관문을 들락이면서 그 붓글씨를 봤지만 무심했습니다. 그런데 어느 날 막대한 업무와 배신과 소송이 난무하는 새로운 브랜드 사업에 참여하면서 그 붓글씨가 달리 보이기 시작했습니다. 계획했던 일들이 1년 여 동안 제대로 진행되지 못했고 사업에도 큰 차질을 빚게 되면서 하루에도 수십 번씩 그만두고 싶다는 생각이 들었습니다. 저에게 권한이 없는 조건에 대한 스트레스가 너무 컸습니다. 그런데 제 자존심과 책임감이 사퇴를 허락하지 않았습니다. 어쨌든 시작을 했으니 최소한의 결과는 만들어야 한다는 사명감으로 악착같이 달려들었습니다.

묵묵히 견디며 꼬인 실마리를 하나씩 풀어 마침내 사업이 정상적으로 운영되자, 가장 먼저 그 붓글씨가 눈에 띄었습니다. 마치 젊은 시절엔 도무지 맛있는지 모르겠던 어른들의 음식이 어느 순간 맛있게 느껴지는 기분과 같았습니다. 참기 힘들 정도로 모진 수모와 처참한 고통의 시간을 견뎌야 진정으로 성장한다는 사실을 경험으로 깨닫고 나니, 보잘것없게 보이던 네 글자가 진짜 깊은 맛을 담고 있음을 알았습니다. 한편으로 순수한 진리는 정말 단순하다는 생각도 들었습니다.

그림에도 인간의 성찰을 유도하는 소재가 있는데 대표적인 것이 사군자입니다. 사군자는 보통 매난국죽(梅蘭菊竹)이라 부르는 매화, 난초, 국화, 대나무를 가리킵니다. 동양에서는 예전부터 이 식물들을 군자의 태도와 닮았다고 여기거나 본받을 만한 존재로 평가했습니다. 사람들은 어려운 환경을 잘 이겨내거나 늘 한결 같은 모습을 지키는 식물에 의미를 부여하고 동경했습니다. 이러한 동경은 다양한 형태의 글과 그림으로 발전했습니다.

사군자는 본래 시의 소재로 자주 활용되었습니다. 그러다가 중국의 송나라 때 와서야 사대부들에 의해 그림으로 왕성하게 날아올랐습니다. 이들은 그림을 볼 때 선과 상징적인 의미에 높은 가치를 두었습니다. 사군자는 검은색의 먹선으로 내면을 표현하는 농담과 질감을 유행시켰습니다. 보통 그림은 밑그림이나 윤곽선을 먼저 그리고 그 위에 채색을 합니다. 그러나 사군자는 예비 작업 없이 종이에 바로 먹을 이용해 그림을 그립니다. 이런 기법을 몰골법(沒骨法)이라고 불렀습니다.

사군자는 회화적 가치보다 정신을 표현한다는 점을 높이 평가하는 그림입니다. 이것은 마치 서양의 근대 미술이 개성적인 표현과 의미의 반영에 중점을 두며 인식의 전환을 추구했던 맥락과 비슷합니다. 선과 상징적인 의미를 중요시하는 문화는 서예에 뛰어난 실력을 지니고 있던 선비들이 그림을 그리기 시작하면서 나타난 현상 중 하나입니다. 아무래도 선비들은 직업적인 화가보다 그림을 더 잘 그릴 수 없었습니다. 그러나 서예를 이용한 선의 활용에서는 일가견이 있었기에 그들의 문화로 사군자가 발전하게 되었습니다. 일각에서는 그림이 단순해서 더욱 상징적인 의미에 초점을 맞추었다고도 얘기합니다. 나중에는 사군자를 포함하여 선비들이 지향하던 그림을 전문적인 화가의 작품과 구분하여 문인화라고도 불렀습니다.

먹물로만 매화를 그린 경우에 '먹 묵(墨)'자와 '매화 매(梅)'자를 따서 '묵매(墨梅)'라고 불렀습니다. 매화는 봄을 이끄는 꽃입니다. 혹독한 겨울을 이겨내고 그 어떤 식물보다 앞서서 꽃을 피웁니다. 활짝 핀 꽃에서 시작된 향기는 비로소 고통의 시간이 끝났다고 선포하는 메아리처럼 주변으로 퍼지며 사람들에게 감동을 줍니다.

사람들은 추위에도 굴복하지 않고 꽃을 피우는 매화를 선비 정신의 상징으로 여겼습니다. 여기에는 한 겨울을 가장 먼저 이겨내고 꽃을 피운 상황과 남아 있는 추위에도 당당하게 견디며 향기를 퍼뜨리는 두 가지 특성이 반영되어 있습니다. 이와 같이 참고 견디며 굴복하지 않는 능력이 뛰어난 매화는 어떤 처지에서도 자신의 신념대로 살아가는 존재로 평가받았습니다. 매화가 피어야 다른 봄꽃들이 그 뒤를 이으니, 매화는 꽃들의 선구자이기도 합니다.

허련의 [묵매]는 하늘을 향해 뻗는 매화의 줄기와 땅을 지지하는 바위가 인상적입니다. 경사가 심한 땅바닥은 매화가 자라는 환경을 더욱 불안정하게 만듭니다. 바위도 묵직하게 존재감을 드러내지만 작은 힘에도 고꾸라질 것처럼 위태롭습니다. 이러한 불안과 무관하게 나무는 마치 바위를 뚫고 나온 듯 천연덕스러운 생명력을 뽐냅니다. 매화는 지면의 경사와 바위라는 고난에도 자신의 신념대로 하늘을 향해 위로 뻗어 나가겠다고 선언하는 듯 보입니다. 여러분도 지금 어려움을 견디고 있는 중이라면 더 큰 계획을 위해 나아가고 있다는 점을 기억하면 좋겠습니다.

흔들리는 위기는 태연함으로 맞선다

난초 - 이하응

군자는 태연하면서도 교만함이 없으나, 소인은 교만하고 태연함이 없다.

君子泰而不驕 小人驕而不泰
군 자 태 이 불 교　소 인 교 이 불 태 - **자로편**

군자가 교양과 바른 실천력을 가진 곧은 인재상이라면, 소인은 정반대인 사람을 뜻합니다. 군자라는 말이 군주의 아들이라는 신분에서 나왔듯이, 소인도 본래 평민을 뜻하는 말이었습니다. 그런데 공자 이후에는 교양이 없고 사익만을 추구하는 속좁은 사람을 뜻하는 말로 굳어졌습니다. 보통 쪼잔하고 간사한 사람을 소인배라고 부르는데, 소인을 소인배로 생각하면 이해가 쉽습니다. 《논어》에 등장하는 군자와 소인은 모두 신분이나 계급을 떠나서 상징적인 의미로 쓰였습니다. 어떤 사람들은 군자와 소인이 계층에서 비롯되었다는 사실에만 빠져서, 공자가 신분에 따른 차별주의를 따르며, 귀족들만 높이고 평민을 낮추었다고 주장합니다. 그러나 《논어》 전체를 읽어 보면 그러한 주장이 얼마나 터무니 없는지 알게 됩니다.

　　공자는 제자들에게 평상시의 생활 태도를 강조하며 '군자다운 선비가 되어야지, 소인 같은 선비가 되어서는 안 된다(女爲君子儒 無爲小人儒 여위군자유 무위소인유 - 옹야편)'라고 했습니다. 공자의 가르침을 따르는 선비라고 전부 군자가 아닙니다. 군자나 소인은 입장이나 태도의 변화에 따라 언제든지 바뀔 수 있습니다. 군자였던 사람이 소인으로 타락할 수도 있고, 소인이었던 사람이 군자로 올라설 수도 있습니다. 이러한 관점이 바로 종교와 다른 유학의 현실적인 세계관입니다. 사람은 수시로 흔들리는 존재이기 때문에 선한 마음을 먹는 것이 전부가 아니고 지속적으로 선함에 머무르기 위해 노력해야 합니다. 사람은 환경과 상황에 영향을 받는 존재이기 때문에 그렇습니다.

교만한 사람은 자기 잘난 맛으로 살아갑니다. 오직 자기만 생각하기 때문에 건방지고 제멋대로 행동합니다. 이런 사람들이 지닌 가짜 태연함은 위기를 만나면 금방 탄로납니다. 대부분 동료를 버리고 혼자만 살기 위해 발버둥치거나 죄 없는 다른 사람을 희생양으로 쓰기 때문입니다. 또한 목적을 위해서라면 비겁하고 치졸한 어떤 짓도 마다하지 않습니다. 사람은 위기에 빠졌을 때 그 진면목이 드러납니다.

군자가 갖추어야 할 태연함은 겉으로만 내색하지 않는다고 되는 게 아닙니다. 내면으로부터 다져진 평온함이 꾸준히 쌓여야 합니다. 그래야 위기가 닥치더라도 흔들리지 않고 자신의 신념대로 당당하게 밀고 나갈 수 있습니다. 진정한 태연함은 쉽게 얻기 어렵습니다. 우선 자신을 믿어야 합니다. 그리고 작은 이익에 연연하지 않으며, 나보다 우리를 먼저 살피고, 크게 생각해야 하며 많은 경험을 쌓아야 합니다. 숱한 위기를 겪다 보면 아무리 힘든 일도 영원한 것은 없다는 사실을 배우게 됩니다.

난초(蘭草)는 보통 난이라고 부릅니다. 난은 잎의 우아한 자태와 꽃의 맑은 향기로 선비들의 많은 사랑을 받았습니다. 화려하지 않은 잎과 은은하게 퍼지는 꽃향기는 언제나 고상하고 순결함을 유지하고 싶었던 사람들의 마음을 사로잡았습니다. 군자는 태연한듯 보이면서도 교만함이 없다는 공자의 얘기와 딱 맞아 떨어지는 사군자가 바로 난입니다.

난은 줄기가 없이 뻗은 기다란 잎이 바닥으로부터 올라오면서 청초한 곡선을 만듭니다. 여러 잎들이 서로 다른 방향으로 나아가며 태연하고 고결한 선들의 집합이 형성됩니다.

난은 종류가 많지만 요즘에는 간단하게 잎이 넓고 뭉뚝한 서양란과 잎이 아주 길다란 동양란으로 구분합니다. 서양란은 화려하고 풍성한 꽃이 인상적이며, 동양란은 잎 사이에서 튀지 않는 얌전한 꽃이 특징입니다. 조선에서 재배되고 그려진 난은 동양란입니다. 1년에 한 번씩 꽃이 피는데, 제대로 가꾸지 않으면 꽃을 피우지 않습니다. 난의 맑고 순순한 향기를 맡기 위해서는 태연함을 갖기 위한 노력에 버금가는 돌봄이 필요합니다.

먹으로만 그린 난초는 묵란(墨蘭)이라고도 하며, 잎을 한 번에 그려 나가는 특징이 있습니다. 붓을 종이에 붙였다가 뗄 때마다 잎이 하나씩 생깁니다. 미리 구도를 머릿속으로 정하고 붓을 대면, 반복된 연습과 감각을 활용해 순식간에 그림이 완성됩니다. 구성이 비교적 단순하기에 쉬워 보이지만, 난 잎의 길이와 각도에 따라서 분위기가 사뭇 다르기에 결코 만만치 않습니다.

[난초]는 독특한 개성이 넘칩니다. 일반적인 청초함은 없고, 오히려 난이 가지고 있지 않은 다소 거친 기운이 튀는 느낌입니다. 아래 부분에는 땅에 뿌리를 박고 집단으로 자라는 난이 꽃줄기와 함께 뒤엉켜 일렬로 서서 과격한 춤을 추고, 윗부분에는 뿌리가 뽑힌 난이 마치 하늘을 나는 것 같습니다. 얼핏 보면 공포 영화에 나오는 정체를 알 수 없는 괴생물체처럼 보이기도 하고 추상화 같기도 합니다.

뿌리가 드러난 난은 노근란(露根蘭)이라고 합니다. 노근란은 중국의 송나라 사람이었던 정사초(鄭思肖)로부터 유래되었습니다. 그는 칭기즈 칸의 후예들이 조국을 점령하자, 나라 잃은 서러움을 뿌리가 드러난 난으로 표현했습니다. 땅에 뿌리를 내리지 못한 난이 나라를 빼앗긴 백성의 현실과 비슷한 처지라는 의미입니다. 그 뒤로 노근란은 조국을 빼앗긴 심정을 대표하는 상징이 되었습니다.

[난초]를 그린 사람은 이하응입니다. 조선 후기에 난초 그림으로 뛰어난 3대 인물로 김정희, 민영익과 함께 이하응을 꼽습니다. 그는 고종의 아버지로 흥선대원군이라는 이름으로 널리 알려진 인물입니다.

조선 후기는 어린 왕들과 외척들의 강한 입김으로 정치가 불안정했습니다. 혼란한 정치는 벼슬을 거래하는 매관매직을 낳고, 각종 부정행위들을 키워 내며 백성들을 쥐어짰습니다. 거기에 호시탐탐 침략을 노리는 외세의 간섭까지 몰아치니 그야말로 나라는 아수라장이었습니다.

혼란의 시기에 흥선대원군은 열두 살에 왕이 된 어린 아들 고종을 대신하여 정치에 관여했습니다. 실추된 왕권과 중앙 집권 체제를 강화하기 위해서 경복궁을 다시 짓고, 낡아 가는 조선을 흔들어 깨우기 위한 개혁에 몰두했습니다. 그는 강력하게 개혁을 밀어붙였지만, 성공의 열매를 얻지는 못했습니다. 시대의 흐름을 읽는 능력이 부족했고, 지나친 권력에 대한 욕망으로 혼란을 야기했다는 평가를 받기도 합니다.

무엇보다 흥선대원군은 지속적으로 개혁을 밀어붙일 수 있는 왕이 아니었습니다. 자식이긴 하지만 어디까지나 왕은 고종이었기 때문입니다. 고종이 성장하자 권력이 넘어가고 그의 입지는 줄어들었습니다. 흥선대원군은 과연 국가의 안위를 진정으로 염려했던 군자일까요? 아니면 어렵게 움켜쥔 권력에 취한 소인일까요? 이것은 아직도 전문가들 사이에서도 의견이 분분합니다.

어쩌면 일반적인 사람들은 죽는 날까지 군자와 소인의 줄다리기 틈에서 살아가는지도 모르겠습니다. 늘 한결같이 완벽하게 군자의 위치를 유지하기는 정말 어렵기 때문입니다. 그러니 태연함을 유지하면서 교만에 빠지지 않으려고 반복적으로 노력하는 실천만으로도 대견한 삶이 아닌가 싶습니다.

편협한 기준이 모든 걸 망친다

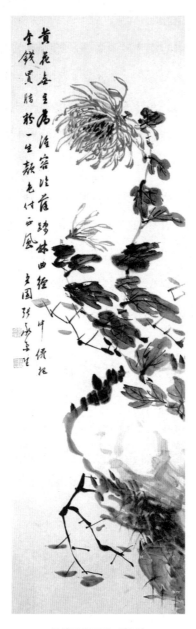

국석도(菊石圖) - 장승업

군자는 세상의 모든 일에 대하여 '반드시 그렇게 해야 한다'라거나 '반드시 그렇게 하면 안 된다'라고 고집부리지 않는다. 오직 의로움을 따를 뿐이다.

君子之於天下也 無適也 無莫也 義之與比
군 자 지 어 천 하 야 무 적 야 무 막 야 의 지 여 비 - 이인편

《논어》를 읽다 보면 반복적으로 나오는 얘기들이 있습니다. 공자가 평소에 자주 언급했고 제자들도 중요하게 여겼던 말을 강조하기 위한 편집으로 생각됩니다. 대표적인 내용 중 하나가 편협한 가치관에 대한 경계입니다. 공자는 한쪽으로 치우친 주장이나 견해를 좋아하지 않았습니다. 무슨 일이든지 무턱대고 믿거나 결정하지 말고 자세히 살펴보라고 가르쳤습니다. 이와 같이 극단으로 치우치지 않고 매사를 꼼꼼하게 살펴서 알맞은 선택을 해야 한다는 가르침에서 중용(中庸)이라는 말이 나왔습니다.

중용은 가운데 중(中)을 쓰기 때문에 '한쪽으로 치우치기보다는 중간이 낫다'라는 뜻으로 오해받기도 합니다. 그러나 중용에서 중은 위치상으로 가운데를 말하는 것이 아니라 상황에 따라 알맞은 상태를 뜻합니다. 용(庸)은 변하지 않는 일정함을 뜻합니다. 그러니 중용은 간단히 말하자면 알맞은 선택으로 이어지는 한결같은 상태입니다.

중용은 공자나 그를 따르는 유학자들만의 개념이 아니라 동양의 보편적이고 상식적인 생각이었습니다. 다만, 유학자들이 그 개념을 더 중요하게 생각하며 전파하려고 노력했을 뿐입니다. 중용은 공자의 손자인 자사(子思)가 지었다고 알려진 책의 제목으로도 유명한데 《논어》, 《대학》, 《맹자》와 더불어 사서로 불립니다. 사서는 유학자들이 가장 중요하게 생각한 경전이

며, 과거 시험의 기본 교재였습니다.

우리는 언제부턴가 편가르기와 흑백논리가 일상화되었습니다. 이쪽인지 저쪽인지만 따집니다. 중간은 좋지 않거나 의견이 아닌 것으로 취급합니다. 정치와 종교의 영역으로 넘어가면 무서움을 느낄 정도입니다. 학자들에 따르면 편가르기와 흑백논리로 대표되는 이분법적 사고는 서양에서 비롯된 개념이라고 합니다. 초월적인 능력의 유일신을 받드는 종교 문화가 활발했던 서양에서는 직선적이고 이분법적인 사고방식이 발전한 반면, 농경문화가 발달하여 자연을 숭배했던 동양에서는 순환적 사고방식이 발전했다는 논리입니다.

이분법적 사고의 대표적인 예가 '선과 악'입니다. 동양의 관점으로 볼 때 선의 반대말은 악이 아니라 '선하지 않다'라는 뜻의 '불선(不善)'입니다. 의(義)의 반대말이 불의(不義)이고, 효(孝)의 반대말을 불효(不孝)로 사용하는 것과 같은 맥락입니다.

지나친 편가르기와 흑백논리는 분열을 조장합니다. 우리에게 필요한 것은 더 많은 내 편이 아니라 알맞은 선택으로 한결같이 의로움을 따르는 사람들이 아닐까요? 하나의 세상을 공유하며 함께 살아가는 우리는 전부 같은 편임을 잊어서는 안됩니다.

위의 《논어》 구절에서 의로움으로 해석한 한자는 '의'입니다. 의롭다, 옳다, 바르다는 뜻으로 쓰이는 한자입니다. 정의, 의리, 대의 등으로 활용됩니다. 공자는 다양한 뜻을 아우르는 의를 가치판단의 기본 기준으로 활용했습니다. 사람이 지켜야 할 바른 도리의 잣대를 의로 삼은 셈입니다.

사람은 살면서 수많은 선택의 순간을 마주하게 됩니다. 모든 말과 행동은 선택으로 이어지며, 그에 따른 결과는 오롯이 자신의 몫입니다. 그리고 그 결과의 합이 현재의 자신입니다. 공자는 이렇게 말했습니다. "군자는 의

로움에 밝고, 소인은 이로움에 밝다." (君子喩於義 小人喩於利 군자유어의 소인유어리 - 이인편)

말단 영업사원으로 모터사이클 회사에 입사한 뒤 10년이 지나서 저는 관리자가 되었습니다. 회사와 함께 빠르게 성장했던 저는 그때부터 리더의 삶을 살게 되었습니다. 한 지점의 총 책임자로서 모터사이클 영업, 의류 영업, 파츠 영업, 정비, 마케팅, 이벤트, 직원 관리, 재고 관리까지 신경 쓰고 책임져야 할 일이 갑자기 늘어났습니다. 직함만큼 무거운 책임감이 따르는 자리였습니다.

리더는 기본적인 업무 이외에도 각종 사고나 사건과 같은 골치 아픈 일들과 엮이는 시간이 많았습니다. 저는 결정하기 어려운 선택이나 혼란한 상황을 극복할 지침이 될 문구로 '군자는 의로움에 밝고, 소인은 이로움에 밝다'를 선택했습니다. 순간적인 이로움보다는 장기적인 관점에서 의로움을 선택해야 명분이 생기고, 그 명분을 굳건하게 유지할 때 직원들의 신뢰를 얻을 수 있기 때문입니다.

나중에는 책상의 모니터 옆에 그 구절을 프린트해서 액자에 넣어 놓고 수시로 쳐다보았습니다. 힘들 때마다 '내가 지금 선택하려는 방향이 과연 의로움을 따르고 있는가?'라고 반문했습니다. 저는 좋은 리더가 될 자신은 없었지만 바른 길을 목표로 하는 리더는 가능하겠다고 생각했습니다.

국화는 종류가 많아 다양한 색상과 크기를 자랑합니다. 우리가 흔히 보는 국화는 두 종류인데, 조경용으로는 노란색을, 장례식장에서는 하얀색을 주로 사용합니다. 우리나라는 사계절이 뚜렷한 지역의 특성상 많은 꽃들이 봄과 여름에 피지만, 국화는 가을에 핍니다. 늦가을까지 서리를 맞으면서도 꽃을 피웁니다. 선비들은 추위에도 아랑곳하지 않고 꼿꼿하게 피고 견디는 국화의 특성을 군자의 절개를 상징한다고 여기며 사군자에 포함시켰습니다.

[국석도(菊石圖)]는 바위 위에 핀 국화를 그린 그림입니다. 줄기와 잎의 과감함이 낭창낭창 위로 향하여 커다란 꽃으로 생명력을 터뜨렸습니다. 화려한 꽃의 고고한 자태가 압도적입니다. 꽃이 활짝 핀 모습이 불꽃놀이를 연상시킬 정도입니다. 의로운 군자의 상징성을 부여하기에 안성맞춤입니다. 의로움을 따르는 사람들은 많지 않습니다. 그 길이 쉽지 않기 때문입니다. 그래서 의로움을 굳건하게 따르는 사람은 대부분 [국석도]의 국화처럼 독보적인 존재로 기억됩니다.

그림의 가운데 부분에는 먹을 잔뜩 머금고 퍼진 듯한 잎과 날카로울 정도로 툭툭 이어진 줄기의 조화도 시선을 사로잡습니다. 상단의 활짝 핀 꽃은 잎이 바로 아래에 부실한 꽃에게 호통을 치는 것처럼 보이기도 하고, 자신을 따라 더 올라오라고 이끌어 주는 모습 같기도 합니다.

이 그림은 장승업(張承業)의 작품입니다. 그는 어려서 고아가 되어 떠돌이 생활을 하다가 이응헌(李應憲)의 집에서 하인으로 살았습니다. 장승업은 제대로 된 교육을 받은 적이 없고, 어깨너머로 글과 그림을 배웠다고 합니다. 아마도 불우한 환경에서도 배움에 관한 도전을 멈추지 않았던 것 같습니다.

역관(譯官, 통역을 하던 관리)이었던 이응헌은 평소에 예술에 대한 관심이 높아서 다양한 작품들을 소장하고 있었습니다. 그는 장승업의 재능을 알아보고 화가로 성장할 수 있도록 후원했습니다. 배우지 못했던 고아는 조선 후기 최고의 화가 중 한 명이 되어 큰 명성을 떨쳤습니다.

장승업의 명성은 왕에게 퍼질 정도여서, 고종이 궁궐에서 그림 그리는 일을 맡겼다고 합니다. 그러나 그는 구속되는 삶을 싫어했습니다. 일반적으로 형편이 좋지 않은 사람들은 왕의 부름이 있을 때, 무언가를 얻기 위해 안달이 날 텐데, 그는 궁궐에서 세 번이나 도망을 나왔습니다. 평범한 삶을 거부하고 방탕한 생활을 한 것으로도 유명한 반면에 그림을 그리는 일에는 지속적으로 노력을 기울였습니다. 그러니 그는 '반드시 그렇게 해야 한다'거나 '반드시 그렇게 하면 안 된다'는 고집을 부리지 않고 오로지 그림을 따르는 삶은 산 셈입니다.

25日 · 절개

자신이 한 말을 잊지 마라

설죽도(雪竹圖) - 이정

이로움을 보면 의로움을 생각하고, 위태로움을 보더라도 목숨을 아끼지 않으며, 사는 동안 자신이 한 말을 잊지 않고 오래된 약속을 지킨다면 성인이라고 할 수 있겠구나.

見利思義 見危授命 久要不忘平生之言 亦可以爲成人矣
견 리 사 의 견 위 수 명 구 요 불 망 평 생 지 언 역 가 이 위 성 인 의 **-헌문편**

위 구절은 안중근(安重根) 의사가 감옥에서 붓글씨로 남겨 널리 알려졌습니다. 안중근은 '이로움을 보면 의로움을 생각하고, 위태로움을 보더라도 목숨을 아끼지 않는다'라는 의미의 한문 '견리사의 견위수명(見利思義 見危授命)'이라는 여덟 글자를 쓰고, 약지가 잘린 손바닥에 먹을 칠하여 낙관 대신 찍었습니다. 이 붓글씨는 현재 보물로 지정되어 국가유산이 되었습니다.

안중근은 조선을 빼앗고 동양의 평화를 위협하는 데 앞장선 이토 히로부미(伊藤博文)를 죽이고 뤼순 감옥에 갇혔습니다. 재판을 받는 동안 많은 붓글씨를 써서 일본인 검찰과 간수 등에게 나누어 주었습니다. 안중근의 애국정신과 당당한 태도에 감명을 받은 일본인들은 그의 글씨를 고이 간직했다가 한국에 돌려주었습니다. 현재 스물다섯 점의 붓글씨가 보물로 지정되었는데, 그중에서 '견리사의 견위수명'은 짧은 그의 삶을 함축적으로 잘 표현한 글이라고 생각됩니다.

안중근이 독립운동에 몸 바친 기간은 만으로 대략 4년이지만, 그는 누구보다 강렬한 족적을 남겼습니다. 학교를 세워 교육에 힘쓰고, 의병을 조직하여 일본에 대항했습니다. 안중근은 독립 운동을 향한 자신의 의지를 굳건하게 다지기 위해 뜻을 함께하는 사람들과 손가락을 자르며 맹세했고, 그 피로 대한독립이라는 글을 썼습니다. 그의 독립운동은 경술국치를 5개월 정도 앞둔 시점에 32세의 나이로 막을 내렸지만, 그 정신은 글과 행적으로 변함없이 후손들에게 전해지고 있습니다. 안중근은 독립운동에 목숨을 바치기로 한 약속을 잊지 않고 지켰습니다.

뤼순 감옥에서 안중근이 처형당한 뒤에 그의 사진엽서가 발행되었습니다. 일본은 그를 야만적인 범죄자로 낙인찍으려고 사진엽서를 활용했습니다. 그러나 조선의 서민들은 그를 영웅으로 추모하며 엽서를 구입했습니다. 안타까움과 존경하는 마음이 반영되어 그의 엽서는 엄청난 판매량을 기록했다고 합니다. 반면, 당시 지식인들은 일본에서 열리는 이토 히로부미의 장례식에 조문단을 보내고 국내에서 추모 행사를 벌였습니다. 그들은 일본에게 사죄해야 한다고 주장하며 선동하고 다녔습니다.

제자 자로가 성인(聖人)에 대해서 묻자, 공자는 옛사람들의 뛰어난 능력인 지혜, 무욕, 용기, 재주 등을 나열하며, 그것들을 예와 악으로 조화롭게 다스릴 수 있는 사람이 성인이라고 대답했습니다. 아울러 요즘에는 그 능력들을 전부 갖기 어려우니 '이로움을 보거든 의로움을 생각하고, 위태로움을 보더라도 목숨을 아끼지 않으며, 사는 동안 자신이 한 말을 잊지 않고 오래된 약속을 지킨다면 성인이라고 할 수 있다'라는 위 구절을 덧붙였습니다.

성인은 최고로 선한 경지에 오른 인물을 뜻합니다. 압도적인 인품과 실력이 뒷받침되어야 합니다. 공자도 자신을 감히 성인과 비교할 수 없다고 스스로 평가했을 만큼 결코 만만하게 도달할 수 있는 경지가 아닙니다. 어쩌면 공자가 생각했던 성인이란 군자로서 도달하기 위해 꾸준히 노력해야 하는 이상적 경지였는지도 모르겠습니다.

대나무 그림은 형태에 따라서 굵고 가는 것과 길고 짧은 것으로, 환경에 따라서 바람에 흔들리거나 눈이 내리거나 안개가 끼는 배경 등으로 다양하게 확장됩니다. 사군자 중에서 유일하게 꽃을 그리지 않는 식물이지만 가장 변주의 폭이 넓은 편입니다. 꽃은 없지만 길다란 줄기와 풍성한 잎의 조합으로 화려함을 뽐내기도 합니다.

대나무는 사계절 내내 푸른 잎을 지니고 곧게 자라는 특성 때문에 사군자가 되었습니다. 바람에 흔들려도 부러지지 않고 늘 바로 서며, 한결같이 푸르름을 유지하는 자세가 군자의 이상과 닮았습니다. 속이 비어 있는 대나무 줄기의 특성이 마음을 비우고 살아가는 군자의 태도와 같다고도 비유합니다. 마음을 비우고 곧게 살아가는 사람이라면 이미 경지에 올라선 성인이라고 해도 부족함이 없습니다. 대나무는 꿋꿋하고 치열하게 살다 간 안중근의 삶과 가장 잘 어울리는 사군자입니다.

일반적인 대나무 그림은 아래쪽의 바닥에서부터 줄기가 시작됩니다. 그런데 [설죽도]는 세 그루의 대나무가 모두 왼쪽 측면에서 나옵니다. 곧게 위로 뻗어 나가지도 않고 제각기 다른 방향으로 자리를 잡았음에도 전체적으로 불안해 보이지 않습니다. 대나무 잎의 구조가 탄탄하기 때문입니다. 대다수의 잎들이 줄기와 달리 오른쪽 아래로 동일한 방향성으로 갖습니다. 집단을 형성한 잎들이 가는 대나무 줄기를 포용하듯 듬직하게 자리를 지킵니다.

[설죽도(雪竹圖)]는 눈이 쌓인 대나무 그림을 말합니다. 진한 먹으로 줄기와 잎을 그리고 여백으로 눈을 표현합니다. 여백을 계산하여 그림을 그리니 대나무와 눈이 함께 그려지는 것과 같습니다. 최종적으로 눈을 더 하얗게 만드는 효과는 담묵(淡墨, 묽은 먹물)으로 만듭니다. 주변을 어둡게 칠하면 칠할수록 눈의 하얀색이 살아납니다. 칠하지 않고 남겨 둔 공간으로 하얗게 눈이 쌓인 효과를 만들기 때문에 자연스럽게 표현하기 위해서는 일정 수준 이상의 실력이 필요합니다.

제가 소개하는 [설죽도]는 이정의 작품입니다. 그는 조선 중기에 대나무 그림으로 압도적 실력을 뽐냈던 사람입니다. 대나무 이외에도 난초와 매화도 잘 그렸고 시와 서예에도 소질이 있었다고 합니다. 보통 이와 같이 그림도 잘 그리고, 시도 잘 지으며, 서예로 글씨도 잘 쓰는 사람을 삼절(三絶)이라고 합니다. 세 가지의 뛰어난 재주를 지녔다는 뜻입니다.

이정은 세종대왕의 고손자로 촌수가 멀긴 하지만 왕족 출신입니다. 임진왜란 때 일본군의 칼에 오른팔을 다쳤으나, 부상을 극복하고 작품 활동에 매진했다는 이야기가 전해옵니다. [설죽도]는 그가 72세 때 그린 대나무입니다. 죽기 1년 전에 그린 그림으로 만년의 노련한 운치가 아주 매력적입니다. 생의 마지막까지 군자의 대나무에 천착했던 이정의 정성과 태도를 헤아려 보는 기회가 되었으면 합니다.

26日·요령

정확히 알고 집중해야 정곡을 찌른다

대사례도(大射禮圖) 중 시사례도(侍射禮圖) - 작가 미상

활쏘기는 과녁을 맞히는 것이지, 과녁을 뚫는 것으로 능력을 평가하지 않는다. 사람마다 힘이 같지 않기 때문이다. 이것이 옛 활쏘기의 도리다.

射不主皮 爲力不同科 古之道也

사부주피 위력부동과 고지도야 - **팔일편**

화살로 멀리 떨어진 과녁을 맞히기 위해서는 집중력과 반복된 훈련이 필요합니다. 활쏘기는 누구나 가능하지만 처음부터 잘 쏘는 사람은 없습니다. 우선 활과 화살의 구조 및 원리를 이해하고, 자세를 익히는 연습이 필요합니다. 제대로 배우지 않고 서두르면 다칠 수도 있습니다. 활쏘기의 본질은 정확한 자세와 집중력입니다. 둘 중에 무엇이라도 흐트러지면 과녁을 제대로 맞히기 어렵습니다. 위 구절은 바로 이와 같은 활쏘기의 본질과 삶의 도리에 관한 이야기입니다.

요즘엔 선비라고 말하면 조선 시대의 양반이 가졌던 이미지가 워낙 강해서 책만 들여다보던 사람들이라고 생각합니다. 그러나 고대 중국에서 유래된 단어인 선비는 본래 정치가나 학자라는 의미의 문신보다 군인에 해당되는 무신에 더 가까웠습니다. 전쟁이 일상화된 시대에서는 영토를 지키고 확장하는 군인들의 역할이 무엇보다 중요했기 때문입니다. 지금도 군인을 뜻하는 '병사(兵士)'와 '군사(軍士)'라는 단어를 보면 모두 '선비 사(士)'가 공통적으로 쓰이고 있습니다. 우리나라의 역사를 돌아보아도 혼란한 시대에는 무인들의 영웅담이 넘칩니다. 고려를 세운 왕건과 조선을 건국한 이성계는 모두 무신 출신입니다.

공자가 살던 시대에 귀족으로 태어나면 전투 교육이 필수였습니다. 춘추전국시대 초기만 하더라도 전쟁은 귀족들의 싸움이었기 때문입니다. 그들은 미리 약속된 시간에 정해진 장소에서 만나 전차(전투용 수레)를 타고 활을 쏘며 싸웠습니다. 제후들은 활을 잘 쏘는 군인으로서의 귀족이 필요했습니다. 따라서 대부분의 귀족들은 전쟁에 참여해 자신의 가치를 높이거나 증명해야 살아남을 수 있었습니다.

귀족의 자제들은 육예(六藝)라고 불리는 여섯 가지 필수 과목을 배웠습니다. 육예는 예(禮), 악(樂), 사(射), 어(御), 서(書), 수(數)를 말하는데, 이는 예법, 음악, 활쏘기, 마차몰기(말타기), 글쓰기, 산수 등을 말합니다. 이 중에서 활쏘기와 마차몰기가 바로 전투 교육에 해당됩니다. 요즘과 비교하면 활쏘기는 사격이고, 마차몰기는 운전에 해당됩니다.

《논어》에는 활에 대한 얘기가 여러 차례 등장합니다. '군자는 다투지 않는다. 만약 다툼이 있다면 오직 활쏘기일 뿐이다(君子無所爭 必也射乎 군자무소쟁 필야사호 - 팔일편)'라든가 '공자는 사냥을 하지만 잠든 새는 쏘지 않았다(弋不射宿 익불사숙 - 술이편)'라는 구절 등입니다. 따라서 공자를 포함한 그의 제자들도 기본적으로 활쏘기를 익혔고, 종종 함께 어울려 활을 쏘았다는 사실을 알 수 있습니다.

활은 선사 시대부터 쓰였는데, 근대식 총이 나오기 전까지 가장 강력한 무기였습니다. 사냥과 전쟁에서 주요 무기로 이용했기 때문에 인류의 생존 역사에서 빼놓을 수 없는 도구입니다. 그 영향력으로 아직까지 올림픽에도 양궁이 있고, 우리나라도 전통 활쏘기의 명맥이 이어지고 있습니다.

저는 종종 남산에서 산책을 하거나 마라톤 연습을 했는데, 거기서 활터를 처음 보았습니다. 언젠가는 활을 쏘아 보고 싶다고 생각했는데, 15년이 지나서야 그 주절거림을 실천으로 옮겼습니다. 활쏘기를 배우러 가면 처음에는 자세를 배우는데 아무런 장비 없이 그냥 맨몸으로 시작합니다. 자세를 잡고 마치 투명 활을 잡은 것처럼 팔을 들어올렸다가 내리면서 시위를 당기고, 화살을 쏘는 연습을 반복합니다. 가르치는 곳마다 다르지만 저는 거의 한 달을 이렇게 활 없이 자세 연습만 했습니다. 가기 전부터 잔뜩 기대가 컸는데, 활과 화살은 만져 보지도 못하게 하니 참 답답했습니다. 그런데 나중에 직접 활을 쏘아 보니 왜 그렇게 선생님이 자세를 중요하게 여기고 오랫동안 가르쳤는지 알게 되었습니다.

145m 떨어진 과녁을 맞추기 위해서는 센 활을 당길 수 있는 장력과 흔들림 없는 안정적인 조준이 필요합니다. 많은 사람들이 힘만 세면 화살이 잘 나갈 것이라고 생각하지만, 실상은 힘도 자세에서 나옵니다. 하체부터 자세를 이용해 힘을 끌어올려야 합니다. 팔 힘만 쓰는 것이 아니라 온 몸을 이용해야 화살이 안정적으로 날아갑니다. 힘과 조준이 모두 자세에서 비롯되니, 자세가 활쏘기의 기본이자 전부라고 해도 과언이 아닙니다.

다음으로 중요한 것은 내면의 집중력입니다. 옛 활은 구조가 단순하여 조준을 도와주는 장치가 없습니다. 연습을 통해 화살이 과녁에 닿도록 감으로 익혀야 합니다. 그래서 집중력이 중요합니다. 자칫 흥분하거나 방심하거나 교만한 마음이 살짝만 아른거려도 화살은 딴 곳으로 벗어납니다. 마음을 차분하게 가라앉히고 욕심을 버려야 잘 맞습니다. 세상을 살아가는 이치와 크게 다르지 않습니다.

활쏘기가 우리 생활과 얼마나 밀접하게 관련되어 있었는지, 활과 관련되어 지금까지 유용하게 쓰이는 말들도 있습니다. 본래 활쏘기의 표적을 말하던 관혁(貫革)은 과녁으로 바뀌어 사격을 포함한 각종 스포츠에서 사용 중이고, 과녁의 정 가운데를 말하는 정곡(正鵠)도 핵심이라는 뜻으로 흔히 쓰입니다. 또, 날아가면서 소리가 나는 화살 효시(嚆矢)는 전쟁의 시작을 알리던 용도로 사용하다가 요즘은 처음이나 근원이라는 뜻으로 사용중입니다.

대사례는 왕과 신하가 모여 함께 활쏘기를 하던 행사였습니다. 중국에서 시작되었으며, 천자가 인재를 선발하는 수단으로도 활용했습니다. 활쏘기는 사람들의 능력과 성품을 함께 알아볼 수 있는 좋은 기회였습니다. 반복적으로 부지런히 노력한 결과가 고스란히 실력으로 반영되고, 그 과정에서 성품이 드러나기 때문입니다.

조선에서도 대사례는 왕이 직접 주관했습니다. 《조선왕조실록》을 통해 살펴보면 대사례는 성종 8년(1477년)에 처음으로 시행되고, 정조 6년(1782년)까지 공식적으로 유지되었음을 알 수 있습니다. 왕은 잘 쏘는 사람에게는 상을 주고 못 쏘는 사람에는 벌로 술을 마시게 했다고 합니다.

대사례는 단순한 활쏘기 시합이 아닙니다. 국방력의 근간이 되는 무예를 존중하고, 몸과 마음을 바르게 한다는 취지로 진행되었던 공식 의례였습니다. 경우에 따라서는 신하들과의 친목을 도모하거나, 왕권을 강화하기 위한 정치적 목적으로도 활용되었습니다.

소개한 그림은 영조 19년(1743년)에 시행되었던 대사례를 기록한 그림입니다. 국립중앙박물관에 소장된 그림인데, 같은 내용으로 고려대 박물관, 연세대 박물관, 이화여대 박물관에 각기 다른 이본이 남아있습니다. 그림은 총 3장으로 구성되어 있습니다. 왕이 활을 쏘는 [어사례도(御射禮圖)], 신하들이 활을 쏘는 [시사례도(侍射禮圖)], 성적에 따라서 상과 벌을 받는 [시사관상벌도(侍射官賞罰圖)] 등입니다. [대사례도]는 당시의 행사의 내용과 규모를 자세하게 알려줍니다. 이같은 기록화는 《조선왕조실록》이나 《승정원일기》와 같은 글이 전해주지 못하는 현장의 분위기를 생생하게 전달하는 소중한 문화유산입니다.

[대사례도]에서 가장 흥미로운 존재는 악단입니다. 활과 음악은 연관성이 없어 보이지만, 대사례에서는 악단의 연주에 맞추어 활을 쏘았다고 합니다. 왕이 직접 활을 쏘는 행사여서 그런지 악단의 규모가 작지 않습니다. 왕

과 신하는 각기 다른 과녁에 화살을 쏘았습니다. 왕의 과녁은 빨간색이고 가운데에는 곰이 그려져 있으며, 신하들의 과녁은 파란색이고 가운데에 사슴이 그려져 있습니다.

[시사례도] 최상단의 의자는 왕이 있어야 할 자리인데 사람의 모습은 보이지 않습니다. 이것은 왕이 자리를 비운 것이 아닙니다. 왕이 그 자리에 실제로 앉아 있었지만, 왕을 신성한 존재로 여겨 함부로 그리지 않았던 관습 때문에 비워져 있습니다. 기록에 의하면 이날 영조는 네 발의 화살을 쏘아서 세 발을 맞추었다고 합니다.

형식보다 마음이 우선이다

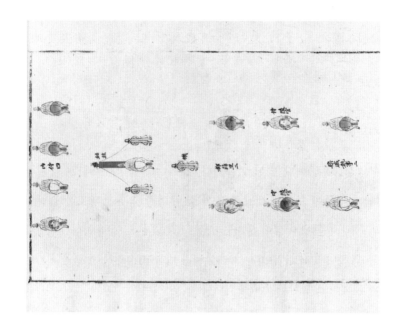

명성황후 국장도감의궤 - 작가 미상

임방이 예의 본질에 대해 묻자 공자가 대답했다. "아주 좋은 질문입니다. 예는 사치스럽기보다는 검소해야 하며, 장례식은 형식보다 슬픈 마음이 우선입니다."

林放問禮之本 子曰 大哉問 禮與其奢也寧儉 喪與其易也寧戚
임 방 문 예 지 본 자 왈 대 재 문 예 여 기 사 야 영 검 상 여 기 이 야 영 척
- 팔일편

주부명절증후군이란 병이 있습니다. 우리나라에만 존재하는 특별한 병입니다. 친척들이 모이는 설날과 추석 같은 명절 직후에 과도한 집안일로 주부의 몸과 마음에 이상이 생기는 증상을 말합니다. 이때 여성들이 원망하는 대상 중 하나가 유교입니다. 차례상을 준비하고 정리하는 고단한 과정이 유교의 폐해라고 생각하기 때문입니다. 과연 이러한 문화가 공자나 혹은 유교와 연관이 있을까요?

우선 위의 《논어》 구절을 읽어 보면 공자는 예식의 검소함을 강조했다는 사실을 알게 됩니다. 특히 그는 죽은 가족을 위한 장례식조차도 슬픔이 중요하다고 말했습니다. (본래 본문에는 장례가 아니라 상례로 나와 있지만 요즘에는 상을 치르는 상례와 죽은 사람을 땅에 묻는 장례를 엄격하게 구분하지 않기에 통상적으로 쓰이는 장례식으로 해석했습니다.) 사람들은 죽은 사람과 더 이상 함께 지낼 수 없다는 비통함과 살아 있을 때 잘해 주지 못했다는 죄책감 때문에 장례식을 중요하게 여기며 공들였습니다. 공자가 장례를 특별히 언급한 이유는 그 당시에도 슬픔보다 겉치레에 신경 쓴 사람들이 있었기 때문입니다. 공자는 언제나 예의 본질이 태도와 마음이라고 말했습니다.

《논어》에는 장례식을 간소하게 진행하는 일화가 몇 가지 나옵니다. 공

자가 아들의 장례를 치를 때 관을 간소하게 준비했다거나, 자신이 위중한 병에 걸리자 분에 넘치는 장례식을 치르지 말라고 당부하는 장면 등이 대표적입니다. 《논어》의 한결같은 맥락으로 볼 때, 공자는 복잡하고 어려운 차례상에 대한 원망의 대상이 될 수 없습니다. 그렇다면 언제부터 차례상이 화려해진 것일까요?

조선의 예식은 대부분 《주자가례(朱子家禮)》라는 책으로부터 전해졌습니다. 《주자가례》는 중국 송나라의 주희(朱熹)가 정립한 이론으로, 고려 말에 유입되었습니다. 주된 내용은 성인식, 결혼식, 장례식, 제사 등에 관한 가정의 예법입니다. 조선은 성리학의 대가였던 주희가 정리한 예법을 고스란히 받아들였습니다. 사회가 점점 경직되면서 함부로 주희와 다른 의견을 말하는 것조차 금지될 정도였습니다.

《주자가례》를 보면, 주희는 이렇게 얘기했습니다. '명절 제사는 소제(간소한 제사)로 집안의 사당에서 지내며, 두 가지 음식만 올린다.' (俗節小祭 只就 家廟 止二味 속절소제 지취가묘 지이미) 차례상의 근원을 따라가 보면, 명절에는 두 종류의 제철 음식을 준비하는 것이 전부라는 사실을 알 수 있습니다.

차례도 차(茶)를 위주로 간단하게 의식을 진행하던 풍습에서 생긴 용어입니다. 즉 차례에서 중요한 건 음식이 아니라 사람과 마음입니다. 그러나 세월이 흐르면서 차례는 제사와 혼동되고 양식이 바뀌었습니다. 죽은 사람을 위해 푸짐하게 음식을 준비하던 제사상과 차례상의 구분이 모호해진 겁니다. 그러니 엄격하게 유교 문화를 따른다면 명절의 차례상은 간단해야 합니다. 심지어 주희는 사치를 부리는 장례는 악습이라며 단호하게 반대했습니다.

설과 추석 같은 명절에 지나친 음식 준비와 처리에서 문제가 발생한다면, 본래의 유교적 예를 따라서 간소하게 바꾸든지 효율적인 현대적 방식으로 개선하면 됩니다. 명절은 돌아가신 조상들에게 감사의 뜻을 전하고, 함께 살아 가는 가족이나 친척들과 반갑게 안부를 주고받는 태도와 마음을 우선해야 합니다. 그 무엇도 화목한 가정보다 중요할 수 없습니다.

예는 사람이 지켜야 할 도리라는 기본적인 뜻 이외에 예식이라는 의미도 있습니다. 본래 예(禮)라는 단어는 하늘에 제사를 지내는 의식에서 나왔다고 알려져 있습니다. 추수의 기쁨과 감사의 의미가 담겨 있는 추석은 고대부터 내려오는 대표적인 제사 예식입니다. 지금의 '禮(예)'와 같은 뜻으로 쓰였던 고대의 한자 '豊(예)'는 그릇(豆) 위에 곡식(曲)이 담긴 형태로 구성된 상형문자입니다. 절차에 따라 진행하는 제사 예식이 사람 간에 지켜야 할 규범 같은 뜻으로 확대됐습니다. 따라서 예를 안다는 것은 예식의 전문가라는 의미입니다. 공자는 당시에 예법에 관한 최고 전문가였습니다. 오죽하면 〈공자세가〉에 공자는 어렸을 때부터 제사 놀이를 했다고 나올까요. 그 예의 전문가가 말했습니다. 예식은 검소함과 마음이 중요하다고.

[명성황후 국장도감의궤]는 명성황후의 장례식을 기록한 의궤입니다. 의궤는 다른 나라에는 없는 조선의 독특한 기록물입니다. 그림과 글을 통해 행사의 형식과 구조, 복식과 도구들까지 꼼꼼히 기재된 자랑스러운 문화유산입니다. 의궤는 2007년에 유네스코 세계기록유산으로 지정되어 그 진가를 인정받았습니다. [명성황후 국장도감의궤]의 그림을 보면, 누가 어디에서 무슨 복장으로 있었는지 글을 읽지 않아도 상세히 알 수 있습니다.

명성황후는 일본에 의해 무참히 암살당한 비운의 왕비였습니다. 일본은 조선을 삼키려는 야욕을 서두르기 위해 왕비를 살해하는 만행을 저질렀습니다. 이것은 그녀가 어떤 사람이었는지와는 상관없이 절대로 발생해서는 안 될 사건이었습니다. 일본은 외교관 미우라 고로를 중심으로 경찰, 군인, 신문기자, 작가, 의사 그리고 낭인들까지 모여 경복궁에 쳐들어갔습니다. 그들은 치밀한 전략으로 비교적 손쉽게 왕비의 암살 작전에 성공했습니다.

그러나 지금까지 이 사건으로 처벌받은 일본 사람은 단 한 명도 없습니다.

사실 왕비 암살은 조선인 협력자가 없었으면 불가능한 만행이었습니다. 그 당시 경복궁에는 1,500여 명의 군인과 40여 명의 장교가 주둔하며 왕과 왕비의 경호를 책임지고 있었습니다. 웬만한 병력으로는 쉽게 넘볼 수 없는 영역이었습니다. 그래서 일본은 경복궁 외곽과 서울을 지키던 군대였던 훈련대를 포섭해 일본인과 함께 왕비의 암살 작전에 동참시켰습니다. 그리고 사건 발생 직후에 조선의 법정은 명확한 증거 없이 이주회, 윤석우, 박선 등을 죄인으로 판결하였고 6일 후에 바로 처형했습니다. 범행에 가담했던 일본인들에게 면죄부를 준 것이나 다름없는 절차였습니다.

우리는 그동안 일본의 만행에만 신경을 썼습니다. 내부에서 암살 사건의 계획을 묵인하거나 동조하고, 직접 동참했던 조선인에 대해서는 너무 무관심했습니다. 우리는 내부의 분열을 조장하고 외세의 침략을 환영하며 사익을 탐했던 무리들에게 더 관심을 기울여야 합니다.

명성황후의 장례식은 고종이 친일파로부터 벗어나 대한 제국을 선포한 후 진행되었습니다. 사후 2년이 지난 시점이었습니다. 안타까운 사실은 왕비의 장례식에 정상적인 시신이나 유해가 없었다는 점입니다. 왕비가 암살된 날에 시신을 찾지 못했기 때문입니다. 사건 다음 날 윤석우가 불에 타다 남은 유해를 발견하고 왕비라고 짐작하여 수습했지만 그것도 겨우 하반신뿐이었습니다. 그마저도 정확히 왕비의 유해라고 확신하기 어렵고 정황에 따른 추정에 불과합니다.

왕비의 장례식은 성대하게 국장으로 진행되었습니다. 성대한 국장은 혼란의 시기에 왕권의 굳건함을 과시하기 위한 허례허식이었을까요? 아니면 억울하게 죽은 왕비를 달래기 위한 고종의 마지막 배려였을까요?

관심과 몰입은 감명에서 시작한다

무신년의 궁중잔치 - 작가 미상

공자는 제나라의 음악을 듣고 감탄하여 삼 개월 동안 고기 맛을 알지 못했다. 그리고 이렇게 말했다. "음악이 이런 경지에 이를 수 있다고 생각하지 못했구나."

子在齊聞韶 三月不知肉味 日 不圖爲樂之至於斯也
자 재 제 문 소 삼 월 부 지 육 미   왈 부 도 위 악 지 지 어 사 야 - 술이편

공자에 대해서 잘 알지 못하는 사람들은 그를 책만 파고든 사람으로 착각하기 쉽습니다. 그러나 공자는 무신의 혈통을 이어받아서 농구 선수처럼 체형이 크고 건장했으며, 음악에도 조예가 깊었습니다. 사마천(司馬遷)이 쓴 《사기(史記)》를 보면 공자의 키는 9척 6촌이라고 나옵니다. 그 당시의 척과 촌이 지금 기준으로 정확히 얼마인지 알기는 어렵습니다. 많은 학자들도 제각기 다르게 이야기하는데 공통적으로 일치하는 부분은 현재 기준으로 2m가 넘는다는 점입니다. 그래서 별명이 장인(長人)이었는데, 이것을 우리말로 바꾸면 '키다리'나 '꺽다리' 정도 됩니다.

공자는 음악을 진정으로 사랑하고, 예술적 기질이 충만한 사람이었습니다. 직접 악기를 연주하며, 분석하고, 가르치며 제대로 된 음악을 보급하기 위해 노력했습니다. 공자의 제자가 되려면 반드시 음악을 배워야 했습니다.

《논어》에는 공자가 음악을 사랑한 다양한 일화들이 나옵니다. 그중에서 고기 맛을 몰랐다는 위 구절은 음악에 대한 순박한 애정이 그대로 드러납니다. 무엇이든 마음에 들면 깊이 빠지는 그의 성격이 보입니다.

제나라의 음악을 '소(韶)'라고 하는데 공자는 이것을 듣고 "최고로 아름답고 또한 최상의 경지에 이르렀다(盡美矣 又盡善也 진미의 우진선야 - 팔일편)"라고 평가했습니다. '소'는 고대 중국의 순임금 때에 만들어진 음악이라고 합

니다. 이 음악이 춘추전국시대의 제나라로 전해졌고, 공자가 그곳에 갔다가 듣게 되었습니다. 요임금과 함께 전설상의 천자로 여겨지는 순임금은 고대 중국에서 태평성대를 이끌었던 대표적인 인물입니다. 이들은 중국의 다양한 문명을 개발하고, 각 분야에 뛰어난 인재를 선발해 정사를 맡기고, 법률을 정비하고, 예로 나라를 다스려 성인으로 추앙되었습니다. 특히, 순임금은 효성이 지극한 인물로 알려져 있습니다. 공자도 그들의 능력과 성품이 숭고하다고 평가했습니다. 아마도 공자는 소를 통해 순임금의 자취를 느낀 것 같습니다. 평화로운 시기를 떠올리게 하는 조화로운 음악에 감동을 받은 셈입니다. 아쉽게도 공자가 듣고 감명을 받았던 그 음악은 지금 들을 수 없습니다. 어떠한 형태였는지 짐작조차 할 수 없어 안타깝습니다.

[무신년의 궁중잔치]는 1848년에 창덕궁에서 순원왕후의 육순을 기념하는 행사를 그린 그림입니다. 순원왕후는 순조의 왕비였고, 헌종의 할머니였습니다. 이 그림은 병풍으로 제작되었기 때문에 긴 직사각형 모양으로 좌, 우가 떨어져 있습니다. 잔치라는 제목에 어울리는 춤과 악기들의 구성이 인상적입니다. 대규모의 무용단과 악단은 각자 자신의 맡은 역할에 따라 자리를 잡고 있습니다. 한치의 오차도 허용하지 않을 듯한 엄숙한 분위기가 풍깁니다. 다만, 그림 하단에는 이야기를 나누거나 음식을 나르는 단역들을 배치하여 현장감을 살렸습니다. 이 그림에서도 왕이나 왕비 같은 중요 인물들의 모습은 보이지 않습니다. 다만 의자나 병풍 등으로 어디에 앉아 있었는지 짐작할 수 있습니다.

이 그림은 편경, 편종을 비롯하여 궁궐의 제사 의식에서 연주되는 많은 악기들의 배치가 돋보입니다. 대규모 궁중 음악에서 사용되는 많은 악기들은 중국에서 유래되었지만 우리의 전통 악기도 섞여 있습니다. 중국에서 건너온 궁중 음악은 세종 이후로 조선의 개성이 가미되면서 우리만의 전통적인 문화로 자리 잡았습니다. 조선의 궁중 음악과 무용은 장악원이라는 관청에서 관리했습니다. 여러 관청으로 나뉘어 있었는데 15세기에 장악원으로 통합되었습니다. 그 이후 장악원은 국립음악기관으로 우리의 소중한 문화유산을 유지하고 지키는 역할을 담당했습니다.

현존하는 우리의 의례 중에서 원형이 비교적 잘 보존되어 중요무형유산으로 지정된 석전대제(釋奠大祭)가 있습니다. 공자를 모시는 사당인 문묘에서 공자와 선현들을 위해 제사를 지내는 행사입니다. 이 행사에 쓰이는 음악을 문묘제례악이라고 합니다. 고려 때 중국에서 건너와 지금까지 약 900여 년간 명맥을 유지하고 있습니다. 이처럼 궁중의 예식과 행사에서 연주되던 음악은 아악이라고 하고, 제사를 지낼 때 사용되는 음악을 제례악이라고 합니다. 문묘제례악은 끊기지 않고 전승된 세계 유일의 아악입니다.

문묘제례악과 함께 우리에게는 종묘제례악도 남아 있습니다. 종묘는 조선의 역대 왕과 왕비의 위패를 모시는 사당입니다. 토지와 곡식의 신에게 제사를 지내는 사직과 더불어 종묘는 국가의 근본을 상징하는 중요한 공간이었습니다. 사직은 농업 사회를 종묘는 왕조 국가를 대표하는 장소이기 때문입니다. 음악은 무용과 노래가 곁들어져 제사 예식인 제례에서 가장 중요한 부분을 차지합니다.

종묘제례악은 세종 때 새롭게 만들어진 음악입니다. 세종이 고려에서부터 전래된 전통 음악을 이용하여 중국의 색채를 배제하고 우리 방식으로 제작한 음악입니다. 이 음악을 만들기 위해 세종은 동양 최초로 음의 높이와 길이를 표현할 수 있는 악보인 정간보를 창안했다고 알려져 있습니다. 이것은 민족의 전통성을 잘 살리고 조선 사람들에게 잘 어울리는 새로운 문화를 창조한 셈인데, 훈민정음을 만든 과정이나 목적과 매우 흡사합니다. 지금까지 이어지는 우리의 문화를 새롭게 만든 세종의 업종을 보면 조선의 성인(聖

人)이라고 해도 지나치지 않을 듯합니다.

아악을 만들어 낸 중국의 제례악은 오래전에 전승이 끊겼습니다. 현재 전세계에서 명맥이 끊기지 않고 전해지는 제례악을 연주할 수 있는 국가는 우리나라 밖에 없습니다. 요즘도 매년 종묘에서 제사를 지낼 때 이 음악이 연주되고 있습니다. 이런 가치를 인정받아서 유네스코는 종묘제례악을 세계무형유산으로 선정했습니다. 흥미로운 점은 세종이 처음 이 음악을 만들 당시에는 제례용이 아닌 연회용으로 사용되었다는 사실입니다. 제사와 잔치는 상반되는 분위기를 가졌는데 그렇게 변경될 수 있는 점이 놀랍습니다. 세조 때부터 제례악으로 사용하지 않았다면 [무신년의 궁중잔치]에서는 종묘제례악이 연주되었을지도 모를 일입니다. 만약 공자가 세종이 남긴 음악을 듣는다면 어떤 평가를 내릴지 궁금합니다.

29日·존중

존중받고 싶다면 존중받도록 행동하라

한양 전경 – 전 김수철

일부 확대

제자 자공이 물었다. "마을 사람들이 모두 어떤 한 사람을 좋아한다면 어떻습니까?" 공자가 답했다. "옳지 못하다." 자공이 다시 물었다. "마을 사람들이 모두 어떤 한 사람을 미워한다면 그것은 어떻습니까?" 공자가 답했다. "옳지 못하다. 마을 사람 중에서 선한 사람들이 좋아하고, 선하지 못한 사람들이 미워하는 것만 못하구나."

子貢問曰 鄕人皆好之何如 子曰 未可也 鄕人皆惡之何如
자공문왈 향인개호지하여 자왈 미가야 향인개오지하여
子曰 未可也 不如鄕人之善者好之 其不善者惡之
자왈 미가야 불여향인지선자호지 기불선자오지 - 자로편

과연 어떤 한 사람을 모든 사람이 좋아하거나 미워하는 일이 가능할까요? 공자는 모든 사람의 선택이 동일한 상황은 상식적인 결과가 아니라고 말했습니다. 인위적인 개입 없이 다수의 의견이 똑같기는 어렵습니다. 1990년 이후 우리나라의 대통령 선거를 보더라도 당선자의 득표율은 52%를 넘기지 못합니다. 자유로운 의사 표현이 가능한 곳에서 모든 사람이 좋아하거나 모든 사람이 미워하는 상황은 있을 수 없습니다.

한 마을에서 선한 사람들은 모두 좋아하고 그렇지 못한 사람들은 모두 미워한다는 말은 바르고 꿋꿋하게 사는 사람에 대한 평가입니다. 공자는 아무리 바른 신념을 지켜도 누군가에게 미움을 받을 수 있다고 전합니다.

인생에서는 사람들의 평가가 아니라 자신의 바른 신념이 중요합니다. 모두가 나를 좋아할 수는 없겠지만, 선한 사람들이 좋아해 준다면 그 신념은 바른 길로 가고 있다는 증표입니다. 인기나 명망에 집착하는 사람들은 모든 사람들이 자신을 좋아하거나 따르기를 바라지만, 그것은 거짓된 웃음과 행위를 강요하는 욕망입니다. 공자는 "많은 사람들이 미워하더라도 반드시 자세히 살펴보고, 많은 사람들이 좋아해도 반드시 자세히 살펴보아야 한다(衆惡之 必察焉 衆好之 必察焉 중오지 필찰언 중호지 필찰언 - 위령공편)"라고 했습니다. 중요한 건 여론이 아니라 진실입니다. 공자는 모두가 똑같이 외치더라도 다수의 흐름에 휩쓸리지 말고, 진실을 들여다보라고 조언합니다.

모든 사람이 나와 같을 수 없다는 사실을 깨닫고 받아들이면 삶이 조금은 더 부드러워집니다. 때때로 가족마저 다른 의견으로 충돌합니다. 하물며 전혀 다른 환경에서 자란 타인은 오죽할까요? 흔한 말이지만 다름은 틀림이 아닙니다. 다름에 대한 인정은 존중의 시작입니다. 내가 존중받고 싶다면, 나부터 존중하고 존중받도록 행동하면 됩니다.

제가 근무하던 회사에서 판매한 모터사이클의 가격은 웬만한 자동차의 가격을 뛰어넘었습니다. 20여 년 전에도 가장 저렴한 모델이 1,000만 원을 넘겼고, 나중에 판매한 가장 비싼 모델은 무려 1억 2,000만 원이었습니다. 그래서 구매 고객은 어느 정도 경제력을 갖춘 중장년층이 대부분이었습니다. 유명한 연예인부터 사업가, 의사, 변호사, 자영업자 등 고객의 직업군도 아주 다양했습니다. 그럼에도 모터사이클을 처음 접한 사람들에게는 동일한 공통점이 생겼습니다. 그것은 자동차만 운전했을 때는 몰랐던, 작은 탈 것에 대한 배려심입니다.

모터사이클은 자동차와 달리 운전자의 몸이 모두 외부에 노출됩니다. 바퀴가 두 개라서 멈추면 넘어지는 특성을 지닌 물건입니다. 가만히 있으면 안전하게 서 있을 수 있는 자동차에 비해 안정성이 떨어지기에 교육과 연습이 필수입니다. 제대로 배우지 않거나 훈련이 부족하면 두 바퀴라는 특성은 라이더(모터사이클 운전자)를 순식간에 쓰러뜨립니다. 다른 물체와 접촉 없이 넘어지는 경우도 많습니다. 초보 라이더가 갑자기 브레이크를 잡을 때, 경사진 곳이나 급격한 코너를 지나갈 때, 저속 주행할 때, 주차할 때, 노면이 젖어 있을 때 등의 상황에서 주로 발생합니다.

모터사이클은 두 바퀴의 특성상 노면이 바르지 않으면 불안정해집니다. 자동차만 운전한 사람들은 이런 특성을 잘 모릅니다. 따라서 자동차를 운전할 때 앞에 모터사이클이 있으면 충분한 간격을 두고, 차선을 변경할 때도 방향지시등을 확실하게 켜 주고, 머뭇거리는 모터사이클이 있으면 느긋하게 기다려 주는 것만으로도 초보 라이더에게는 큰 도움이 됩니다. 자동차가 근접해 오거나 경적 소리를 듣게 되면 초보 라이더는 긴장하여 사고를 낼 수 있습니다. 아무리 자동차 운전을 잘해도 모터사이클에 익숙해지는 시간이 필요합니다. 라이더가 되어 이러한 사정을 알게 되면 자동차를 운전할 때 모터사이클을 배려하게 됩니다. 내 앞에 보이는 라이더가 언젠가의 나 혹은 지인처럼 여겨지기 때문입니다. 그리고 내가 운전을 하며 의식하지 못했던 행동들이 모터사이클과 자전거 같이 작은 탈것에게는 위협이 될 수 있다는 사실을 깨닫게 됩니다.

조선의 수도인 한양에도 유학에서 강조하는 존중과 배려의 가치관이 담겨 있습니다. 그래서 한양의 풍경을 그린 그림을 소개합니다. [한양 전경]은 길이가 133.9cm나 되는 보기 드물게 큰 가로 그림입니다. 민가들로 빽빽한 한양을 남산에서 바라보는 시점으로 그렸습니다. 하나의 마을 그림 중에서 이렇게 큰 규모로 많은 집들을 세세하게 표현한 그림은 드뭅니다. 그런데 사람들이 다니는 길이 전혀 보이지 않습니다. 집의 방향도 일관성이 없으며, 안개가 마을을 떠돕니다. 이 그림은 밀집된 도시와 한양 주위를 둘러싼 산들의 웅장함을 잘 버무렸습니다. 화가의 개성이 잘 반영되어 숨은 그림 찾기를 하듯 한참 들여다보게 만드는 힘이 있습니다.

조선의 수도 한양은 지금의 서울과는 달랐습니다. 한양은 북쪽의 백악산(북악산)에서부터 동쪽의 낙산과 남쪽의 목멱산(남산), 서쪽의 인왕산을 잇는 약 18.6km의 성벽으로 둘러 쌓인 성곽 도시였습니다. 그러니 엄격하게 구분하면 성벽 밖은 한양이 아니었던 셈입니다.

태조 이성계는 조선의 수도를 한양으로 옮겼습니다. 고려의 수도였던 개경에는 조선의 탄생을 받아들이지 않거나, 고려의 존속을 원하는 사람들이 있었기 때문입니다. 고려는 잦은 외세 침략과 정치의 타락으로 사람들이 제대로 살기 어려운 환경이었습니다. 보다 나은 세상을 꿈꾸었던 사람들이 이성계를 새로운 왕으로 추대했지만, 모든 사람들이 이성계를 좋아한 것은 아니었습니다. 이성계는 자신의 뜻을 따르는 사람들과 함께 새로운 나라를 만들기 위해 수도를 한양으로 옮기는 데 적극적으로 관여했습니다.

한양을 조선의 수도로 완성하는 데 큰 기여를 한 사람은 정도전(鄭道傳) 입니다. 그는 조선의 설계자로 모든 제도를 만들고, 한양의 궁궐, 도로, 관아, 도성 등의 위치를 정하고, 경복궁과 4대문의 이름을 짓고, 수도의 행정 구역을 5부 52방으로 정리했습니다. 그는 조선의 사람들이 서로를 존중하며 바르게 살기를 바라면서 4대문에 인이 흥하고(흥인지문), 의가 도탑고(돈의문), 예가 높다는(숭례문) 이름을 붙였습니다. 또한 정도전은 경복궁의 이름을 지을 때 이성계를 향해 이렇게 조언했습니다. "왕은 백성을 부려먹으려고만 생각하면 안 되고, 넓은 방에서 한가로울 때는 가난한 선비를 생각하고, 서늘한 바람이 불 때는 사람들에게 그늘을 나누어 줄 생각을 해야 합니다. 그렇지 않으면 백성이 받드는 마음이 사라질 것입니다." 왕이 백성을 존중하지 않으면 언제든지 버려질 수 있다는 무시무시한 충고였습니다. 아무리 왕과 친하고, 막강한 권력을 가졌다고 하더라도 신하의 입장에서 이와 같은 말은 쉽게 할 수 없습니다. 그럼에도 선한 사람들이 이성계를 계속 따를 수 있도록 진심을 다한 충언을 한 것입니다.

조선은 정도전과 같이 바른 신념을 지니고, 다 같이 잘 사는 세상을 꿈꾸었던 사람들이 만들었고, 그 의미는 한양의 경복궁과 사대문에 아직까지 깊이 새겨져 있습니다. [한양 전경]에 보이는 것처럼 많은 사람들이 조화롭게 살 수 있는 삶의 터전은 서로에 대한 존중 없이 그냥 만들어지지 않습니다.

초자연적 대상을 멀리하고 이성적으로 처신한다

시직사자도(時直使者圖) - 작가 미상

제자 중유가 신을 섬기는 일에 대해 묻자 공자가 답했다. "아직 사람을 섬기는 일에도 능숙하지 못한데 어찌 신을 섬기는 일에 능숙하겠는가?" 자로가 다시 죽음에 대해 묻자 공자가 답했다. "아직 삶에 대해서도 잘 알지 못하는데 어찌 죽음을 알겠느냐?

季路問事鬼神 子曰 未能事人焉能事鬼 曰 敢問死 曰
계 로 문 사 귀 신 자 왈 미 능 사 인 언 능 사 귀 왈 감 문 사 왈

未知生焉知死
미 지 생 언 지 사 - 신진편

위에서 신으로 해석한 원문의 한자는 귀신입니다. 귀신은 귀(鬼)와 신(神)이 합쳐진 단어입니다. 본래 귀는 죽은 사람의 영혼을 말하는데 우리가 공포 영화에서 보았던 악령이나 귀신 등을 모두 포함합니다. 신은 신비한 능력을 지닌 초월적인 존재로 하늘에서 만물을 다스리거나 전지전능한 힘을 가졌거나 신령하다고 여겨지는 모든 것이 포함됩니다. 따라서 이 구절에서 언급된 귀신은 과학적으로 정의가 불가능한 모든 초자연적 존재를 가리킵니다. 신과 귀신을 함께 아우르는 단어로 귀신이 쓰인 셈입니다. 다만, 한글 해석에 귀신이라고만 하면 오해의 소지가 있고, 뒤에 나오는 '섬긴다'라는 동사가 신과 잘 어울려서, 쉬운 이해를 위해 신으로 해석했습니다.

현대인들은 우주를 탐험하는 첨단 과학의 시대에 살면서도 초자연적인 것들에 대한 믿음을 완벽하게 버리지 못하고 있습니다. 징크스부터 별자리 운세, 혈액형별 성격, 타로, 사주, 궁합 등이 이에 속합니다. 인간의 운명이 이름과 같은 다른 요소들에 의해 좌우된다는 대부분의 믿음도 마찬가지입니다. 디지털 시대에 태어난 요즘 젊은이들이 많이 모이는 홍대 주변 상가에는 몇 년 사이에 깜짝 놀랄 정도로 엄청나게 많은 타로 매장이 들어섰습

니다. 요즘도 이렇게 다양한 초자연적 믿음이 남아 있는데 과연 2,500년 전은 어땠을까요? 아마 조금 과격하게 말하자면 미신의 시대라고 해도 과언이 아니라고 생각합니다.

미신의 세상에 살던 공자는 상식과 합리성을 내세웠습니다. 눈에 보이지 않는 존재나 절대 알 수 없는 영역에 신경 쓰지 말고 현재 삶과 관계에 충실하자고 강조했습니다. 공자는 불가사의하거나 미지의 영역에 관한 믿음에 관심을 두지 않았습니다. 그는 신보다는 사람이 먼저고, 죽음보다는 삶이 중요하다고 외쳤습니다.

종교란 일반적으로 신이나 초월적인 절대자에 대한 믿음에서부터 출발합니다. 그렇다면 과연 유교는 종교일까요? 이 물음에 대한 답을 위해서는 먼저 종교가 무슨 뜻인지 알아야 합니다. 국립국어원의 표준국어대사전을 보면 종교란 '신이나 초자연적인 절대자 또는 힘에 대한 믿음을 통하여 인간 생활의 고뇌를 해결하고 삶의 궁극적인 의미를 추구하는 문화 체계'라고 나옵니다. 그 예로 다신교, 불교, 기독교, 이슬람교 등이 있습니다. 즉, 일반적인 종교는 초월적인 존재를 믿고 받드는 신앙에서부터 출발합니다. 따라서 유교는 보편적인 개념으로 파악할 때 종교가 될 수 없습니다. 공자를 신과 같은 초월자나 절대자로 숭배하지 않기 때문입니다. 사람들은 공자를 그저 스승으로 모실 뿐입니다. 그를 성인으로 추대하여 제사를 지내지만, 그것은 어디까지나 사람의 업적을 기리기 위한 추모 행사일 뿐입니다.

만약 종교라는 한자를 '근본, 으뜸'이라는 의미를 살린 '마루 종(宗)'자와 '가르치다, 본받다'라는 뜻의 '가르칠 교(敎)'의 순수한 결합으로 해석하여, 유교를 '근본적인 가르침' 혹은 '으뜸이 되는 가르침'으로 보면 종교라고 부를 수 있을지도 모르겠습니다. 유교는 현실적인 이상 사회를 만들기 위해 지극히 상식적인 지식을 추구합니다. 합리적인 인간관계를 도모하는 인문학적 배움을 가장 최우선으로 삼습니다. 그래서 유교보다 학문이라는 의미를 담은 유학(儒學)이라는 단어가 더 공자와 어울립니다. 공자는 스승을 자처했지만, 성인은 아니라고 말했습니다. 일부 사람들이 공자를 스승 이상으로 신격화하는데 이는 그의 뜻을 거스르는 행위입니다. 공자의 유학은 솔직하고 탄력적이고 유연한 가르침일 뿐입니다. 그 누구에게도 복을 주거나 소원을 들어주지 못합니다. 자신의 운명은 자신이 개척해야 합니다.

조선은 유학의 한 갈래인 성리학의 나라였지만, 사후 세계와 연관된 그림이 제법 남아 있습니다. 대표적인 것이 저승사자를 그린 [시직사자도(時直使者圖)]입니다. 저승사자 중 사직사자(四直使者)는 사주(四柱)처럼 연(年), 월(月), 일(日), 시(時)를 따서 4명으로 나뉘고 각각 연직사자, 월직사자, 일직사자, 시직사자로 불립니다. 위 그림은 그중에서 시직사자를 그린 그림입니다. 인터넷이 보급되기 이전까지 사람들은 TV에서 방영한 드라마나 영화의 영향으로 저승사자는 갓을 쓰고 검은색 한복을 입은 모습이라고 생각했습니다. 그것을 만드는 사람들이 조선의 복식을 저승사자에게 입혔기 때문입니다. 그렇다면 과연 고구려나 고려의 저승사자는 어떤 모습이었을까요?

제가 어린 시절에 신문이나 잡지를 보면서 가장 큰 의문이 들었던 내용은 운세였습니다. 신문에서는 같은 해에 태어난 사람들의 하루 운세를 모두 똑같이 말하고, 잡지에서는 같은 별자리를 지닌 사람들의 한 달 운세가 전부 같았기 때문입니다. 수많은 사람들이 동일한 운세를 갖게 되는 셈인데 그게 과연 가능한지 궁금했습니다. 만약 별볼일 없는 내용이라면 왜 운세는 사라지지 않고 계속 눈에 띄는지도 아리송했습니다. 눈으로 볼 수 없는 존재나 알 수 없는 현상은 사람들에게 호기심과 두려움을 심어 줍니다. 재미나 장난으로 즐기는 것은 상관없지만, 그런 것에 맛들리면 망상에 빠지기 쉽고 헛된 소리에 이용당할 가능성이 높아집니다.

저승사자들은 죽은 사람을 염라대왕에게 데려가 심판을 받게 한다고 합니다. 이러한 역할을 맡은 존재는 사직사자 말고도 환경이나 풍습에 따라 다양한 호칭과 존재가 있었습니다. 저승사자와 지옥에 대한 믿음은 도교와 불교 그리고 민간 신앙이 뒤섞여서 탄생했습니다. 다양한 종교와 신화가 문명 안에서 엮이며 발전하면 상상 속의 세계가 현실에 영향을 미칩니다. 그 영향으로 우리에게는 상을 당하면 마당이나 문밖에 저승사자를 대접하는 사잣밥을 놓는 풍습이 있었습니다. 사잣밥에는 밥 이외에도 술, 명태, 짚신 그리고 동전 등을 놓았다고 합니다. 과연 저승사자도 사람처럼 배고픔을 느끼고 밥을 먹었을까요? 가상에 의존한 판단과 결정은 우연한 결과를 생산할 뿐입니다. 이성적인 판단과 논리적인 결정을 위해서는 현실을 직시해야 합니다.

[시직사자도]는 가로가 56.6cm 세로가 85.4cm이며 마(麻) 위에 그려졌습니다. 사찰에서 의식 거행 때 외부에 장식용으로 걸어 놓던 그림입니다. 우리의 보편적인 개념과 달리 조선 사람들이 생각했던 저승사자는 아주 화려합니다. 신발과 장신구들이 예사롭지 않습니다. 말에 장착된 장신구도 거추장스러울 정도로 치렁치렁합니다. 화려한 장식으로 말까지 꾸며서 저승사자와 조화를 맞췄다는 점이 흥미롭습니다. 갓을 쓰고 검정색 한복을 입은 정승사자는 조선 사람들은 모르고 현대인들만 아는 존재 같습니다.

지도자는 바른 처신이 중요하다

오봉도(五峯圖) - 작가 미상

일부 확대

노나라의 대부 계강자가 정치에 대해 묻자 공자가 대답했다. "정치는 바른 것이 중요합니다. 만약 당신이 바르게 처신하는 데 앞장선다면, 누가 감히 바르지 않겠습니까?"

季康子問政於孔子 孔子對曰 政者正也 子帥以正 孰敢不正
계강자 문 정 어 공 자 공 자 대 왈 정 자 정 야 자 솔 이 정 숙 감 부 정
- 안연편

노나라는 공자의 고향이고, 앞에서 설명했던 것처럼 대부는 한 나라를 책임지는 제후 다음으로 높은 관직입니다. 그런 계강자가 공자에게 정치를 잘하는 방법을 물었습니다. 이에 대한 공자의 대답은 정말 간단했습니다. 리더가 모범을 보이고 처신을 잘하면 다른 사람들도 본받을 테니 무엇이 걱정이냐고 되물었습니다.

공자가 말하는 리더십의 기본 원칙은 단순합니다. 행동으로 모범을 보이고 말은 가급적 삼갑니다. 《논어》에는 위와 비슷한 맥락의 아래와 같은 구절도 있습니다. "지도자가 바르면 명령하지 않아도 사람들이 알아서 행동하며, 지도자가 바르지 못하면 명령을 해도 따르지 않는다." (其身正 不令而行 其身不正 雖令不從 기신정 불령이행 기신부정 수령부종 - 자로편) "자신이 바르지 못하다면 어찌 다른 사람들을 바르게 만들 수 있겠는가?" (不能正其身 如正人何 불능정기신 여정인하 - 자로편)

공자의 리더십은 조직이 있는 곳이라면 어디든지 적용이 가능합니다. 가장 쉽게 적용할 수 있는 곳이 직장과 가정입니다. 사원으로 시작한 사회생활은 승진을 할수록 점점 더 다양한 능력을 필요로 합니다. 개인적 역량 외에도 거래처와 협상하고, 팀을 관리하고, 비전을 제시하는 등의 추가적인

능력이 필요합니다. 그중 가장 기본적이고도 어려운 것이 리더십입니다. 사람의 마음은 단시간에 사로잡기 힘들고, 수시로 변하기 때문입니다.

좋은 리더십은 팀원들이 각자 맡은 업무에 최선을 다할 수 있도록 신뢰로 일을 맡기며, 조직 안에서 보람을 느끼고, 바르게 성장할 수 있도록 돕는 것입니다. 이를 위해서는 본받을만한 리더의 바른 모습을 꾸준히 보여주어야 합니다. 리더가 직원을 믿지 못하면, 직원도 리더를 진심으로 따르지 않습니다.

가정에 비유해 보겠습니다. 휴대전화로 게임만 하는 부모와 꾸준히 책을 읽는 부모가 전달하는 무언의 영향력은 꽤 큰 정서적 차이를 만듭니다. 늘 불안정하고 폭력적인 부모 밑에서 자란 아이는 바르게 성장하기 어렵습니다. 한국보건사회연구원이 2017년에 발표한 자료에 따르면 가정 폭력의 가해 경험이 있는 사람들의 89.5%가 어린 시절에 가정 폭력이나 학대 같은 부정적인 경험이 있다고 응답했습니다.

리더십의 가장 작은 단위는 가정에서 출발하고, 자녀들은 기본적인 사회성을 부모로부터 배웁니다. 효도도 마찬가지입니다. 부모가 먼저 모범을 보여야 자연스레 전달됩니다. 부모가 보여주지 않고 자식에게 가르치기만 한다면 그것은 명백한 오류입니다.

성인도 마찬가지입니다. 인간은 주변의 사람들로부터 끊임없이 영향을 받습니다. 리더가 모범을 보이고 그를 닮아가려는 자세가 확장되는 것이 바른 사회로 가는 가장 확실한 방법입니다.

제가 업계에서 마지막으로 맡았던 업무는 이탈리아 모터사이클 브랜드 두카티(DUCATI)를 책임지는 일이었습니다. 두카티 코리아의 본사에서 영업본부장으로 실질적인 국내 업무를 총괄하면서, 직영점으로 운영하는 서울점의 지점장도 겸했습니다. 하나의 브랜드를 새로 정착시키는 일이었기에 할 일이 넘쳤습니다. 체계가 만들어진 상태에서 일을 하는 것과 아무 것도 없는 상태에서 새롭게 모든 것을 만들어 가야 하는 일은 그 차이가 하늘과 땅만큼 큽니다.

신입이거나 경력직이라도 동종 업계의 경험이 없는 직원들이 근무하는 부서는 제가 참견해야 하는 일이 많았습니다. 초기 1년 동안에는 거의 매일 야근이었고, 모든 일에 직접 세세하게 관여하여 결정했습니다. 그런데 시간이 지나며 차츰 문제가 생겼습니다. 모든 업무에서 저에 대한 의존성을 줄이지 못했습니다. 리더로서 바른 길을 선택하겠다는 의지에는 꾸준히 신경을 썼는데, 직원들에게 믿고 맡기는 신뢰가 부족했습니다. 운영 초기의 작은 회사이다 보니 신속한 결정이 필요했고, 한 번의 실수로 발생하는 큰 소용돌이를 피하고 싶었습니다.

회사가 정상적으로 운영되면서 전과 비교할 수 없는 실적을 올렸지만, 내부적으로는 몇몇 문제에 꾸준히 시달렸습니다. 회사를 키워 나가려면 조직을 더 탄탄하게 만들어야 하고, 그러려면 각 조직원들에게 확실한 권리와 의무를 부여해야 하는데 그러지 못했습니다. 제가 모든 일에 관여하는 무식하고 비효율적인 방법으로 일을 하니 결국 제 몸에 탈이 나서 한참을 고생했습니다. 이때 리더는 앞장서서 가는 사람이 아니라 함께 가는 사람이라는 사실을 몸으로 배웠습니다.

조선에는 최고의 리더인 왕이 앉아 있는 곳 뒤에 놓으려고 제작한 [오봉도(五峯圖)]라는 그림이 있습니다. [오봉도]는 다섯 개의 봉우리 그림입니다. 다양한 이름으로 불렸는데, 해와 달이 함께 있어 [일월오봉도(日月五峯圖)], 봉우리 대신 산이라는 뜻으로 [일월오악도(日月五嶽圖)]라고도 했습니다. [오봉도는 주로 병풍으로 쓰였기에 조선에서는 [오봉병]으로도 불렀습니다. 이것은 다른 나라에서는 찾아볼 수 없고 오직 조선에서만 쓰였습니다. [오봉도]는 왕이 앉아 있는 곳 뒤에 놓으려고 제작한 그림입니다.

조선 시대에 만들어진 궁궐에 가 보면 왕이 앉는 어좌 뒤에는 지금도 [오봉도]가 놓여 있습니다. 경복궁을 예로 들면, 의식을 거행하던 근정전과 정사를 돌보던 사정전에 모두 [오봉도]가 있습니다. 이 그림은 실외 행사에서도 사용될 만큼 왕의 중요한 상징물이었습니다. 왕은 [오봉도] 앞에서 국가의 의식을 거행하고, 중요한 정책들을 결정하고, 경연(經筵)을 진행했습니다. 경연이란 경전을 공부하는 자리라는 뜻으로, 왕이 《논어》와 같은 유학의 경전과 역사에 대해 학식과 지혜가 높은 신하들로부터 배우는 시간이었습니다.

왕이라고 모든 일과를 제멋대로 정할 수는 없었습니다. 경연은 왕의 바른 처신과 정치를 위한 중요 일과였고, 아침, 낮, 저녁으로 세 차례나 진행되었습니다. 이것은 지혜로운 신하들의 힘을 빌려 왕의 자질을 끌어올리기 위한 안전 장치였습니다. 경연의 기본 교재인 사서는 모두 지도자는 바른 사람이 되어야 한다고 강조합니다.

이 그림은 좌우로 만들어진 대칭이 가장 큰 특징인데, 달과 해는 음양(陰陽)으로, 오봉은 오행(五行)으로 해석하기도 합니다. 음양과 오행은 고대부터 내려오던 동양의 핵심 사상이었습니다. 음양은 본래 그늘과 햇볕이라는 뜻인데 두 개의 힘이 작용하여 만물을 생성하고 변화시키는 기운을 말합니다. 오행은 만물을 구성하는 다섯 가지 원소로 나무(木), 불(火) 흙(土) 쇠(金) 물(水)을 뜻합니다.

음양은 흑백처럼 상반되는 기준이 아니라 서로 의존하고 순환하면서 균형을 맞추는 존재이고, 오행은 각기 요소가 서로 돕는 상생(相生)과 서로 충돌하는 상극(相剋)으로 엮여 다양한 변화를 만들어 냅니다. 음양과 오행은 모두 순환이라는 공통점을 가지고 있습니다. 경연을 통해 신하들이 왕의 자질을 끌어올리면, 왕은 좋은 신하들을 선발하게 됩니다. 왕이 바르게 처신하면 정치가 안정되고, 안정된 기반이 마련되면 왕이 제대로 된 정치를 할 수 있는 토대가 마련됩니다. 무엇이든 바르게 돌아가려면 이와 같은 건전한 순환이 필수입니다.

2부

인은 나로부터
시작된다

| 화가로 보는 그림 |

32日 · 조화

외양과 내면의 조화는 균형이 핵심이다

복숭아꽃 - 강세황

본질이 외양보다 지나치면 거칠어지고, 외양이 본질보다 지나치면 번지르르할 뿐이다. 본질과 외양이 균형에 맞고 조화로워야 군자라 할 수 있다.

質勝文則野 文勝質則史 文質彬彬 然後君子
질 승 문 즉 야 문 승 질 즉 사 문 질 빈 빈 연 후 군 자 - **옹야편**

상황과 사람에 따른 적절한 표현은 원만한 관계의 필수 요소입니다. 아무리 정직하더라도 표현에는 융통성이 필요하며, 억제되지 않은 감정의 발로는 진정성을 떨어뜨립니다. 마찬가지로 사람에게는 내면과 외면의 조화가 필요합니다. 내면이 아무리 꽉 차 있는 사람이라도 겉모습이 단정하지 못하면 신뢰가 가지 않습니다. 반면, 외면이 정말 멋진 사람이라도 됨됨이가 형편없으면 함께 있기 싫어집니다.

이와 같이 위 구절은 사람의 내면과 외면이 조화를 이루어야 한다는 뜻입니다. 조화를 위해서는 균형을 맞추려는 끊임없는 노력이 필요합니다. 내면이든 외면이든 완벽한 상태란 존재하지 않기에 사는 동안 꾸준히 신경 써야 합니다. 줄타기를 할 때 좌우로 흔들리더라도 중심을 잃지 않으면 똑바로 갈 수 있는 요령과 비슷합니다.

공자가 언제나 한결같이 강조한 균형과 조화는 입체적으로 따져봐야 합니다. 외줄처럼 하나의 선에서 적절한 위치를 찾기보다는 좌우와 위아래를 골고루 살펴봐야 높은 차원으로 발전합니다. 다양한 차원에서 살펴볼 때 다른 존재들도 나만큼 소중하다는 사실을 알게 됩니다. 이것이 함께 살아가는 자연의 법칙입니다. 넘치거나 모자라지 않으며 치우침이 없는 중용(中庸)을 찾고 유지하는 일은 결코 쉽지 않습니다. 수많은 시행착오가 필요합니다.

줄타기 명인이 되려면 수없는 곤두박질을 이겨내야 하는 이치와 같습니다. 어쩌면 중용을 위한 지속적인 도전 정신이 바로 군자가 갖춰야 할 기본 조건인지도 모르겠습니다.

그림의 외양과 본질에 모두 정통한 대표적인 화가가 강세황입니다. 김홍도의 스승으로 알려진 강세황은 대대로 고위 관료직을 역임한 전형적인 명문 양반 가문에서 태어났습니다. 그는 3남 6녀 중에 막내로 태어났는데, 그때 아버지의 나이가 64세였습니다. 늦둥이로 태어나 아버지의 사랑을 듬뿍 받으며 자랐다고 합니다.

강세황의 집안은 대대로 장수했는데, 할아버지 강백년(姜柏年)이 79세, 아버지 강현(姜鋧)이 84세까지 살았습니다. 이 유전자를 물려받은 그도 79세까지 장수하였습니다. 어려서부터 총명했고, 10대 초반부터 서예에 뛰어난 재능을 보여서 작품을 얻어간 사람들이 있을 정도였다고 합니다.

그러나 강세황은 젊은 시절에 과거 시험을 볼 수 없었습니다. 큰형이 역모 사건에 연루되어 유배형을 받은 상황이었기 때문입니다. 역적의 동생이 된 그는 출세를 꿈꿀 수 없었습니다. 그런 강세황이 처음 벼슬에 오른 나이는 61세였습니다. 그것도 왕의 배려에 의한 특채였기 때문에 실질적으로 그는 벼슬을 얻기 전까지 생계를 유지할 능력이 없었습니다. 강세황은 30여 년 동안 처가에 의존해서 살았습니다.

처가살이는 그를 예술가로 우뚝 서게 만든 밑바탕이었습니다. 과거를 볼 수 없는 강세황은 시와 그림 공부에 매진했습니다. 긴 시간 동안 다져진 내공은 그의 작품에 날개를 달아 주었습니다. 만약 강세황이 젊은 시절에 출세하여 대를 이어 고위 관료로 살았다면 현존하는 작품의 수는 현저하게 적을 것입니다.

공자도 간절하게 정치인이 되기를 꿈꿨습니다. 그러나 반복된 실패로 자신이 원하는 세상을 만들지 못했습니다. 그 실패는 삶의 방향을 틀어 학문과 제자 양성에 전념하게 만들었습니다. 만약 그가 잘 나가는 정치인이 되었다면, 지금 우리 곁에는 《논어》가 없었을지도 모릅니다. 강세황의 작품이 깊고 많아진 이유도 이와 비슷합니다.

강세황은 다양한 소재를 그림으로 다루고, 서양화의 기법을 연구하고, 정신적 표현을 강조하는 문인화를 발전시켰습니다. 시와 붓글씨와 그림에 능하여 사람들에게 삼절(三絶)로 인정받았습니다. 삼절은 다방면으로 뛰어난 최고의 예술가에 대한 호칭이었습니다. 그뿐만 아니라 예술에 대한 탐구 정신이 높아 전문적인 평론가로도 활동했습니다. 탁월하고 솔직한 안목으로 조선과 중국의 많은 작품들을 거침없이 평가했습니다. 당시엔 평론가라는 직업이 따로 없었기 때문에 다른 사람의 작품을 비평하는 일은 쉽지 않았습니다. 눈치 보지 않고 배짱이 두둑해야 했습니다. 이것은 예술에 대한 이해와 깊이가 없으면 절대로 불가능한 일입니다. 강세황은 이론과 실기의 조화가 뛰어난 예술가였기 때문에 작품에서 겉으로 드러나는 외양과 작가의 내면인 본질까지 모두 꿰뚫어 볼 줄 알았습니다.

[복숭아꽃]은 강세황이 남긴 《담채화훼첩(淡彩花卉帖)》에 담긴 그림 중 하나입니다. 담채란 엷게 채색된 그림을 말하고, 화훼란 꽃과 풀이라는 뜻인데 일반적으로 관상용 식물 그림을 말합니다. 이 그림은 봄의 기운을 머금은 화사한 꽃이 특징입니다. 복숭아 나무의 가지 일부를 화폭에 담았는데 화려함 속에 순박하고 맑은 정기가 담겨 있습니다. 왼쪽에서 시작된 굵은 가지의 꺾임은 아래로 갈수록 단순해지고, 가는 가지는 위로 올라가면서 꽃과 잎의 풍성함으로 전체적인 구도의 조화를 맞춥니다. 전체적으로 가지와 꽃이 만드는 둥그런 형태의 구도가 적절한 균형을 이루고 있습니다.

자세히 보면 굵은 가지와 가는 가지의 꽃 모양이 다릅니다. 가는 가지는 꽃잎의 끝이 뾰족하고 굵은 가지의 꽃잎은 둥그런 모양입니다. 뾰족한 꽃잎은 복숭아 꽃이 확실한데, 둥근 꽃은 매화인지 살구인지 구분하기가 어렵습니다. 이 그림의 제목을 붙인 사람은 화면의 주인공을 복숭아꽃으로 본 셈입니다.

복숭아 나무는 고대부터 많은 사랑을 받았습니다. 화려한 꽃과 함께 달콤한 과일이 맺히기 때문입니다. 복숭아 나무는 많은 이야깃거리를 품고 있기도 한데, 꽃으로 술을 담가 마시면 모든 병이 없어지고, 가지가 귀신을 쫓고, 과일은 신선들이 즐겨 먹고, 제사상에는 올리지 않으며, 조상신이 못 들어오니 집안에 심으면 안 된다는 것 등이 대표적입니다. 이렇게 다양한 얘기가 전해지는 이유는 그만큼 사람들에게 큰 인기를 얻었기 때문입니다. 복숭아는 아름다운 꽃으로 그치지 않고, 향긋하고 탐스러운 열매까지 맺히니 그것만으로도 조화의 가치가 큽니다. 수많은 식물 중에서 남부럽지 않은 외양과 본질로 사람들에게 기쁨을 주는 개체는 그리 많지 않습니다.

복숭아꽃은 사군자와 정반대의 이미지도 갖고 있습니다. 굳은 절개를 상징하는 사군자와 달리 봄에 피는 다른 꽃들과 함께 잠시 화려함을 뽐내다가 사라지는 특성 때문입니다. 그로 인해 간신이나 소인배를 복숭아꽃에 비유했습니다. 그러나 강세황의 복숭아꽃에서는 자연의 생명력을 머금은 순수한 향기만 전해집니다. 그도 다른 선비들처럼 지나치게 화려한 복숭아꽃을 경계하는 의미로 이 그림을 그렸을까요? 아니면 꽃에서 전해지는 순수함으로 간신이나 소인배의 이미지를 깨려고 했을까요? 여러분도 그림의 외양을 보고 작가의 의도를 추론해 보세요.

33日 · 도

틀을 깨야 나만의 길이 생긴다

송도기행첩 태종대 - 강세황

일부 확대

사람이 도를 크게 만드는 것이지, 도가 사람을 크게 만드는 것이 아니다.

人能弘道 非道弘人

인 능 홍 도　비 도 홍 인 - **위령공편**

이번 장에서는 도(道)에 대해 조금 더 자세히 살펴보겠습니다. 한자 '도'의 기본 뜻은 길입니다. 쉬엄쉬엄 간다는 '착(辶)'과 머리 '수(首)'가 합쳐진 글자입니다. 머리가 오가니 자연스럽게 길이 만들어집니다. 그리고 '수'는 머리가 가진 상징성으로 시작, 처음, 최초라는 뜻도 있습니다. 그래서 처음으로 간다, 최초로 간다는 뜻이 확장되어 인도하다, 이끌다라는 의미로도 활용되었습니다.

문명이 발전하기 전에 길은 사람의 발자취로 만들어졌습니다. 사람들이 같은 곳을 반복적으로 오가다 보면, 밟힌 풀이 죽거나, 땅이 단단하게 다져지면서 길이 생겼습니다. 따라서 길은 누군가가 나보다 앞서서 같은 곳을 지나갔다는 표시입니다. 동시에 안전한 곳으로 인도하는 표지판 역할도 합니다. 등산을 갔다가 길을 잃어 헤맨 경험이 있는 사람은 좁다란 산길의 반가움을 잘 압니다.

저도 산에서 길을 잃은 경험이 있습니다. 평일의 휴무가 주어지면 사람들이 없는 한적한 북한산을 종종 찾았습니다. 그러다 두어 번쯤 내려오는 길을 놓친 경험이 있습니다. 우거진 숲에서 헤매며 '조금 있으면 길이 나오겠지'라고 생각을 하다가도, 예상한 방향에서 보이지 않고, 켜켜이 쌓인 낙엽에 발이 푹푹 빠지며, 어둑한 느낌이 들면 등에서 식은 땀이 주르륵 흘렀습니다. 도시와 가깝고, 그리 높지 않은 산이기에 위험한 상황이 아니라는 이성적 판단은 뒤에서 들려오는 작은 소리에도 바짝 마른 낙엽처럼 쉽게 바스러졌습니다. 잔뜩 긴장하면서 조심스럽게 한발한발 내려가다가 눈앞에 길이 보이면, 마치 낙원으로 가는 것처럼 흥분하며 내달렸던 기억이 있습니다.

길은 자연의 위험 요소로부터 비교적 안전하다는 의미가 담겨 있습니다. 또한 헤매지 않고 바르게 목적지를 향해 가고 있다는 가치가 더해져, 나중에는 기준이나 방법, 도리나 이치, 진리나 진실이란 뜻으로도 확대되었습니다. 우리에게 익숙한 단어들로 설명한다면 다음과 같습니다. 도에 다른 사람의 도움이나 은혜를 뜻하는 '덕(德)'을 붙이면 사회 구성원들의 행동 규범이라는 뜻의 도덕(道德)이 되고, '갖출 구(具)'를 붙이면 일을 하는데 필요한 연장이라는 뜻의 도구(道具)가 되며, 부모를 잘 섬긴다는 의미의 '효(孝)'에 도를 붙이면 효도(孝道), 사람을 죽이는 '검(劍)'에 도를 붙이면 검도(劍道)가 됩니다. 이렇게 조합된 단어의 의미를 살펴보면 그 뜻의 깊이를 알 수 있습니다.

그렇다면 사람이 도를 크게 만든다는 뜻은 무엇일까요? 길이 만들어지는 과정으로 살펴보면 이해가 쉽습니다. 길이란 지구가 탄생한 처음부터 자연에 존재하던 것이 아닙니다. 수많은 사람들의 발이 닿아서 만들어졌습니다. 사람과 사람을 연결해 주는 통로로서 수많은 갈래를 낳고 연결하며 네트워크로 확장됩니다. 길이라는 의미에서 발전하여 다양한 뜻을 갖게 된 도는 다른 글자를 만나며 새로운 뜻으로 확장을 거듭했습니다. 그렇지만 도덕은 사람 위에 존재하는 게 아닙니다. 마찬가지로 도구, 효도, 검도 모두 사람이 없으면 존재할 수 없는 단어들입니다. 사람들의 밝은 관계가 도덕의 가치를 높여 줍니다. 도구도 이용하는 사람이 있어야 효용가치가 올라가며, 효도는 대상이 존재해야 가능하고 검도도 수련하는 사람으로부터 시작됩니다. 이러한 상황들이 모두 '도가 사람을 만드는 것이 아니다'라는 문장과 연결되어 있습니다. 도는 방향성을 제시할 수 있지만 결국에 도를 완성하는 주체는 사람이기 때문입니다.

이것을 더 확장하면 맹목적으로 무언가에 매달리거나 벗어나지 못하여 발전을 멈춘 사람들에 대한 문제제기로 볼 수도 있습니다. '개념에 갇히지 말아라. 자신의 노력과 체험으로 틀을 깨라'와 같은 조언입니다.

길은 그저 존재할 뿐입니다. 그 길을 이용하여 다양한 형태로 활용하고 발전시키는 건 사람의 몫입니다. 도가 고정된 실체에서 벗어나 무한한 확장을 하기 위해서는 반드시 사람이 필요합니다. 공자처럼 열린 마음과 유연한 사고가 없다면 도의 확장은 불가능합니다.

강세황이 송도(松都, 지금의 개성)를 여행하고 만든 그림책이 《송도기행첩(松都紀行帖)》입니다. 학자들은 그가 45세(1757년) 경에 여행을 다녀온 후 기행첩을 만들었다고 추정합니다. 《송도기행첩》은 송도의 명승지를 담은 16개의 그림으로 구성되었습니다. 그 안에는 다른 조선의 작품에서는 찾아볼 수 없는 다양한 원근법과 바위의 강렬한 농담이 들어 있습니다.

[태종대]도 《송도기행첩》에 담긴 그림 중 하나입니다. 강세황이 그린 태종대는 개성의 성거산(聖居山)에 있는 바위를 말합니다. 그림 속에서 한 사람은 웃옷을 벗고, 또 다른 사람은 물에 발을 담근 모습으로 보아 날씨는 한여름 같습니다. 다양한 형태의 바위가 듬성듬성 놓여 있고, 돌들이 포개지고 나란한 모습에서 신비로운 분위기가 물씬 풍깁니다. 바닥이 훤히 보이는 맑은 계곡물도 인상적입니다.

화가는 높은 곳에서 아래를 내려다보는 부감법(俯瞰法)을 사용했습니다. 동양의 산수화에서 흔하게 사용되는 시점입니다. 그런데 [태종대]는 일반적인 산수화와 달리 화가의 개성을 맘껏 입힌 구도로 완성되었습니다. 카메라에 비유하자면, 대상을 넓고 둥그렇게 담아내는 광각 렌즈로 찍은 느낌입니다. 마치 드론을 이용하여 찍은 사진을 그대로 그림으로 옮긴 것 같은 착각마저 듭니다. 전문가들은 가운데 하단에서 그림 그리는 인물을 강세황으로 해석하기도 합니다. 조선의 산수화에서 자신의 행위를 이처럼 두드러지게 등장시키는 장면은 흔하지 않습니다. 만약 정말로 강세황이 자신을 작품 속에 인물로 넣었다면 이 그림에 얼마나 다양한 시도를 했는지 알 수 있는 부분입니다.

[태종대]는 강세황의 눈에 비친 풍경을 자신만의 눈높이로 독특하게 녹여 낸 그림입니다. 광각렌즈로 풍경을 확 끌어당긴 것 같은 앵글, 먹의 농담으로 입체감을 살린 바위, 수채화를 떠올리게 하는 투명한 물 등은 조선에서 좀처럼 보기 어려운 요소의 결합입니다. 그림은 3차원의 공간을 2차원의 평면으로 옮겨 표현하는 예술입니다. 표현의 제약은 화가의 역량으로 극복해야 합니다. 그는《송도기행첩》을 두고 '세상 사람들이 이전에 한 번도 보지 못한 그림'이라고 자평했습니다. 대단한 자부심입니다. [태종대]처럼 독특한 요소가 가득한《송도기행첩》은 그의 실험 정신과 개성이 투철하게 반영된 작품집입니다.

강세황에게 그림은 삶을 지탱하고 내면을 발전시키는 '도'였습니다. 그는 자신이 접한 '도'를 넓히기 위해 꾸준히 틀을 깨려고 노력했고, [태종대]에는 그 시도가 고스란히 반영되었습니다. 여러분이 소중히 생각하는 자신만의 '도'는 무엇인가요? 어떻게 하면 그 '도'를 더 크게 만들 수 있을까요?

인식의 전환이 비약적인 성장을 이끈다

70세 자화상 - 강세황

나는 열다섯 살에 학문에 매진하기로 결심했고, 서른 살에는 홀로서기에 성공했으며, 마흔 살에는 유혹에 흔들리는 일이 없어졌고, 쉰 살에는 시대적 사명을 알았으며, 예순 살에는 어떤 말도 유순하게 듣게 되는 귀를 갖게 되었고, 일흔 살에는 무슨 일이든지 하고 싶은 대로 하여도 법도에 어긋나지 않았다.

吾十有五而志于學 三十而立 四十而不惑 五十而知天命
오 십 유 오 이 지 우 학   삽 십 이 립   사 십 이 불 혹   오 십 이 지 천 명

六十而耳順 七十而從心所欲不踰矩
육 십 이 이 순   칠 십 이 종 심 소 욕 불 유 구 - **위정편**

공자의 일생을 기록한 최초의 전기는 〈공자세가(孔子世家)〉입니다. 중국 한나라 때 사마천이 쓴 역사서 《사기》에 실려 있습니다. 〈공자세가〉에 따르면 공자는 73세에 세상을 떠났다고 합니다. 그렇다면 일흔 살을 언급하는 위의 구절은 죽음을 얼마 남겨 놓지 않은 말년의 고백이 되는 셈입니다.

사람들은 죽음이 임박했다고 느껴지면 한 번쯤 자신의 일생을 되돌아봅니다. 꼭 말년이 아니더라도 대형 사고를 겪거나 큰 병을 앓고 난 다음에 이전과는 전혀 다른 삶을 살아가는 사람들의 이야기를 종종 듣게 됩니다. 어쩌면 우리의 삶에서 진정한 각성이 이루어지는 시간은 전력으로 달릴 때가 아니라 잠시 멈추었을 때인지도 모르겠습니다.

저도 중년의 나이에 인생의 큰 변곡점을 만났습니다. 40대에 접어들면서 모터사이클 브랜드의 책임자로 일하다가 병을 얻었습니다. 스스로 짊어진 책임감으로 정해진 퇴근 시간이나 보장된 휴일도 없이 일한지 만 4년이 지나자 몸에 탈이 났습니다. 수개월 동안 몸살 감기를 앓고 수시로 코피를 흘렸습니다. 그러다 문득 '이대로 계속 일하면 당장 내일이라도 아침에 눈

을 못 뜰 수 있겠구나'라는 생각이 들었습니다. 건강 상태는 나아지지 않는데, 스트레스 이외에 의학적으로 진단되는 뚜렷한 병명이 없었습니다. 고심 끝에 결국 17년 동안 몸 담았던 직장을 그만두었습니다. 함께 고생했던 직원들에겐 미안했지만 어쩔 수 없었습니다. 다른 일거리를 찾지도 않았고, 모아 놓은 재산이 많지도 않았지만, '살려면 당분간은 쉬어야겠다'라는 생각밖에 없었습니다. 신기하게도 일을 그만두고 십여 일이 지나자, 몇 개월동안 저를 괴롭히던 몸살 감기와 코피가 사라졌습니다. 그후로 지금까지 그와 같은 증상을 겪어 보지 못했습니다.

일을 그만두겠다는 결정은 쉽지 않았습니다. 모터사이클을 너무 좋아해서 일을 선택했고, 그 마음이 여전했기 때문입니다. 할 줄 아는 게 모터사이클 관련 일 밖에 없었고, 마음만 먹는다면 자리를 지키는 일이 어렵지 않은 상황이었습니다. 그런데 건강 악화를 겪으며 새로운 생각이 들었습니다. 남은 인생의 에너지는 온전히 나를 위해서 쓰고 싶었습니다. 더 늦으면 영원히 안주하는 삶에 머무를 것 같았습니다. 직장인으로서의 삶보다 나로 살고 싶은 마음이 더 컸습니다. 어쩌면 선택한 분야에서 해 보고 싶은 것과 이루고 싶은 것을 모두 맛본 경험 때문인지도 모르겠습니다. 저는 17년 동안 가장 밑바닥부터 최고의 권력을 쥔 자리까지 모두 경험했습니다. 걸레질하는 막내로 들어와서 최고의 영업사원이 되고, 우수 사원으로 표창을 받으며 빠르게 승진하고, 관리자로 최대의 성과를 올리고, 꿈에 그리던 모터사이클을 전부 타 보며 미국과 유럽 및 동남아를 질주하고, 아마추어 경주에도 참가하고, 업계 최초로 조건 없이 무료로 안전 교육을 시키는 사회 공헌 프로그램도 만들고 나니 더 할 게 없었습니다. 그래서 쉬면서 책을 내겠다는 생각을 굳혔습니다. 벌이는 전과 비교하기 어려울 정도로 적은 수준이지만, 현재는 내 인생을 오롯이 뜻대로 살아간다는 행복감을 느낍니다. 최고의 영업사원과 브랜드의 책임자로 각종 매체에 이름과 얼굴이 실렸을 때보다, 제가 쓴 책으로 신문에 나왔을 때가 더 기뻤습니다. 회사라는 배경 없이도 잘 살고 있다는 생각이 들었기 때문입니다. 만약 제가 죽음을 염두에 둘 만큼 아프지 않았다면, 저는 여전히 회사에 몸담고 있지 않을까요?

인생을 뒤돌아볼 땐 사건 위주로 나열하기 쉽습니다. 가족, 환경, 직업, 연애 등에 관한 것에 성취한 꿈이나 아찔한 위기, 소중한 인연이 된 사람들도 포함될 수 있죠. 그러나 공자는 인생을 깨달음의 단계로 구분했습니다.

공자의 말은 평범한 독백처럼 보이지만, 끊임없이 노력했던 한 인물의 삶이 그대로 담겨있습니다. 이 고백은 깨달음의 단계이기도 하지만 동시에 치열했던 배움의 단계를 나타내기도 합니다. 열다섯 살에 언급된 학문으로 주제를 이어간다면, 서른 살에는 자신의 학문적 견해를 완성했고, 마흔 살에는 학문 이외의 다른 길로 빠지지 않았고, 쉰 살에는 학문을 전파하려고 애썼고, 예순 살에는 어떤 비판에도 흔들리지 않았으며, 일흔 살에는 학문이 두루두루 통하는 경지에 이르렀다는 해석도 가능합니다.

원문에 나오는 불혹, 지천명, 이순 등의 한자 단어는 각각 40세, 50세, 60세 등의 나이를 말할 때 사용됩니다. 흔히 사용하는 표현이지만, 각각의 단어가 가진 무게감을 이해한다면 섣불리 언급하기 어렵습니다. 우리는 나이를 먹어도 유혹에 약하고, 시대적 사명을 곧잘 외면하며, 유순하지 못하고, 종종 법도에 어긋나는 일을 선택하기 때문입니다.

공자의 회상을 담은 구절처럼 자화상은 자전적인 요소가 반영되는 그림입니다. 그러니 공자가 읊조린 앞의 《논어》 구절은 자화상에 가깝습니다. 지난날의 행적을 정리하고, 어떻게 성장하여 지금의 위치에 올라섰는지 잘 보여주기 때문입니다. 얼굴도 그 사람의 행적에 따라 변한다는 말이 있습니다. 그래서 동양의 자화상은 내면의 세계를 드러내는 데 집중합니다. 공자가 언급한 일흔 살이라는 나이와 성장의 고백은 강세황의 [70세 자화상]과 잘 맞아 떨어집니다.

　서양에서는 초상화만큼 자화상도 흔합니다만 조선에서는 꽤 귀한 편입니다. 자화상은 소수의 전유물로 남겨져 있는데, 그중에서 가장 많은 작품을 남긴 인물이 강세황입니다. 강세황은 44세에 처음으로 자화상을 그리기 시작해 70세까지 여러 차례 자신의 모습을 남겼습니다. 총 네 점의 자화상이 지금까지 전해지는데 그중 가장 유명한 작품이 1782년에 그린 [70세 자화상]으로 1783년에 이명기가 그린 강세황의 초상화와 함께 보물로 지정되었습니다. 1년 차이를 두고 자신이 그린 자화상과 다른 사람이 자기를 그려준 초상화가 모두 보물로 지정된 사례는 보기 드뭅니다.

　그림을 보면 강단 있는 표정과 꼿꼿한 자세가 가장 먼저 눈에 들어옵니다. 적당히 힘을 뺀 듯하면서도 다부져 보이는 얼굴입니다. 그다음으로 소매가 큰 옥색 도포의 간결한 색상과 곡선의 조화가 인상적입니다. 무던한 도포는 붉은 세조대(細條帶)를 이용해 멋을 추가했습니다. 세조대는 도포를 입고 착용하는 가느다란 띠로 관직에 따라 색상이 달랐습니다. 정 3품 이상의 높은 신분은 자주색이나 붉은색 계열을, 그 아래는 파랑이나 녹색을 주로 사용했다고 합니다. 세조대가 마치 옷 사이를 흐르는 듯합니다.

　[70세 자화상]에서 가장 눈에 띄는 부분은 모자입니다. 강세황이 쓴 모자는 오사모(烏紗帽)로 관리들이 근무할 때 관복과 함께 착용합니다. 그런데 그는 모자에 어울리는 관복 대신 평상복을 입고 있습니다. 일부러 모자와 옷을 맞춰 입지 않았습니다. 경찰이 일상복을 입고 경찰관 모자를 쓴 것처럼 연출한 셈입니다. 그림의 상단의 글귀에서 그 이유를 짐작할 수 있습니다. 마음이 산림에 있는데 이름은 조정에 있다고 썼습니다. 그는 70세가 되도록 관직에 묶여 자유롭게 살지 못하는 현실을 모자로 표현했습니다.

35日 · 습관

작은 습관의 합이 큰 성과를 만든다

강상회음(江上會飮) - 김득신

공자는 고기가 아무리 많아도 밥보다 많이 먹지 않았다. 술은 양을 정해서 마시지 않았지만 흐트러진 적이 없었다.

肉雖多 不使勝食氣 惟酒無量 不及亂

육 수 다 불 사 승 사 기 유 주 무 량 불 급 난 - 향당편

《논어》는 대부분 말이나 대화로 구성되어 있으나 향당편은 조금 다릅니다. 제자들이 공자의 평상시 행적을 상세히 기록했습니다. 그 습관의 합은 우리가 공자를 이해하는 데 큰 도움을 줍니다. 공자가 얼마나 자기 관리에 철저했는지 알 수 있는 자료입니다.

공자는 먹는 것도 엄격하게 관리했습니다. 밥이 쉬거나 맛이 변한 것, 물고기가 상하거나 고기가 변질된 것은 먹지 않았습니다. 또한 음식의 색이 나쁘거나, 냄새가 좋지 않거나, 덜 익히거나 너무 익히거나, 제철이 아니거나, 바르게 잘리지 않거나, 어울리는 소스가 없으면 먹지 않았습니다. (食饐而餲 魚餒而肉敗不食 色惡不食 臭惡不食 失飪不食 不時不食 割不正不食 不得其醬不食 사의이애 어뇌이육패불식 색악불식 취악불식 실임불식 불시불식 할부정불식 부득기장불식)

생활 습관도 구체적으로 언급됩니다. 공자는 마을에 있을 때에는 늘 겸손하게 행동하여 마치 말을 못하는 사람처럼 보였다. (孔子於鄕黨 恂恂如也 似不能言者 공자어향당 순순여야 사불능언자), 밥을 먹을 때에는 이야기를 나누지 않았고, 잠자리에 들면 말을 하지 않았다. (食不語 寢不言 식불어 침불언), 앉을 때는 늘 자리를 바르게 한 뒤에 앉았다. (席不正 不坐 석부정 부좌), 마을 사람들과 술을 마실 때면 지팡이를 짚은 노인이 나가고 난 다음에서야 자리에서 일어났다. (鄕人飮酒 杖者出 斯出矣 향인음주 장자출 사출의), 상복을 입은 사람을 보면 아무리 친하더라도 반드시 엄숙한 표정을 지었고, 관복을 입은 관리나 시각장

애인을 보면 아무리 허물이 없는 사이라도 반드시 예법에 맞게 대했다. (見齊衰者 雖狎 必變 見冕者與瞽者 雖褻 必以貌 견자최자 수압 필변 견면자여고자 수설 필이모)

누구나 한번쯤은 고민할 법한 행동에 관한 것도 있고, 조금은 지나치다고 생각할 수 있는 습관도 나옵니다. 그렇지만 모두 자신을 철저하게 관리하기 위한 습관이라고 생각한다면, 그의 지독한 노력이 이해됩니다. 동서양을 막론하고 위인들은 습관의 중요성을 강조했습니다. 일상의 작은 습관들이 모여야 큰 힘을 발휘하기 때문입니다. 제 아무리 위대한 포부나 다짐이 있더라도 단번에 완성시키기 어렵습니다. 차곡차곡 쌓아야 합니다.

우리는 아는 것과 행동하는 것이 다를 때가 많습니다. 담배와 술이 몸에 나쁘다는 사실은 모두 아는데도 많은 사람들이 벗어나지 못합니다. 심지어 자신의 주량을 알면서도 그 이상으로 대책 없이 마셔서 다른 사람들에게 피해를 주기도 합니다. 저 또한 과도한 음주로 사람들을 불편하게 한 적이 있습니다. 지금도 그 시절의 단편적인 기억이 떠오를 때면 등에서 식은땀이 흐를 정도로 부끄럽습니다.

상식적인 수준에서 건강의 비결은 꾸준한 운동과 규칙적인 수면, 적절한 식단 관리입니다. 성인 중에서 이를 모르는 사람은 없습니다. 허나 실제로 철저하게 지키는 일은 매우 어렵습니다. 많은 사람들이 각자의 사정과 핑계를 동반하여 대충 넘어가곤 합니다. 그래서 성공은 남보다 뛰어난 역량을 지닌 사람이 아니라 자기 관리에 철저한 사람에게 어울리는 것 같다고 느낄 때도 있습니다. 어쩌면 공자는 누구나 알고 있는 성장 습관을 철저하게 지키면서 노력했던 평범한 사람인지도 모르겠습니다

김득신은 외할아버지, 큰아버지, 동생과 아들들까지 모두 도화서 화원으로 활동한 전문 화가 집안의 일원이었습니다. 기록이 많이 남아 있지 않아서 자세한 내막은 알 수 없지만 큰아버지의 영향으로 어린 시절부터 그림

을 가까이하며 배웠다고 추정됩니다. 김득신은 열아홉 살 되던 해에 궁궐의 부름을 받아 의궤를 작업했다는 기록이 있습니다. 그는 이미 스무 살 이전에 궁궐의 화가들과 견줄 만한 실력을 보유한 것입니다.

그가 차비대령화원(差備待令畵員)에 선발된 이력으로 보아 외부 활동을 활발하게 했던 김홍도와는 달리 도화서 내부에서 본인의 임무에 충실했던 것 같습니다. 차비대령화원은 조선 후기에 최고로 인정받았던 궁중 화가들로, 별도의 시험을 통과한 인재로 구성됩니다. 김득신이 차비대령화원으로 선발되었을 때 그는 동료 중 가장 어린 나이였습니다. 그리고 차비대령화원 소속으로 무려 37년간 궁궐의 그림을 담당했습니다. 그는 궁중의 최고 화가가 되기 위해 노년까지 치열하게 살았습니다. 65세까지 차비대령화원의 자격시험인 녹취재(祿取才)에 143회나 응시했으며 1, 2등을 차지한 횟수가 무려 57회나 되었습니다. 노년에 접어들면 많은 사람들이 일에서 손을 떼려고 합니다. 그런데 김득신의 행보는 달랐습니다. 그는 68세의 나이로 세상을 떠났는데, 노년까지 얼마나 지독하게 자기 관리를 하며 살았는지 어렵지 않게 짐작할 수 있습니다.

김득신은 현실감과 생동감이 넘치는 풍속화로도 유명합니다. 19세기에 쓰인 《이향견문록(里鄕見聞錄)》에는 정조가 김득신의 부채 그림을 보고, 김홍도와 우열을 가리기 힘들 정도의 실력이라고 평가했다는 기록이 전해집니다. 이 기록은 당시에 김득신이 김홍도 못지않게 뛰어난 화가로 유명세를 떨쳤다는 사실을 뒷받침합니다.

[강상회음(江上會飮)]은 한적한 어촌을 다룬 김득신의 그림입니다. 강상은 강가를 말하고 회음은 여러 사람이 모여 술을 마신다는 뜻입니다. 사람들은 강가에 둘러앉아 음식과 술을 즐기고 있습니다. 강과 배 그리고 낚싯대로 보이는 대나무가 등장하니 어부들의 평범한 일상으로 보입니다. 중앙

에 물고기를 두고 둥그렇게 모여 앉은 사람들은 풍경과 조화로운데, 무리 오른쪽으로 물러난 이들은 뭔가 어색합니다. 홀로 술병을 독차지하며 술을 마시는 사람, 일행들 뒤로 물러나 멍하니 먼 곳을 보는 사람 그리고 나무 뒤에 몸을 반쯤 숨긴 사람의 해석에는 다양한 상상력이 필요합니다.

한가로운 강가에서 고기와 술을 즐기는 사람들과 공자를 관련짓는 일은 어울리지 않습니다. 허나 여러 사람이 다양한 형태로 먹고 있는 그림을 통해 밥 먹을 때 이야기를 나누지 않았고, 자리를 바르게 한 뒤에야 앉았고, 술자리에서 노인을 우대하면서, 음식의 색이 나쁘거나 냄새가 좋지 않거나 덜 익히거나 너무 익힌 음식을 먹지 않았던 공자의 기본적인 자기 관리를 떠올리는 건 그리 어려운 일이 아닙니다. 건강을 위해 가장 기본적인 자기 관리가 음식이지만, 우리는 상황과 감정에 따라서 정말 쉽게 망각하거나 무너지기 때문입니다. 속상하니까, 기념일이니까, 힘드니까, 오랜만에 친구를 만났으니까, 세상에는 이렇게 한 잔 할 일이 많습니다. 그러나 넘치는 이유들을 걸러내지 못하면 나중엔 남는 게 없습니다. 오늘 읽은 《논어》의 구절을 생각하면서 나에게 절실하게 필요한 습관이 무엇인지 찾아보고 도전하는 첫날로 삼는 것은 어떨까요?

지속적인 관심이 관계를 이어준다

성하직구(盛夏織屨) - 김득신

부모님의 나이를 모르면 안 된다. 한편으로는 그 나이가 되셨다는 사실에 기쁘고, 또 다른 한편으로는 그 나이로 인해 염려되기 때문이다.

父母之年 不可不知也 一則以喜 一則以懼
부 모 지 년 불 가 부 지 야 일 즉 이 희 일 즉 이 구 - 이인편

위 구절은 부모님의 나이로 효(孝)를 전달합니다. 효의 기본은 관심과 마음입니다. 부모님의 나이는 장수와 연로를 동시에 드러내니, 기쁨과 슬픔의 감정도 함께 찾아오기 마련입니다. 저도 생신에 꽂는 케이크의 초가 많아질수록 부모님이 아직까지 건강하다는 사실에 감사하지만, 한편으로는 점점 가벼워지는 몸과 더디어지는 발걸음을 볼 때면 안타까움이 밀려옵니다.

효는 동서양을 막론한 보편적인 개념으로 생각하기 쉽습니다. 그러나 서양에는 효라는 개념이 동양보다 희미합니다. 대표적인 서양 언어인 영어에서도 대응되는 단어가 없습니다. '자식의 의무(filial duty)'나 '자식의 공경(filial piety)'이라는 합성어를 활용하지만, 제대로 의미를 전달하려면 더 자세한 설명이 필요합니다. 자식의 의무와 공경 전에, 부모님에 대한 감사에서 비롯된 사랑이나 존경이라는 개념을 설명해야 합니다. 그렇지만 어떤 단어를 사용해도 우리가 생각하는 효와는 거리가 있습니다.

고유의 단어가 없다는 말은 그런 개념이 발달되지 못했다는 뜻입니다. 그렇다고 서양에서는 부모를 함부로 대한다는 말은 아닙니다. 동양에서는 나보다 우리를 소중히 생각하는 문화의 한 단면으로 조금 더 다양한 도덕적 개념들이 존재했다고 보면 됩니다.

효는 공자의 가르침에서 가장 기본이 되는 원칙이자 양보할 수 없는 절대적 가치입니다. 그는 효를 '어긋나지 않는 것(無違 무위)'이라고 정의하며,

부모가 살아 계시거나 돌아가시거나 한결같이 '예를 다하여 모시고, 예를 다해 장례를 치르고, 예를 다해 제사를 지내는 것(生事之以禮 死葬之以禮 祭之以禮 생사지이례 사장지이례 제지이례 - 위정편)'이라고 말했습니다.

효는 부모님이 돌아가신 뒤에도 제사를 통해 감사를 이어가게 합니다. 공자가 장례식에서는 슬픈 마음이 중요하다고 했듯이, 제사도 부모를 생각하는 마음이 우선입니다. 어른이 진심으로 부모를 공경할 때 아이들도 자연스럽게 효를 배웁니다. 말이 아니라 행동으로 가르쳐야 마음으로 전해집니다. 이것이 공자가 가르치는 유학의 기본적인 교육 방식입니다. 모범이 없는 강요는 마음으로 스며들지 못합니다.

[성하직구(盛夏織屨)]에서 성하는 한여름, 직구는 짚신을 만든다는 뜻입니다. 제목을 풀어 보면 '한여름의 짚신 삼기' 정도 됩니다. 이 그림은 조선 시대의 전형적인 농촌 풍경을 담고 있습니다. 집 주변에는 작물이 자라고 울타리에는 소박한 꽃이 피었습니다.

짚신은 식물의 줄기를 뜻하는 '짚'으로 만든 신발입니다. 삼이나 왕골처럼 줄기가 튼튼한 식물로 만들기도 했으나, 조선의 서민들은 보편적으로 구하기 쉬운 볏짚을 이용했습니다. 조선 시대의 짚신은 누구나 사용하던 보편적 신발이었습니다. 양반들도 신곤 했는데 신분에 따라서 재료와 바닥의 두께가 달랐다고 합니다.

[성하직구]에는 삼대가 등장합니다. 아버지는 짚신 삼기에 전념하고, 할아버지는 그 모습을 보면서 느긋하게 담배를 피우고 있습니다. 손자는 무슨 이유인지 할아버지 뒤에 바짝 붙어 눈치를 보고 있습니다. 힘을 쓰는 아버지의 팔과 다리에서 풍기는 긴장감이 아들의 귀여운 모습으로 누그러지는 느낌입니다. 날씨가 꽤 더운지 어른들은 윗도리를 벗고, 개는 혀를 내놓고 헐떡입니다. 다부진 아버지와 달리 할아버지의 마른 몸이 눈에 띕니다.

하얗고 긴 수염만큼 꽤 늙어 보이지만 등과 허리는 아직 꼿꼿합니다. 머리 숱도 없지만 아직 정정한 기운이 전해집니다. 생김새와 다른 꼿꼿한 자세는 나이를 짐작하기 어렵게 만듭니다.

무심한 표정의 아버지 앞에는 짚신이 한 개만 놓여 있습니다. 할아버지가 벗어 놓은 짚신 한 켤레와 비교됩니다. 아직 짚신을 완숙하게 만들지 못하는 아버지의 실력을 표현한 것일까요? 아니면 그냥 한 켤레로 완성되지 못한 짚신의 제작 과정일까요? 그 무엇이든 아버지의 짚신 삼기는 할아버지로부터 전달되었음이 분명합니다. 그리고 또 언젠가는 손자에게 기술이 전해지겠지요.

농경 사회에서 부모는 자식에게 생존 기술을 전수해 주는 스승이었습니다. 자식을 낳으면 뒷바라지에 열성적인 요즘의 부모와는 많이 달랐습니다. 가족은 공동 운명체였기 때문에 자식은 일찍부터 집안의 일손을 도우며 제 몫의 역할을 맡아야 했고, 부모는 몸이 말을 듣지 않을 때까지 일에 매달렸습니다. 가족의 의미는 생존으로 끈끈하게 뭉쳐져 있기에 효의 명맥이 중요했습니다. 그래서 [성하직구]는 짚신이라는 명확한 주제가 있지만, 그것보다는 삼대가 함께 하는 일상 속에서 가족과 부모의 의미로 더욱 크게 다가옵니다.

요즘은 가족의 개념도 많이 바뀌었습니다. 조부모와 사는 가정이 희귀하고, 자식들도 성인이 되면 서둘러 독립하려 합니다. 평균 수명은 점점 더 길어져서 할아버지와 할머니가 되어도 부모님이 살아 계신 경우도 많습니다. 아버지 세대는 부모와 함께 늙어 가는 사이가 되었고, 자식 세대는 결혼을 기피하거나 아이를 낳지 않는 일이 흔합니다.

시대가 변한 만큼 효도 적절한 변화가 필요합니다. 환경에 따라서 각자에게 알맞게 선택해야 합니다. 저도 가끔 '내가 할 수 있는 효란 무엇일까?'

를 생각해 봅니다. 그런데 어린 자식에 비해 부모님에 대한 관심이 한참 부족함을 느낄 때마다 참 죄송스럽습니다. 커가는 아이들의 나이는 잘 아는데, 부모님의 연세는 종종 잊어버리곤 해서 머리를 긁적일 때가 있습니다. 휴대전화에 아이들의 사진과 영상은 많지만, 부모님의 모습은 매우 적습니다. 정상적인 가족 관계라면, 부모에게 잘하고 싶지 않은 자식은 없습니다. 그런데 부모를 생각하는 마음이 자식을 귀하게 여기는 생각에 못 미칠 때가 많습니다.

애정과 관심은 짚신의 왼쪽과 오른쪽처럼 한 쌍입니다. 누군가를 사랑하면 그 사람에게 궁금한 점이 많아집니다. 또한 관심의 양은 관계의 척도로도 쓰입니다. 어떤 사람에 대해 관심이 없다는 사실은 애정이 없다는 말이기도 합니다. 그러니 부모님의 나이를 매해 잊지 않는다는 것은 지속적인 애정의 기준입니다.

세상이 아무리 빠르게 바뀌어도 기본적인 인간 관계는 크게 달라지지 않습니다. 사람 때문에 상처받기도 하지만 사람에게서 그 무엇과도 비교할수 없는 행복과 사랑을 느낍니다. 귀찮다, 피곤하다, 번거롭다는 이유 등으로 우리는 너무 쉽게 가족을 외면하며 사는 건 아닌지 모르겠습니다. 조건 없이 이해하고, 사랑하고, 용서하고, 안아 주고, 감싸 주고, 응원해 주는 존재는 가족뿐입니다.

잘못된 선택은 아무리 애써도 해롭다

투전도(鬪牋圖) - 김득신

잘못된 공부를 선택한다면 아무리 전력을 다하더라도 해로울 뿐이다.

攻乎異端, 斯害也已

공 호 이 단   사 해 야 이 **- 위정편**

기독교에서 종종 사용되는 '이단(異端)'이라는 단어는 《논어》의 위 구절에서
나왔습니다. 일반적으로 이단은 전통적인 종교의 교리에서 벗어나 변칙적
인 입장을 내세우는 주장이나 단체 또는 사람을 가리킵니다. 기독교에서는
다른 종교를 이교(異敎)라 하고, 같은 신을 믿지만 내부적으로 인정되지 않
는 다른 교리를 내세울 때 주로 이단이라 합니다.

　당나라와 고려의 강성 유학자들은 불교와 도교를 모두 이단으로 선언했
습니다. 그들은 깨달음을 위해 현실 세계를 멀리하는 불교와 불로장생처럼
상상력이 지나친 도교를 배척했습니다. 유학을 현실적이고 합리적인 학문
으로 규정하고, 이것을 배워야 나라가 산다고 믿으며 전파했습니다.

　이러한 현상은 지나치게 득세한 종교의 부정적인 측면이 야기한 결과이
기도 합니다. 고려 말기에는 승려가 재산 불리기에 혈안이 되거나, 권세가
들에게 뇌물을 주고 절을 거래하거나, 가정을 꾸리는 무리들이 많았습니다.
이들에게 불교란 신성한 종교가 아니라 개인의 이익을 위한 수단에 불과했
습니다. 심지어 세금과 요역(徭役, 나라에서 부과한 노동의 의무)을 피하기 위해
승려가 되는 사람들도 넘쳐났습니다. 건실하게 수행자의 길을 걷는 승려도
있었지만, 많은 사람들의 일탈이 큰 파장을 일으켰습니다.

　종교의 부정적인 측면은 사회 개혁의 발판이 되기도 했습니다. 그 개혁
으로 탄생한 나라가 바로 조선입니다. 기독교에서 사용하는 단어의 쓰임새
를 따르자면, 불교를 바라보는 유학자들의 관점은 이교가 맞겠지만, 선조들

은 이단이라고 불렀습니다. 같은 단어도 시대와 상황에 따라 다르게 쓰였던 사례입니다. 그렇다면 공자가 언급한 이단은 무엇일까요?

춘추전국시대는 주나라의 봉건제도가 무너지면서 붙은 이름입니다. 주나라의 천자가 임명한 제후들이 세대를 거듭할수록 천자보다 강력한 힘을 얻게 되자 중국이 분열에 휩싸였습니다. 제후들은 서로의 영토를 탐하며 수시로 전쟁을 벌였습니다. 천자도 혈통은 이어갔지만 힘이 약해서 제후들의 눈치만 보는 신세로 전락했습니다.

주나라는 봉건제도가 잘 갖춰졌던 초기에는 안정적이었습니다. 그러나 그 흐름이 끊기며 춘추전국시대가 열렸습니다. 사회가 혼란해지자 몇몇 사람들이 좋은 세상을 위한 대책과 사상을 내세우기 시작했습니다. 후대 사람들은 이들을 학파로 구분하여 제자백가(諸子百家)라고 불렀습니다. 제자는 많은 스승을, 백가는 다양한 학파를 뜻합니다. 이들 중에서 이른 시기에 사람들에게 크게 인정받으며 우뚝 선 사람이 공자였습니다. 공자가 유명세를 떨치자 수많은 사람들이 나름의 학설을 주장하며 스승을 자처했습니다. 그중에는 비상식적인 내용으로 사람들을 유혹하는 무리들도 있었습니다. 공자는 그들을 이단으로 지칭했습니다.

공자는 자신의 이상 세계를 주나라 초기로 설정했습니다. 그는 문명이 크게 발전하고 안정적이었던 시기의 주나라를 따르겠다고 선언하며 부지런히 자료를 모으고 탐구했습니다. (郁郁乎文哉 吾從周 욱욱호문재 오종주 - 팔일편) 혼란한 세상에서 가장 큰 희망은 평화였기 때문입니다. 공자는 사라져 가는 개념을 정립하여, 인류에게 근본적인 삶의 기준을 제시했습니다. 상식과 합리성을 내세우니 제자백가 중에서 가장 큰 집단을 형성할 수 있었습니다. 그는 사람들의 공존에 위협이 되거나 상식적으로 도움이 되지 않는 사상을 이단으로 분류했습니다.

이단은 다양한 생각의 반영이라고 볼 수도 있습니다. 그러나 가정과 사회를 혼란에 빠뜨린다면 세상에 해가 될 뿐입니다. 대부분의 이단은 논리가 부족합니다. 추상적이거나 맹목적인 요소들을 마구 섞어 사람을 유혹합니다. 그것에 현혹되면 세뇌되듯이 빠져들고 자신의 상태를 객관적으로 인식하지 못하게 됩니다. 그리고 소수의 사리사욕에 이용되는 경우가 많습니다. 무엇이든 정상적이고 바른 것은 함께 잘 살자는 방향성을 갖습니다. 비상식적인 행위들을 강요하고, 평범한 사람들에게 해를 끼치거나 적대적으로 대한다면 그게 바로 이단이라는 신호입니다. 결국 공자가 말하는 이단은 인류에 해가 되는 비상식적인 것이라고 볼 수 있습니다.

조선에는 18세기에 투전이 널리 퍼졌습니다. 투전은 기름 바른 빳빳한 종이에 그림이나 숫자를 넣어 만든 놀이 도구입니다. 길이는 10~20cm 사이고 너비는 2~3cm 정도 됩니다. 한 벌이 25~80장으로 다양했는데 보통 40장을 많이 사용했습니다. 게임 방식이 다양하고, 도박으로 활용된다는 점이 요즘의 화투나 카드놀이와 닮았습니다.

당시에는 신분을 떠나서 많은 사람들이 투전을 즐겼다고 합니다, 건전한 놀이로 시작되었던 투전은 점차 도박성이 확대되었고, 급기야는 전문 도박단까지 생겨 노름으로 재산과 집까지 잃는 사람이 늘어나는 등의 폐해가 생겼다고 합니다. 이런 과거의 현상을 요즘의 불법 도박 문제와 비교해 보면, 시대가 바뀌어도 사람이 살아가는 방식은 크게 달라지지 않는다는 사실을 느낍니다.

도박은 아무리 전력을 다해 노력한다고 해도 그 끝이 좋지 않습니다. 도박으로 돈을 잃었다는 사람은 많지만, 부자가 되었다는 사람의 얘기는 듣기 어렵습니다. 한번 도박에 중독되면 무고한 사람들이 피해를 보기도 합니다. 가정이 파탄나고 주변 사람들을 잃는 경우가 허다합니다. 공자가 경고하는 이단과 무척 닮았습니다. 유혹하는 사람들과 빠져드는 사람들이 존재하고 덫을 놓은 극소수가 이익을 챙기는 구조도 거의 비슷합니다. 이단도 쉽게 헤어나올 수 없다면 중독과 같습니다. 다른 사람들은 아니라고 하는데, 중독된 사람만 맞다고 합니다.

[투전도]를 보고 있으면 왜 김득신이라는 화가가 김홍도, 신윤복과 함께 조선 후기의 3대 풍속화가로 소개되는지 알게 됩니다. 단출한 방에 네 명의 사람이 모여서 투전을 하고 있습니다. 사람이 모여 있는 형태와 소품으로 쓰인 술상, 돈 주머니까지 보이니 영락없이 도박을 하고 있는 모습입니다. 놀이는 함께 모인 사람들을 즐겁게 하지만, 도박은 이성을 마비시킵니다. 이단도 마찬가지입니다. 상식적인 길을 외면하고 헛된 믿음에 가까워질 때 빠지게 됩니다.

[투전도]는 인물들의 복식과 몸짓에 꽤나 정성을 기울였습니다. 자신감 없이 투전을 내미는 손, 어느 것을 선택할지 고심하는 손, 다리에 얹힌 안정적인 손 그리고 뒤로 빠져서 눈치 보는 손 등이 표정과 한마음으로 각자 자신의 자리를 차지하고 있습니다. 투전에 참여한 인물들의 생김새가 확연히 다른 점도 눈에 띕니다. 크고, 길고, 작은 다채로운 얼굴들이 모여 현실감을 보탭니다. 그림의 배경은 실내이기 때문에 아주 단순하게 처리했습니다. 다만, 몇몇 소품들은 눈에 보이지 않는 상황을 설명합니다. 오른쪽에 요강이 있는 걸로 보아 이들은 당분간 밖에 나가지 않아도 될 것 같습니다. 투전을 선택하여 아무리 밤새도록 전력을 다하더라도 결국엔 해로울 뿐입니다.

38日 · 고난

추위에도 소나무는 시들지 않는다

세한도(歲寒圖) - 김정희

일부 확대

한겨울의 추위가 지나간 후에야 소나무와 측백나무가 시들지 않음을 알
게 된다.

歲寒然後 知松栢之後彫也
세 한 연 후 지 송 백 지 후 조 야 - 자한편

위 구절에서 한겨울의 추위는 위기나 고난을, 소나무와 측백나무는 언제나
한결같은 태도를 상징합니다. 위기에도 굴하지 않는 의지와 고난에도 변하
지 않는 절개를 강조한 표현입니다. 소나무는 계절과 상관없이 늘 푸른 잎
으로 예전부터 많은 사랑을 받았습니다. 그 덕분에 그림과 시의 소재로 자
주 쓰였습니다.

　[세한도]는《논어》의 위 한자 원문을 제목으로 사용한 그림입니다. 세한
(歲寒)은 해가 바뀌는 설 전후의 추위라는 뜻인데, 일반적으로 한겨울의 극
심한 추위를 말합니다. 또한 세한은 위《논어》의 구절을 함축한 단어로도
쓰입니다.《논어》에 통달한 사람들은 각 장의 내용을 언급하거나 인용할
때, 그 문장의 첫 단어나 대표 단어를 사용했습니다. 그래서 세한이라는 단
어 하나로 위 구절을 표현하기도 합니다.

　[세한도]는 김정희의 작품이라는 점과 제목에 어울리는 이야기가 더해
져 1974년에 국보가 되었습니다. 조선의 그림에 관심을 가져 본 사람이라면
누구나 한 번쯤 들어 봤을 정도로 유명한 그림입니다. 그런데 [세한도]를 실
제로 보게 되면 왜 사람들이 명작이라고 하는지 선뜻 이해가 가지 않을 수
도 있습니다. 네 그루의 나무와 어색해 보이는 집 하나가 전부이기 때문입
니다. 너무나 단순하고 메마른 느낌에 실망했다는 사람도 있습니다. 그렇다
면 과연 이 그림의 진가는 어디서 찾아야 할까요?

이 그림에는 두 가지 이야기가 전해집니다. 하나는 그림의 탄생에 관한 일화입니다. 김정희는 1840년 54세가 되던 해에 제주도로 유배를 갔습니다. 요즘이야 제주도가 낭만의 섬이지만, 조선 시대에는 가장 가혹한 유배지가 섬이었습니다. 유배 생활이 길어지자 김정희는 사람들에게 점점 잊혀졌습니다. 병조참판(요즘의 국방부 차관)과 성균관 대사성(요즘의 국립대 총장)으로 잘 나가다가 추락하여 회생할 기미가 보이지 않자, 사람들에게 외면과 멸시를 받는 삶이 이어졌습니다. 이때 몇몇 제자들은 끝까지 김정희를 따랐는데 그중 한 명이 이상적(李尙迪)이었습니다. 이상적은 통역관으로 중국에 갈 때마다 도움이 될만한 책을 구해서 보냈습니다. 요즘은 책이 구하기 쉽고 저렴하지만, 조선 시대에 좋은 책은 원화로 환산하여 수십에서 수백 만 원에 달할 정도로 비쌌습니다. 김정희는 변하지 않는 이상적의 태도에 감명받아 유배를 시작한 지 5년째 되는 해에 그에게 [세한도]를 감사의 선물로 건넸습니다. 그림의 오른쪽 하단에는 김정희가 찍은 장무상망(長毋相忘, 오랫동안 서로 잊지 말자) 인장이 남아 있습니다.

다른 이야기는 그림의 소장에 얽힌 일화입니다. 이상적은 [세한도]를 자신의 제자에게 물려주었는데 일제강점기 때 후지쓰카 지카시(藤塚鄰)라는 일본 학자에게 건너갔습니다. 김정희를 흠모하여 다수의 작품을 수집했던 후지쓰카 지카시는 일본으로 돌아갈 때 [세한도]를 가져갔습니다. 나중에 그 소식을 듣게 된 서예가 손재형은 [세한도]를 되찾기 위해 일본에 사는 그를 찾았습니다. 90일 동안 매일 방문하여 설득한 끝에 겨우 작품을 얻어서 다시 고국으로 돌아왔다고 합니다.

[세한도]를 돌려주는 과정에서 후지쓰가 지카시는 작품의 대가를 받지 않았습니다. 그리고 손재형이 돌아오고 얼마 뒤, 후지쓰카 지카시가 수집한 작품들을 보관하던 곳이 미국의 폭격으로 불에 타서 사라졌다고 합니다. 그

러니 손재형의 열정과 안목이 없었다면 [세한도]는 지금 우리 품에 없었겠지요. [세한도]는 손재형에 의해 긴 두루마리 형태로 다듬어졌습니다. 두루마리 안에는 다양한 사람들이 남긴 감상과 평가가 들어 있습니다. 손재형은 해방 이후 조선서화동연회라는 단체의 초대 회장을 역임하며 '서예(書藝)'라는 단어를 고안하여 정착시킨 인물로 알려져 있습니다.

어린 시절부터 총명했던 김정희는 명문가에서 태어났으며 학문과 예술 분야에서 탁월한 기량을 선보였습니다. 청나라 학자로부터 '조선 제일의 유학자(海東第一通儒 해동제일통유)'라고 불릴 정도로 실력이 뛰어났습니다. 그러나 완벽해 보이는 그의 인생에도 큰 굴곡이 두 번이나 있었습니다. 첫 번째는 젊은 시절의 사별입니다. 열다섯 살 되던 해에 어머니께서 세상을 떠났고, 스무 살에는 부인과 스승이었던 박제가(朴齊家)가 죽었습니다. 게다가 10대 초반에 이미 할아버지와 양아버지의 죽음을 목격하기까지 했으니 그의 청소년 시절은 죽음의 그림자로 덮여 있었습니다. 두 번째는 장기간의 유배 생활입니다. 김정희는 과거에 급제한 34세 이후 각종 요직을 거치며 출셋길을 달렸습니다. 그러나 55세에 정치적 사건에 휘말려 제주도로 유배를 떠났는데 그 기간이 무려 8년이었습니다.

많은 학자들은 이처럼 긴 유배 생활이 있었기에 추사체(秋史體)가 탄생했다고도 말합니다. 좋은 가문에서 태어나 잘나가던 김정희가 유배라는 세한을 겪고 한층 더 뛰어난 예술의 경지에 도달했다는 견해입니다. 추사체는 김정희의 호를 딴 글씨체입니다. 추사체는 곧고 바른 글씨가 아닙니다. 획의 두께와 각도가 일정하지 않고, 비례도 고르지 않습니다. 반듯함보다는 개성적인 조형미와 순박함이 특징입니다. 새로운 서체를 만들고 사람들에게 인정받았다는 사실 하나만으로도 김정희의 업적은 대단합니다.

조선에는 많은 명필이 있었지만 자신의 서체로 널리 사람들에게 인정받

왔던 사람은 드뭅니다. 그는 자신의 서체를 만들기 위해서 얼마나 많은 실험과 연습을 했을까요?

김정희는 문인화가로서, 섬세한 기교보다는 선비정신이 반영된 예술성을 높이 평가했습니다. 그는 아들에게 수시로 글을 쓰고 책을 많이 읽으라고 당부했습니다. 그래야 문자에서 향기가 나듯이, 글과 책으로 다져진 기운이 작품에 실린다고 조언했습니다. 이 조언은 지금도 '문자향(文字香) 서권기(書卷氣)'라는 용어로 지식인들에게 두루 쓰입니다.

김정희도 자신만의 향기와 기운을 쌓기 위해 부단히 노력했습니다. 지인에게 보내는 편지에 이렇게 썼습니다. '70년 동안 열 개의 벼루를 갈아 구멍을 내고, 천 개의 붓을 닳게 만들었다. (七十年 磨穿十研 禿盡千毫 칠십년 마천십연 독진천호)' 단단한 돌로 만든 벼루가 구멍나려면 도대체 얼마나 많은 먹이 필요할까요? 서예를 배우고 있는 입장에서 감히 엄두가 안 나는 일입니다.

40대 중반에 처음 서예를 배우러 갔을 때 선생님께서 말씀하셨습니다. "서예는 최소 10년 이상 정성을 기울여야 한다. 소년 문장가는 있어도 소년 명필가는 없다." 이 말은 '어중간한 생각으로 접근하려면 아예 시작하지 않는 게 좋고, 서예는 결코 짧은 시간에 완성될 수 없다'라는 의미입니다. 김정희의 편지글을 보고 또 한 번 깨달았습니다. '어린 시절부터 붓을 가지고 놀고, 일곱 살 때 쓴 붓글씨로 칭찬받았다는 김정희의 추사체도 그냥 만들어지지 않았구나.'

[세한도]는 거친 선으로 대충 슥슥 그린 것 같지만, 그 안에는 유배 생활의 고독과 악착같이 매달렸던 '문자향 서권기'가 녹아 있습니다. [세한도]는 김정희의 정신과 노력, 일화가 보태져 더욱 의미가 크게 자란 그림이 아닌가 싶습니다.

39日 · 비결

고수가 되는 과정에 지름길은 없다

난초와 국화 - 김정희

예를 제대로 배우지 않으면 당당하게 설 수 없다.

不學禮 無以立
불 학 례 무 이 립 - 계씨편

어느 날 진항(陳亢)이라는 제자가 공자의 아들 공리(孔鯉)에게 물었습니다. "혹시 그대는 스승님으로부터 특별한 가르침을 들은 적이 있습니까?" 공리 가 답했습니다. "아직까지 그런 적이 없습니다. 다만 아버님이 홀로 계실 때 마당을 지나가는데 시를 다 배웠냐고 물으신 적이 있습니다. 아직 배우지 못했다고 말씀드리니 '시를 제대로 배우지 못하면 말을 잘하지 못한다(不學 詩 無以言 불학시 무이언)'라고 하셨습니다. 그래서 시를 충실히 배우기 시작했 습니다. 또 다른 날에 마당을 지나가는데 아버님이 예를 다 배웠냐고 물어 보셨습니다. 아직 배우지 못했다고 말씀드리니 '예를 제대로 배우지 않으면 당당하게 설 수 없다'라고 하셔서 부지런히 배우기 위해 노력했습니다." 이 말을 들은 진항은 기뻐하며 말했습니다. "한 가지를 물었는데 세 가지를 얻 었구나. 시를 배워야 하는 이유와 예가 필요한 이유 그리고 군자는 자신의 아들을 특별하게 가르치지 않는다는 사실을 알게 되었구나." (問一得三 聞詩 聞禮 又聞君子之遠其子也 문일득삼 문시 문례 우문군자지원기자야)

　호기심이 많은 제자와 공자의 아들이 나누는 대화가 생생합니다. 제자 는 스승이 아들에게만 특별한 가르침을 몰래 전하는지 슬쩍 물었습니다. 그 러나 공리의 대답은 평범했습니다. 무언가를 배울 때 지름길은 없습니다. 맞는 방향에 따라 꾸준히 배워야 합니다. 그러나 사람들은 단기간에 고수 가 되려고 합니다. 숨겨진 노력에는 관심을 두지 않고 겉으로 드러난 결과 만 부러워하는 사람들이 많습니다. 아무리 재능이 뛰어나도 짧은 노력만으로는 수십 년 동안 쌓아 올린 내공을 따라잡을 수 없습니다. 고수가 되기 위해서는 긴 시간과 독한 인내심이 필요합니다. 그래서 진짜 고수는 적고 사기꾼들이 많습니다. 사기꾼들은 입으로만 고수 흉내를 냅니다. 그런 이유로 공자는 말만 앞서는 사람을 극도로 싫어했습니다.

공자는 솔직한 사람이었습니다. 다가가기 어려운 성인이 아니라 사람들과 함께 어울리며 실천하는 지식인이었습니다. 그런데 몇몇 제자들은 스승이 혼자만 아는 특별한 공부법이 있는지 의심했습니다. 공자가 차곡차곡 쌓아 올린 학문적 성과에 특별한 비결이 있다고 생각했나 봅니다. 어느 날 제자들의 의심을 느낀 공자는 이렇게 말했습니다. "너희들은 내가 숨기는 게 있다고 생각하느냐? 나는 감추지 않는단다. 내가 너희들과 함께 지내면서 보여주지 않는 것은 전혀 없단다. 이게 바로 나 공자다." (二三子以我爲隱乎 吾無隱乎爾 吾無行而不與二三子者 是丘也 이삼자이아위은호 오무은호이 오무행이불여이삼자 자 시구야 - 술이편) 공자는 제자들에게 섭섭하면 바로 얘기하고, 자신의 떳떳함을 드러냈습니다. 아마도 자신의 이름까지 들먹이는 걸로 보아 정말 답답했던 모양입니다. 누군가의 위대한 업적을 가장 게으르게 평가하는 방법은 그 사람을 천재로 분류하거나 그 사람에게 특별한 비결이 있다고 생각하는 것이라고 합니다.

[난초와 국화]는 활짝 핀 국화 두 송이와 난초가 함께 자라는 그림입니다. 사군자는 하나의 소재로 그릴 때도 있고, 두 가지 이상을 함께 그리기도 합니다. 얼핏 보면 특별할 게 없어 보이는 그림입니다. 그런데 가운데에 긴 난의 잎을 중점적으로 보면 뭔가 어색합니다. 난이 중력을 거스르는 각도를 유지하고 있는데, 마치 고개를 비틀면서 들어 올려 하늘을 바라보는 동물 같습니다. 보통 난은 처음에 위를 향해 똑바로 자라다가, 잎이 길어지면 끝이 아래로 향합니다. 잘 익으면 고개를 숙이는 벼이삭처럼 중력에 끌리

는 형태입니다. 잎의 너비가 좁을수록 스스로 서 있는 힘이 모자랄 수밖에 없습니다. 그런데도 그림 속 가냘픈 잎은 아래를 내려다보지 않습니다. 같은 곳에서 뻗어 나온 국화도 굽은 줄기가 불안한데, 난초와 같이 하늘을 쳐다보고 있습니다. 중력을 거스르는 난초가 당당하게 설 수 있도록 응원하는 것 같기도 하고 우러러보는 것 같기도 합니다.

난은 청초함을 대표하는 식물입니다. 유려한 잎들이 만들어 내는 곡선의 합은 다른 식물에서 쉽게 찾기 어렵습니다. 그런 연유로 대부분의 난 그림은 여러 잎들이 한 곳에서 합창하듯이 모여 있습니다. 그런데 김정희의 이 난은 좀 다릅니다. 청초하거나 유려해 보이지도 않고, 다른 잎들과 사이좋게 무리짓지도 않습니다. 마치 '나 혼자라도 당당하게 서겠다'라고 선언하듯 보입니다. 가냘픈 하나의 곡선이지만, 그 아래를 넓게 차지한 국화나 돌의 기세에 눌리지 않습니다. 작가는 한 줄기의 연약한 난으로도 당당한 표현이 가능하다는 사실을 보여주고 있습니다. 이 난은 곁에 함께하는 무리가 없지만 자신의 길을 따라 묵묵히 성장하는 모습입니다.

이 그림의 긴 난은 또 다른 개성을 가지고 있습니다. 그것은 너비의 변화인데, 가는 선이 중간에서 아래의 밑부분까지 일관된 형태로 마치 철사 같습니다. 일반적인 난 그림에서 이와 같이 가는 선은 잎의 측면을 표현할 때 쓰입니다. 주로 잎이 휘거나 꺾이는 중간 부분에서 짧게 사용하는데 이 그림에서는 자라기 시작하는 부분부터 꽤 길게 그렸습니다. 그러니 아래에서 중간까지는 잎의 측면이고, 중간에서 윗부분은 잎의 넓적한 앞면이나 뒷면이 되는 셈입니다. 하단 오른쪽에 이제 막 자라나는 짧은 잎들과 비교하면 금세 차이를 알 수 있습니다. 어린 잎보다 얇게 표현된 긴 잎의 아래쪽은 무슨 속사정이 있을까요? 그저 다른 그림과 차별화된 개성적 표현의 하나일까요? 아니면 긴 잎이 당당히 고개를 들어올리기 전까지의 불안한 과거를 나타낸 것일까요? 난은 같은 뿌리에서 여러 잎들이 함께 자라는 특성이 있습니다. 그러니 하나만 길다랗게 솟은 잎은 현실에서는 좀처럼 보기 어렵습니다. 만약 다른 잎들이 전에 함께 있었다면 그것들은 제대로 서지 못하고 쓰러진 셈입니다. 홀로 긴 잎은 고수가 되는 과정처럼 온갖 역경에도 살아남았으며, 다른 잎보다 오래 버텼기 때문에 지금의 형태가 된 것입니다.

그림 하단에 그릇처럼 생긴 돌 안에는 화가의 호(號)가 새겨진 낙관이 보입니다. 낙관의 글씨는 우리에게 익숙한 추사(秋史)입니다. 호는 일반적으로 자신이 사는 곳이나 좋아하는 사물에서 딴 이름을 사용하며, 작가의 정신 세계를 반영한 추상적 개념들을 쓰기도 합니다. 김정희는 아주 많은 호를 사용한 것으로도 유명합니다. 조선의 선비들은 보통 2~3개 정도를 사용하고 많아도 대개 10개 이내입니다. 그런데 김정희의 호는 무려 300개가 넘었다고 합니다. 이것은 그가 다양한 분야에 호기심이 많았다는 근거입니다. 아무리 편하게 부르는 호라도 짓기 위해서는 자신의 철학과 사상을 담으려고 노력하기 때문입니다.

많은 사람들이 김정희를 서예가로 알고 있지만, 사실 그는 예술가이기 전에 엄연한 학자였습니다. 젊은 시절부터 고증학과 금석학을 공부하여 북한산에 있던 비석이 '진흥왕 순수비'라는 것을 밝혀 냈으며, 글의 음운을 연구하는 언어학, 천체의 움직임을 계산하고 예측하는 천산학, 지리학, 그리고 불교학 등에 밝았습니다. 또한 그림과 글씨 외에 시와 전각에도 뛰어난 실력을 자랑했습니다. 독보적으로 개성적인 난을 그리고, 독특한 추사체를 만들 수 있었던 이유는 다양한 분야에 두루 통달한 지적 경험이 있었기 때문입니다. 그것들을 모두 제대로 흡수하고 융합했기에 자신만의 세계를 펼쳐 보였을 때 사람들에게 인정받을 수 있었던 것이 아닐까요? 무엇이든 제대로 배워야 당당한 내 것이 됩니다.

시련이 깊을수록 단련의 강도는 높아진다

왕죽도(王竹圖) - 김정희

공자와 제자들이 진나라에 머물 때 식량이 떨어지고 사람들이 병에 걸려 일어서지도 못할 지경이었다. 이에 화가 난 제자 자로가 공자에게 물었다. "군자도 이렇게 곤궁에 빠질 수 있습니까?" 공자가 답했다. "군자는 곤궁함에 익숙하여 흔들리지 않지만, 소인은 곤궁해지면 함부로 행동하며 소란을 떤다."

在陳絶糧 從者病 莫能興 子路慍見曰 君子亦有窮乎 子曰
재 진 절 량　종 자 병　막 능 흥　자 로 온 견 왈　군 자 역 유 궁 호　자 왈
君子固窮小人窮斯濫矣
군 자 고 궁 소 인 궁 사 람 의 - 위령공편

공자는 55세에 꿈을 실현하기 위해서 제자들과 모험을 떠났습니다. 자신을 정치가로 기용해 줄 제후를 찾아서 여러 나라를 떠돌았습니다. 나이를 감안하면 요즘에도 결코 쉽지 않은 선택입니다. 과연 55세에 현실과 타협하지 않으며, 안정된 환경을 버리고, 꿈을 찾아서 떠날 수 있는 사람이 얼마나 될까요? 지금처럼 교통과 숙박시설이 제대로 갖춰져 있지 않은 환경과 중국이라는 넓은 지역적 특성을 감안한다면, 그 도전에는 더더욱 큰 용기가 필요합니다. 이 여행은 무려 13년간 지속되었습니다. 공자는 68세가 되어서야 고향으로 돌아왔습니다. 자신의 신념대로 살아가고자 하는 의지가 얼마나 군건했는지 증명되는 기간입니다.

　　제후들은 공자를 기용하지 않았습니다. 기존의 신하들은 안정적인 자신의 입지와 뒤바뀔지 모르는 서열을 걱정했습니다. 만약 공자를 채용했다가 그 능력을 인정받는다면 자신보다 높은 위치에 오를 수도 있기 때문입니다. 제후들은 인, 예, 의를 앞세우는 공자를 무시했습니다. 모범을 강요하거나 잘못을 지적당하는 게 못마땅했습니다. 그들은 자신들의 기득권이 무너질

지 모른다는 조바심으로 공자를 내쳤습니다. 백성의 번영보다 자신들의 자리가 더 중요했기 때문입니다. 긴 여행 기간 동안 공자는 여러 번 죽을 고비를 넘겼습니다. 안정적인 식사와 숙소가 보장되는 도전이 아니었기 때문입니다. 식량이 떨어지면 굶고, 잘 곳이 없으면 노숙을 했습니다. 그들을 못마땅하게 여기거나 오해한 사람들에게 위협받고, 갇히고, 포위되는 상황도 벌어졌습니다. 일행은 살기 위해 목숨을 건 싸움까지 해야 했습니다.

사람이 겪는 고통 중에서 가장 견디기 힘든 원초적인 두 가지가 배고픔과 질병입니다. 육체적인 괴로움과 함께 정신적인 충격이 찾아오기 때문입니다. 해결책이 보이면 그나마 다행이지만, 대책이 없다면 고통은 순식간에 공포로 바뀝니다. 언제 목숨을 잃을지 모른다는 생각이 머리를 지배합니다. 위 구절에서 언급된 상황이 얼마나 처참했는지 자로는 공자에게 화를 내듯 따지고 들었습니다. 너무 힘들다는 하소연이었습니다. 자로는 공자보다 아홉 살 어린 제자로 거칠고 단순하지만, 용맹하고 솔직했습니다. 그러니 정말 힘든 상황에서 제자들을 대표한 상황이었습니다. 자로는 어찌하여 군자가 이처럼 난처한 상황에 빠질 수 있냐고 물었는데, 공자는 위기도 과정일 뿐이라고 답했습니다. 평소에 잘 단련하고 의지가 굳세면 위기에서 흔들릴 일이 없다는 말입니다. 공자는 "소인은 곤궁해지면 함부로 행동하며 소란을 떤다"라는 말을 덧붙였는데, 이 말에는 거칠고 단순한 자로를 위한 설득과 점잖은 꾸짖음이 담겨 있습니다.

《논어》에는 나오지 않지만 〈공자세가〉에는 위 상황에 대한 추가적인 내용이 실려 있습니다. 막막한 최악의 상황에서도 공자는 강의를 하며 책을 읽고 거문고를 연주하며 노래를 불렀다고 합니다. 공자는 진정으로 초연한 사람이었을까요? 아니면 제자들의 동요를 막고 모범을 보이기 위해 애쓰며 겨우 버틴 것일까요? 그 이유가 무엇이든 신념을 위해 굶주림을 참아 내는 노년의 공자가 눈물겹습니다.

위기에도 흔들리지 않았던 공자와 닮은 그림 소재가 대나무입니다. 굵은 대나무는 보통 왕대라고 부릅니다. 그림에서는 왕죽, 대죽, 통죽 등으로 부릅니다. 두꺼운 대나무는 큰 붓이 아니라 기교로 만듭니다. 보통 그림을 그릴 때는 긴 붓의 아래쪽 끝 부분만을 주로 사용하지만, 왕죽은 붓털의 위부터 아래까지 모든 면을 같이 이용합니다. 잔뜩 먹물을 묻힌 붓털을 가로로 눕히듯이 종이에 밀착시킨 뒤, 그대로 위로 치고 올라갑니다. 먹과 물이 적당히 섞인 농담은 둥그런 대나무의 입체감을 만듭니다. 보통 먹이 많은 붓의 아랫부분이 닿은 곳은 진하고, 윗부분은 흐려집니다. 먹물을 듬뿍 묻히기 때문에 자칫하면 종이가 찢어질 수도 있습니다. 그래서 왕죽은 보통의 대나무 그림에 비해 더 많은 연습이 필요합니다.

왕죽 그림은 주로 굵은 꼿꼿함을 내세웁니다. 보통에 비해 3~4배 이상 두껍기 때문에 흔들리지 않는 강인함과 단단함이 그대로 묻어납니다. 부가적인 표현이 없어도 굵기 자체가 분위기를 압도합니다. 왕죽이 모여 있으면 장엄한 느낌이 들 정도입니다. 그런데 김정희의 [왕죽도(王竹圖)]는 일반적인 형태로 표현되지 않았습니다. 줄기가 곧지 않고 형태도 온전하지 못합니다. 꺾였는지, 부러졌는지 모를 대나무의 본체가 위태로울 지경입니다. 반면 마디마디에는 새로운 가지와 잎들이 왕성한 생명력을 꿈틀거리며 돋아나고 있습니다. 주체와 파생체가 완전히 반대의 이미지로 합체되었습니다. 만약 잎들이 없었다면 왕죽은 이미 죽은 거나 마찬가지입니다.

[왕죽도]에는 끊어지고 부서져도 결코 쉽게 죽지 않겠다는 고집스러운 집념이 담겨있습니다. 왕죽은 어떤 위기에서도 평정심을 유지하려던 공자를 닮았습니다. 너울거리는 잎들의 생명력은 최악의 상황에서도 거문고를 연주하고 노래를 부르던 공자의 의지를 떠올리게 만듭니다.

사람은 곤궁해지면 움츠러듭니다. 무엇을 해 볼 수 없을 때처럼 절망적인 순간은 없기 때문입니다. 살다 보면 내 영혼이 꺾이고 부러지는 것처럼 느껴질 정도로 힘들고 지칠 때가 생깁니다. 작은 희망도 찾기 어려울 때 정신은 절망의 바닥으로 곤두박질칩니다.

저도 최악의 상황이라고 느꼈던 적이 종종 있습니다. 그럴 때면 꼬리에 꼬리를 무는 생각때문에 배도 안 고프고 잠도 안 왔습니다. 그런데 가장 밑바닥까지 추락했을 때 극복하는 방법은 의외로 간단했습니다. 상황을 있는 그대로 받아들이고 생각의 꼬리를 잘라냅니다. 아무것도 달라질 수 없다면, 생각을 멈추고 뭐라도 할 수 있는 일을 찾아 담담하게 시작합니다. 청소나 빨래도 좋습니다. 때론 '더 내려갈 곳이 없으니 이제부터 올라갈 일만 남았구나'라는 넋두리가 버팀목이 되기도 합니다. 별것 아닌 거 같지만, 이 방법은 쉽고 효과가 좋았습니다. 땀이 날 정도로 몸을 움직이면 머리가 개운해집니다. 그러면 새로운 생각들이 찾아옵니다. 저는 심란할 때 우선 걸었습니다. 가급적 햇빛을 쐬면서, 나에게 일어나는 모든 일들을 '그럴 수 있다'라고 되뇌었습니다. 한참을 걷다 보면 어느새 부정적인 생각들이 정리되고, 감사한 마음이 생겼습니다. 걷기는 온갖 귀찮음을 극복하며 선택한 최소한의 몸짓이었지만, 세로토닌과 엔도르핀 때문에 실제로 안정감을 느끼는 데에 효과가 있다는 사실을 알게 된 이후에는 더 자주 걸었습니다.

시간이 지나고 보면 어떤 역경은 별것 아니었다는 생각도 듭니다. 그때는 죽을 것 같았지만, 지금은 큰 고민거리가 아닌 일로 여기는 경우도 많습니다. 이런 과정을 몇 번 겪다 보면 곤궁의 합이 나를 더 강하게 만들어 줬다는 사실을 알게 됩니다. 아마 김정희의 왕죽도 새로운 줄기와 잎의 힘으로 더욱 튼튼하게 자라지 않을까요?

41日·모임

불필요한 무리에 휩쓸리지 마라

창해낭구(滄海浪鷗) - 김홍도

하루 종일 무리를 지어 모여 있더라도, 오가는 말이 바르지 못하고 잔꾀를 부리기만 좋아한다면 난처한 일이다.

群居終日 言不及義 好行小慧 難矣哉

군 거 종 일 언 불 급 의 호 행 소 혜 난 의 재 - **위령공편**

사람은 함께 살아가는 존재입니다. 먹는 것부터 입는 것까지 혼자 해결하기 어렵습니다. 생존을 위해서는 반드시 누군가의 도움이 필요합니다. 자신에게 필요한 것을 제공해 주는 이웃이 없다면 아무리 돈이 많고 권력이 높아도 다 소용없습니다. 잘 사는 데에는 개인의 역량도 중요하지만, 많은 사람들이 안정적으로 살아갈 수 있는 환경이 우선입니다.

좋은 환경을 만들기 위해서는 바른 시민 의식과 집단 지성이 필요합니다. 오가는 말이 바르고 잔꾀를 부리지 않는 정치인이 늘어야 합니다. 특히 요즘처럼 시대가 급변할수록 그와 같은 바람이 더 절실합니다. 우리는 코로나를 겪으면서 국가와 국민의 대처 방법에 따라 상황이 어떻게 달라지는지 충분히 경험하고 목격했습니다. 마찬가지로 출산율과 기후 변화, 인공지능 등으로 발생하는 환경의 변화와 문제 등은 사회가 함께 고민하고 풀어가야 합니다.

정치의 존재 가치는 살기 좋은 세상을 만드는 일에 있습니다. 그런데 우리 나라의 정치인들은 좋은 정책보다 비방이나 모략에 더 신경을 쓰는 듯 보입니다. 자신의 이익에 따라 무리를 옮겨 다니며, 거짓과 선동이 습관처럼 몸에 밴 사람들이 많습니다. 언제쯤이면 정치인들이 서로의 공로를 칭찬하며, 경쟁적으로 좋은 정책을 만들고 실행하는 모습을 보여줄까요?

위 《논어》 구절과 비슷한 내용으로 유명한 고사성어가 화이부동(和而不

同)입니다. "군자는 조화롭게 살아가지만 불필요한 무리에 휩쓸리지 않고, 소인은 무리를 만들 뿐 조화롭게 살아가지 못한다(君子和而不同 小人同而不和 군자화이부동 소인동이불화 - 자로편)"에서 온 말입니다. 이 구절에서 화(和)는 합리적인 화합을, 동(同)은 주관이 없는 동조를 뜻합니다.

좋은 스승을 둔 덕에 김홍도는 사람들과 조화롭게 교류하는 법을 배웠습니다. 김홍도는 누구나 인정하는 조선 최고의 화가입니다. 그는 천부적인 소질로 이십대에 유명세를 떨쳤고, 사십대 중반에 당대 최고의 화가가 되었습니다. 스무 살 무렵 도화서 화원이 되었고, 최고의 실력자로 인정받아 영조와 정조의 어진을 그리는 데도 참여했습니다. 그는 연습하지 않고도 흔히 접하는 사물들을 똑같이 그려 사람들의 환호를 받았습니다. 그만큼 수준이 높았습니다. 그렇다면 과연 김홍도는 어떻게 조선 제일의 화가가 될 수 있었을까요?

한 분야에서 압도적으로 뛰어난 역량을 발휘한 사람들을 보면 재능과 노력은 기본입니다. 거기에 한 가지 반드시 추가되어야 할 요소는 바로 재능을 알아보고 노력을 끌어낼 스승입니다.

중인이었던 김홍도는 열 살 무렵부터 당대 최고의 실력자이자 평론가였던 강세황에게 그림을 배웠습니다. 강세황은 김홍도가 장성할 때까지 그를 가르쳤습니다. 여기까지는 평범합니다. 그런데 강세황이 쓴 〈단원기(檀園記)〉를 보면, 그가 말년에는 김홍도와 예술계의 지기(知己) 즉 속마음까지 알아주는 참된 친구가 된 듯한 감정을 느꼈다는 고백이 나옵니다. 김홍도와 강세황은 단순한 사제지간이 아니었던 셈입니다.

강세황은 김홍도가 거장이 될 때까지 돌보았고, 김홍도는 강세황이 사망할 때까지 따랐습니다. 강세황은 당시 내로라하는 화가들과의 모임에 김홍도를 데리고 다니며 제자의 시야와 인맥을 넓혀 주었습니다. 1763년에 그려진 [균와아집도(筠窩雅集圖)]에는 만 열여덟 살의 김홍도가 오십이 넘은 강세황, 심사정, 최북, 허필 등과 함께 어울리는 모습이 나옵니다. 이들은 함께 바둑을 두고 악기를 연주합니다. 그림에 적힌 글을 보면 강세황이 그림의 배치를 정하고, 소나무와 돌은 심사정이 그리고, 최북이 색칠을 했으며, 김홍도가 인물을 맡았다고 쓰여 있습니다. 명문가의 자손이었던 강세황은 신분과 나이를 넘어선 모임에 김홍도를 참여시켜 그가 바른 무리 안에서 조화롭게 살면서 뛰어난 실력자로 성장하도록 지원했습니다.

[서당]이나 [씨름]같은 풍속화로 사람들에게 널리 알려져 있지만, 김홍도는 모든 종류의 그림에서 압도적인 실력을 지닌 화가였습니다. 〈단원기〉에는 그의 그림을 구하려는 사람들이 집안에 가득해 잠자고 밥 먹을 시간이 없을 정도였다고 기록되어 있습니다. 그림 실력만으로 한 마을을 다스리는 현감까지 되었으니, 중인으로서 가문을 일으킨 사람이기도 합니다. 김홍도는 뛰어난 실력으로 후대에 많은 영향을 끼쳤고, 현재까지 약 300여 점의 그림이 전해지고 있습니다.

[창해낭구(滄海浪鷗)]는 한자를 하나씩 풀이해 보면, 큰 바다(滄海)에 파도(浪)와 갈매기(鷗)란 뜻입니다. 보이는 소재를 그대로 이름으로 지어서 독특하게 발음되지만 제목의 맛은 없습니다. 파도가 출렁이다가 기괴하게 생긴 바위에 부딪쳐 물거품을 만듭니다. 새들은 바위 위에 끼리끼리 모여 터를 잡았습니다. 물의 움직임을 활발한데, 새들은 마치 바위의 일부인 양 정적으로 앉아 있습니다. 이들 사이에는 어떤 말이 오가고 있을까요?

살면서 부모님께 꼭 한 번쯤은 듣게 되는 충고가 있습니다. 친구를 잘 사귀어야 한다는 말입니다. 저도 그 말을 참 많이 들었습니다. 그런데 어린 시절에는 그저 재미있고 잘 노는 친구들이 좋아서 부모님의 말씀을 진지하게 듣지 않았습니다. 부모님은 오가는 말이 바르지 못하고 잔꾀를 부리는 무리와 어울리면 자식도 물들까 걱정하신 것이겠지요.

이런 마음이 담긴 옛말로 '까마귀 노는 곳에 백로야 가지 마라'가 있습니다. 자신이 백로로 살고 싶다면 까마귀 곁에 가지 말아야 합니다. 까마귀 곁에 머무르면 아무리 겉이 하얗더라도 까마귀의 무리가 됩니다. 위 조언은 젊을 때뿐 아니라 나이가 들어도 똑같이 해당됩니다. 빈둥거리며 과거에 집착하고 험담만 늘어놓는 무리는 피해야 합니다.

그림에 등장하는 괴상하게 생긴 바위는 괴석(怪石)이라 하는데, 기이한 돌이라는 의미로 기석(奇石)이라고도 합니다. 괴석 그림은 조선 후기에 유행처럼 번졌습니다. 독특한 돌을 정원이나 서재에 두고 감상하던 문화가 그림까지 옮겼습니다. 오래 전부터 돌은 세상의 기운이 모여서 탄생된 것이라고 생각했는데, 선비들은 돌의 변치 않는 특성을 군자로 비유하기도 했습니다. 그래서 괴석은 사군자와 함께 등장하는 경우가 많습니다. [창해낭구]의 괴석을 군자로 보면 거친 파도는 시련이나 위기일 수 있습니다.

그림에 제목이나 어울리는 글귀를 적는 것을 화제(畫題) 혹은 제문(題文)이라고 합니다. 감상이나 평가, 동기 등 모든 글이 포함되며, 그중 시는 시제(詩題)나 제시(題詩)라고 부릅니다. 김홍도는 비슷한 바다 그림 두 점에 똑같은 화제를 남겨서, 두 작품에 같은 제목이 붙었습니다. 첫 번째는 하나의 돌 위에 검은색의 갈매기만 그려져 있고, 두 번째는 세 개의 돌 위에 색이 다른 두 무리의 새가 보입니다. 배경은 같지만, 거리감에 따라 분위기는 조금 다릅니다. 화제를 풀이하면 다음과 같습니다. '가고 오는 것처럼 보이는 먼 섬이 한가로움을 이기지 못하는구나. (往來幽渚不勝閑 왕래유저불승한)'

꾸준한 반복과 최선이 수준을 키운다

평안감사향연도 중 부벽루연회도(浮碧樓宴會圖) - 전 김홍도

평안감사향연도 중 연광정연회도(練光亭宴會圖) - 전 김홍도

공자는 사람들과 함께 노래를 부르다가 잘하는 사람이 있으면 반드시 다시 부르게 하였다. 그런 후에 따라 불렀다.

子與人歌而善 必使反之 而後和之
자 여 인 가 이 선 필 사 반 지 이 후 화 지 - 술이편

위 구절은 공자가 노래를 얼마나 좋아했는지, 배우기에 얼마나 망설임이 없었는지 생생하게 전달되는 내용입니다. 공자는 곡을 하는 날에는 노래를 부르지 않았다고 합니다. (子於是日哭 則不歌 자어시일곡 즉불가 - 술이편) 곡이란 장례식이나 제사에서 슬피 우는 큰 울음소리를 말합니다. 곡을 하는 날 노래를 부르지 않았다는 것은, 곡을 하지 않은 날에는 언제나 노래를 불렀다는 말과 같습니다. 가수에게도 쉽지 않은 습관입니다. 이 정도면 전문가라 불려도 손색이 없지 않을까요? 어느 정도 과장이 섞여 있는 말이라 하더라도 공자가 평상시에 노래를 얼마큼 즐겼는지 확실히 전해지는 대목입니다.

당시에 불리던 노래의 일부는 《시경》으로 전해집니다. 본래 3,000여 편 정도의 시가 있었는데, 공자가 311편으로 추려 정리했다고 알려져 있습니다. 시는 민간의 것뿐 아니라 궁중음악도 포함되었습니다. 시에 곡조를 붙이거나 음악에 시를 넣으면 자연스럽게 노래가 되었습니다. 따라서 노래를 부르기 위해서는 가사에 해당하는 시를 잘 알아야 했습니다.

시는 노래이면서 동시에 문학이었습니다. 공자는 시에 대한 배움을 강조했는데, 시가 확장되면서 만들어 내는 인문학이 인간에 대한 이해를 키운다고 생각했기 때문입니다.

《논어》에는 지금까지 우리가 자주 사용하는 표현이 등장하는 일화가 있습니다. 공자와 제자들이 어느 날 무성(武城)이라는 곳에 찾아갔습니다. 무

성은 자유(子游)라는 제자가 다스리던 작은 지역이었습니다. 그곳에 당도하자 공자는 악기에 맞춰 부르는 노랫소리를 듣게 되었습니다. 작은 마을에서 제대로 갖춰진 형식의 음악이 들려오자 공자가 빙그레 웃으며 말했습니다. "닭을 잡는데 어찌하여 소 잡는 칼을 쓰느냐?" 자유는 이렇게 대답했습니다. "저는 선생님께 이렇게 들었습니다. '군자가 도를 배우면 사람을 사랑하고, 소인이 도를 배우면 온순하게 바뀐다.'" 이 말을 들은 공자가 다시 말했습니다. "제자들이여, 자유의 말이 옳다. 내가 조금 전에 한 말은 농담이다." (子 之武城 聞弦歌之聲 夫子莞爾而笑 曰 割鷄焉用牛刀 子游對曰 昔者偃也聞諸夫子曰 君子學道 則愛人 小人學道則易使也 子曰 二三子 偃之言是也 前言戲之耳 자지무성 문현가지성 부자완 이이소 왈 할계언용우도 자유대왈 석자언야문저부자왈 군자학도즉애인 소인학도즉역사야 자 왈 이삼자 언지언시야 전언희지이 - 양화편) 작은 지역에서 너무 수준이 높은 문화가 아니냐는 스승의 물음에 제자는 가르쳐 준 대로 실천할 뿐이라고 대답했습니다. 이 구절에는 제자의 당당한 답변에 겸연쩍어하는 공자의 모습이 잘 담겨 있습니다. 아마도 공자는 배운 대로 실천하고 있는 제자를 보면서 몹시 흐뭇하지 않았을까요? 위 내용에서 언급되어 요즘도 종종 쓰는 말이 바로 '닭을 잡는데 소 잡는 칼을 쓴다'입니다.

[평안감사향연도(平安監司饗宴圖)]는 김홍도가 그린 것으로 추정되는 그림입니다. 그래서 '전 김홍도'라고 표시합니다. 화가에 대한 기록이 없어서, 제작 연대와 화풍으로 작가를 추정했습니다. 이 그림은 평안도에 새로 부임하는 감사를 위해 잔치를 벌이는 모습을 담았습니다. 감사는 다른 말로 관찰사라고도 하는데 지금의 도지사와 비슷한 신분입니다. 감사는 종이품(從 二品)의 고위직으로 관할 지역의 행정, 사법, 군사 등의 모든 업무를 총괄하는 막대한 권력의 소유자였습니다. [평안감사향연도]는 원래 총 3장으로 구성되어 있습니다. 부벽루와 주변의 풍광을 함께 표현한 [부벽루연회도(浮碧

樓宴會圖)], 연광정에서 진행 중인 연회와 도심의 풍경을 담은 [연광정연회도 (練光亭宴會圖)], 해가 진 뒤에 대동강에서 벌어지는 뱃놀이와 횃불로 환영하는 사람들을 그린 [월야선유도(月夜船遊圖)]등입니다.

평안감사는 평양에 머물렀습니다. 그래서 이 그림은 평양의 옛 모습과 조선 사람들을 고스란히 느낄 수 있습니다. 한 도시를 무대로 이렇게 많은 사람들이 함께 즐기는 모습을 선명하게 담은 그림은 희귀합니다. 이 그림을 통해 노래를 함께 따라 부르거나, 무성에 찾아간 공자의 모습을 연상해 보는 건 어떨까요?

그림의 크기는 세로가 71.2cm, 가로가 196.9cm입니다. 가로 길이가 2m에 가까워 들여다보는 맛이 납니다. 수백 명의 사람들이 등장하는데 각기 다른 자세가 인상적입니다. 춤추는 여인, 어른을 조르는 아이, 할아버지를 부축하는 소년, 싸우는 사내들, 언덕에서 술판을 벌이는 양반들까지 큰 그림 안에서 각자의 역할에 충실한 사람들을 찾아보는 재미도 있습니다. 비교적 보존 상태가 좋아 선명하고 다양한 색감도 인상적입니다.

그림의 제목에 쓰인 단어 중에서 향연은 '성대한 잔치'를 말하며, 연회는 '축하나 위로를 위한 잔치'를 뜻합니다. 잔치에서 빠질 수 없는 요소가 바로 연주, 춤, 노래입니다. 사람의 기분을 돋우는 연주, 춤, 노래는 그 사회의 문화 수준을 말해 줍니다. 공자가 부지런히 노래를 불렀던 이유는 노래로 시의 내용을 익히면서 문화를 보존하고 전파하는 데 신경 썼기 때문입니다. 그래서 수시로 제자들과 함께 노래 부르고 악기를 연주했습니다. 무성을 다스리던 자유가 음악으로 사람들을 교화시킬 수 있었던 힘이 바로 여기서 나왔습니다. 공자는 제대로 된 음악을 완성하고 보급하기 위해 늘 제자들과 함께 소 잡는 칼을 갈았던 셈입니다.

우리는 예전부터 꽤 수준이 높은 전통 음악을 만들고 유지하는 데 신경

13장. 김홍도 - 누구나 인정하는 조선 최고의 화가

237

썼습니다. 그런데 많은 사람들이 그에 관해 모르거나 관심이 없다는 사실이 안타깝습니다. 근대 이후에, 서양의 과학 문물을 동경하면서 상대적으로 전통과 관련된 문화에 관심이 덜해졌습니다.

지금은 그나마 한류 덕분에 사정이 조금 나아졌지만, 2000년대 이전까지 그런 경향은 굉장히 심했습니다. 서양의 문화는 새롭고 좋은 것, 동양의 문화는 갈아 엎어야 하는 낡고 고리타분한 것이라는 믿음이 만연했습니다.

저는 한때 국악에 관심이 생겨서 대금을 배운 적이 있습니다. 그때 그 말을 들은 사람들은 대체로 "왜?"라고 질문했습니다. 이해할 수 없다는 반응들이었습니다. 대금이 어떻게 생긴지 모르는 사람도 많았습니다. 바이올린이나 첼로를 배우면 멋있지만, 국악기는 수준이 낮고 별 볼 일 없어 보인다는 인식이 보편적이던 시절이었습니다.

앞서 말씀드린 종묘제례악과 문묘제례악이 아니더라도 우리에게는 수준 높은 다양한 국악이 있습니다. 비교적 익숙한 판소리 외에도 관악기나 현악기의 합주로 구성된 풍류(風流), 기악 독주곡인 산조(散調), 가곡을 노래하는 정가(正歌) 등이 대표적입니다. 이런 국악은 짧은 시간에 완성된 음악이 아닙니다. 문화에 정서가 가미되고, 오랜 시간 동안 익어가면서 숙성된 음악입니다. 우리 아이들이 피아노나 바이올린을 쉽게 배울 수 있듯이, 언젠가는 가야금이나 대금의 선율도 흔하게 들리는 세상이 되었으면 좋겠습니다.

실력의 최종 단계는 성품이다

포의풍류도(布衣風流圖) - 김홍도

안회는 정말 대단하구나. 한 그릇의 밥과 한 바가지의 물만으로도 누추한 곳에서 잘 산다. 사람들은 그런 괴로움을 견디지 못하는데, 오히려 안회는 즐기며 바꾸려고 하지 않는다. 안회는 정말 대단하구나.

賢哉回也 一簞食一瓢飲在陋巷 人不堪其憂 回也不改其樂
현 재 회 야 일 단 사 일 표 음 재 루 항 인 불 감 기 우 회 야 불 개 기 락
賢哉回也
현 재 회 야 - 옹야편

안회는 공자가 가장 아끼던 제자였습니다. 공자의 또 다른 제자인 자공이 '하나를 들으면 열을 안다(回也聞一以知十 회야문일이지십 - 공야장편)'라고 평가한 주인공이 바로 안회입니다. 어느 날 공자가 자공에게 물었습니다. "너와 안회 중에서 누가 더 뛰어나다고 생각하느냐?" (子謂子貢曰 女與回也孰愈 자위자공왈 여여회야숙유) 그러자 자공은 자기는 기껏해야 하나를 들으면 둘을 아는 정도인데, 안회는 하나를 들으면 열을 아는 사람이라고 했습니다. 공자는 한 술 더 떠서 자신도 안회만 못하다고 얘기했습니다. 스승과 동료가 함께 인정할 정도이니, 안회의 실력이 과장은 아닌듯 싶습니다. 똑똑하고 성품까지 훌륭한 제자를 스승이 어찌 아끼지 않을 수 있을까요?

안회는 아버지를 따라서 공자의 제자가 되었습니다. 부자가 모두 공자를 존경했던 모양입니다. 그래서 공자와 나이 차이가 서른 살이나 납니다. 《논어》에는 안회를 향한 공자의 애정이 듬뿍 묻어나는 구절이 많습니다. 그 중에서 위 구절은 가난을 대하는 태도에 대한 칭찬입니다. 공자는 '등용되면 자신의 뜻을 펼치고, 그렇지 못하면 능력을 드러내지 않고도 잘 살아갈 사람은 자신과 안회(用之則行 舍之則藏 惟我與爾有是夫 용지즉행 사지즉장 유아여이유시부 - 술이편)'라고 말하기도 했습니다. 공자는 상황에 따라서 능력을 마음껏

펼칠 수 있는 사람으로 자신과 안회를 꼽았습니다. 자신보다 한참 어린 제자의 수준이 이미 자신과 같거나 그 이상이라고 종종 말한 셈입니다. 제자에게 이보다 더 큰 칭찬은 없습니다.

공자는 정치가가 되기를 희망했고, 제자들에게도 실력을 쌓아 관료가 되라고 응원했습니다. 그것이 세상을 안정시키는 방도라고 생각했기 때문입니다. 천자와 제후는 혈연으로 대물림되기 때문에 계속 우수한 인재가 나오기 어렵습니다. 또한 그때는 지금처럼 다수결에 의해 결정되는 지도자도 없었습니다. 안정적인 사회를 만들기 위해서는 바르고 실력 있는 지도자가 필요했지만 대부분의 정치가들은 유력 가문에서 배출되었습니다. 그들만이 정치가에게 필요한 고등 교육을 받았고, 기회가 주어졌기 때문입니다.

공자는 귀족들이 세습하며 자신들의 이권만 챙기는 정치 문화를 바꾸고 출신에 관계없이 실력으로 등용되는 세상을 꿈꿨습니다. 그는 정치가가 되려 했던 꿈이 좌절된 이후 제자들을 통해 자신이 꿈꾸던 세상이 만들어지기를 바랐습니다. 공자는 평상시에 '군자는 도를 걱정할 뿐 가난을 걱정하지 않는다(君子憂道不憂貧 군자모도불우빈 - 위령공편)'라는 말로 제자들을 격려하며, 배경이 아닌 실력과 태도로 제자들을 평가했습니다. 공자의 제자가 되었다면 농사를 짓는 평범함보다 학문을 통해 큰 사람으로 성장하길 원했습니다.

[포의풍류도(布衣風流圖)]는 김홍도가 자신을 모델로 그렸다고 말하기도 하는데 확실한 근거는 없습니다. 그림 속 인물이 악기를 연주하고, 소품으로 붓과 벼루, 두루마리가 등장하는 것을 보고 짐작할 뿐입니다. 그가 악기 연주에도 능란했고, 시도 곧잘 썼다고 하니, 그림의 인물이 김홍도라고 해도 제법 어울립니다.

안회가 하나를 들으면 열을 알 정도로 뛰어난 공자의 제자라면, 조선의 화가 중에서는 김홍도가 안회와 같은 능력을 갖췄던 인물입니다. 그는 준수한 외모에 건장한 체격 그리고 인품까지 갖췄다고 알려져 있습니다. 스승이었던 강세황은 김홍도를 이렇게 평가했습니다. '예나 지금이나 화가는 하나의 분야만 능란하고 여러 가지를 두루 잘하지 못하는데, 김홍도는 못 하는 것이 없으니, 인물(人物), 산수(山水), 선불(仙佛, 신선과 부처), 화과(花果, 꽃과 열매), 금충(禽蟲, 새와 벌레), 어해(魚蟹, 물고기와 게)까지 모두 뛰어난 수준이니 옛 사람들과 비교하더라도 겨룰 사람이 없다', '김홍도는 생김새가 빼어나고 마음이 속된 것에서 벗어나 맑고 깨끗하여 보는 사람마다 그의 고상함과 초연함을 알아보니 다른 보통의 사람들과 다르다. 또 맑은 피리와 거문고 소리를 좋아하여 꽃이 핀 달밤에는 한두 곡 연주하기를 즐겼다'라고 기록했습니다. 대단한 칭찬입니다. 안회를 최고의 제자로 평가했던 공자와 같은 맥락입니다. 제자의 실력을 스승보다 높이 평가하는 점도 비슷합니다.

김홍도와 안회는 또 다른 공통점을 가지고 있는데, 그것은 가난입니다. 두 천재는 가난에 시달리며 살다가 갑자기 생을 마쳤습니다. 안회는 공자보다 먼저 죽었는데, 중년을 넘기지 못했습니다. 안회가 이른 나이에 죽은 원인으로는 잘 먹지 못했기 때문이라는 분석이 있습니다. 반면 김홍도는 그림을 사려는 사람들로 비단이 산처럼 쌓였다는 기록이 있는 걸로 보아 수입은 나쁘지 않았으나 제대로 관리를 못했던 것으로 추정됩니다.

조희룡(趙熙龍)이 쓴《호산외기(壺山外記)》에는 김홍도에 관한 흥미로운 이야기가 나옵니다. 집이 가난하여 끼니를 잇지 못하던 때에 어떤 사람이 특이하게 생긴 매화 분재를 팔려고 했는데, 김홍도가 돈이 없어서 군침만 흘리다가 마침 그림값을 준다는 사람이 나타나자 바로 매화를 샀다고 합니다. 김홍도는 대부분의 돈을 매화 사는 데 쓰고, 나머지는 술을 사서 지인들과 매화를 감상하는 술자리에 썼습니다. 그리고 만년에는 아들의 학비도 못 낼 정도로 생활고에 시달렸습니다. 김홍도의 죽음에 관해서는 알려진 정보가 없습니다. 당대 최고의 화가였음에도 60세 이후에 관한 기록이 전혀 남아 있지 않다는 사실이 놀랍습니다.

[포의풍류도] 속 맨발의 선비는 여러 가지 사물을 주위에 흩트려 놓고 악기를 연주하고 있습니다. 손가락의 움직임은 유연하며, 표정은 담담합니다. 악기는 비파이고, 생황도 발 앞에 놓여 있습니다. 무기로 쓰이는 검도 곁에 있으니 다양한 것에 관심이 많고 다재다능한 사람 같습니다. 그림의 제목에서 포의(布衣)는 본래 베로 만든 옷인데, 벼슬이 없는 선비를 상징합니다. 풍류(風流)는 멋진 경치나 노는 태도를 뜻합니다. 따라서 포의풍류는 '벼슬이 없는 선비가 멋지게 논다'라는 의미가 됩니다. 이 제목은 그림의 왼쪽에 쓰인 화제에서 왔습니다. 중국 명나라 때 지어진 《암서유사(巖栖幽事)》에 나오는 구절입니다. '종이로 창문을 만들고, 흙으로 벽을 쌓은 곳에서 내 몸이 다할 때까지 벼슬 없이 지내며 시를 짓고 읊으며 살겠노라(紙窓土壁 終身布衣 嘯咏其中 지창토벽 종신포의 소영기중)'입니다. 그림의 속에 선비는 관직에 대한 욕심 없이 유유자적하게 살겠다고 선언한 셈입니다. 그림에 등장하는 사물들은 모두 귀하고 비싼 물건인데, 이를 그림 해석에 반영하면 생활의 여유가 있는데 굳이 벼슬이 필요하겠느냐 혹은 내가 좋아하는 것들을 즐기는 주도적인 삶을 살겠다는 표현으로도 볼 수 있습니다.

김홍도는 실력만 뛰어난 사람이 아니었습니다. 비록 중인이었지만, 고상한 선비 정신을 사모하며 언제나 집안을 단정하게 유지하고 몸가짐을 바르게 했습니다. 또한 명나라의 저명한 문인이자 화가였던 이유방(李流芳)의 호 단원(檀園)을 그대로 따서 자신의 호로 썼습니다. 이유방은 인품이 바르고 글을 잘 썼다고 알려진 인물입니다. 그는 벼슬을 하지 않고 수준 높은 시와 문인화를 추구하며 일생을 보냈습니다. 김홍도의 생애에 대해 알면 알수록 [포의풍류도]의 인물과 그 안에 적힌 글이 예사롭지 않게 보입니다.

44日·솔직함

진실되지 못한 사람은 말과 표정이 가볍다

자화상 · 윤두서

교묘한 말과 꾸민 표정 안에는 인이 드물다.

巧言令色 鮮矣仁
교 언 영 색   선 의 인 · **학이편**

공자가 가장 싫어하는 것이 교묘한 말과 꾸민 표정이었습니다. 교언영색(巧
言令色)으로 유명한 이 고사성어에서 교묘한 말이란 듣기 좋게 꾸며내거나,
과장하거나, 근거가 없는 이야기를 가리키며 꾸민 표정이란 잘 보이기 위해
서 만들어 낸 본래의 마음과 다른 얼굴을 뜻합니다. 간단히 요약하면 '진실
되지 못한 말과 태도'입니다. 즉, '진실하지 못한 사람 중에는 어질고 인자한
사람이 적다'라는 의미입니다. 공자가 이 말을 얼마나 강조했는지 《논어》에
세 번이나 나옵니다. 심지어 양화편에서는 완전히 똑같은 내용으로 한 글자
도 다르지 않게 등장합니다. 제자들도 이 말의 중요성을 강조하기 위해 반
복적으로 《논어》에 넣었다고 생각됩니다.

　《논어》에는 말을 함부로 하지 말라는 조언이 수시로 나옵니다. 사마우라
는 제자가 인에 대해 묻자 공자가 말합니다. "인한 사람은 입이 무거워 함부
로 말하지 않는다." 그러자 사마우가 다시 물었습니다. "입이 무거워 함부로
말하지 않는 것을 인이라고 할 수 있습니까?" 공자가 다시 답했습니다. "말
을 실천으로 옮기는 것은 정말 어려운 일이니 어찌 말을 함부로 할 수 있겠
느냐? (司馬牛問仁 子曰 仁者其言也訒 曰 其言也訒 斯謂之仁矣乎 子曰 爲之難 言之得無訒
乎 사마우문인 자왈 인자기언야인 왈 기언야인 사위지인의호 자왈 위지난 언지득무인호 - 안연
편) 공자는 말의 무게로 인의 본질을 설명할 정도로 주의를 기울였습니다.

　조선 시대 초상화 중에서 가장 개성 넘치는 그림이 바로 윤두서의 [자화
상]입니다. 강렬한 눈과 굳은 표정, 수염의 오묘한 조화로 한 번 보면 절대

잊을 수 없습니다. 윤두서의 담담한 표정에서는 그 어떤 교묘한 말과 꾸민 표정도 찾아볼 수 없습니다. 또한 이런 생김새의 사람에게는 진실되지 못한 말과 행동이 통하지 않을 것 같습니다.

이 그림은 마치 거울에 비친 실물을 보는 듯한 느낌을 줍니다. 세심하게 처리된 선의 조화를 보노라면 감탄을 금할 수 없습니다. 동양의 초상화에는 전신사조(傳神寫照)라는 말이 있습니다. 줄여서 전신이라고도 부르는데, 초상화는 인물의 정신이 담겨야 한다는 뜻입니다. 생김새만 비슷하면 안 되고, 내면의 인성과 품격이 표면에 묻어나야 좋은 그림으로 평가를 받았습니다. 화가들이 가장 크게 신경을 쓰는 부분은 눈이었습니다. 눈이 정신을 가장 잘 반영한다고 생각했기 때문입니다. 아마도 전신사조에 가장 어울리는 조선의 그림 역시 윤두서의 [자화상]이 아닐까 싶습니다.

[자화상]은 윤두서의 얼굴이 떠 있는 달처럼 보입니다. 그래서 사람들이 얼굴만 그려진 작품으로 오해를 하기도 했습니다. 그런데 2006년 국립중앙박물관이 다양한 첨단 기법으로 분석한 결과 옷을 입고 있다는 것을 밝혀냈습니다. 애초에 귀도 그려졌는데 지금은 잘 보이지 않습니다. 보관을 잘못했는지, 세월의 흐름으로 사라진 건지 정확한 원인은 모르지만, 가장 핵심적인 얼굴은 그대로 남아 있어서 다행입니다.

윤두서는 '오우가(五友歌)'라는 시조로 유명한 윤선도의 증손자로 태어났습니다. 갓난아기였을 때 해남 윤씨 종갓집에 양자로 들어가 명문가의 종손이 되었습니다. 조선 시대에는 종손에게 자식이 없을 경우, 형제나 친척의 자식들을 양자로 삼는 관습이 있었습니다. 양반에겐 가문을 이어가는 일이 중요했습니다. 과거의 조상으로부터 이어진 현재의 내가 후손을 낳아서 미래를 만들어야 한다는 사명감이 있었기 때문입니다. 유학자들은 사후 세계 대신에 후손들이 번영하는 가문의 역사를 희망으로 삼았습니다. 윤두서는 40세가 넘도록 아들이 없었던 윤이석(尹爾錫)의 양자가 되어 해남 윤씨 어초은공파의 19대 종손이 되었습니다. 당시 그의 가문은 막강한 부와 권력을 가지고 있었습니다.

그도 젊은 시절에 다른 양반 가문의 자제들처럼 과거 시험을 위해 공부했습니다. 그러나 셋째 형 윤종서(尹宗緒)가 횡포를 부리는 관료를 비판했다가 감옥에서 죽었고, 집안이 역모 사건에 휘말려 고생하게 되자, 정치에 뜻을 버리고 벼슬을 멀리하며 살았습니다. 이후 윤두서는 관심 분야에 대해 다방면으로 연구하며 살았습니다. 유학을 비롯해 서예, 수학, 지리, 천문, 병법, 문학, 음악 등을 두루 공부했습니다. 많은 책을 읽어서 아는 것이 많았고 새로운 문물을 받아들이는 데에도 거리낌이 없었다고 합니다. 또한 어린 시절부터 그리기를 좋아하여 평생을 그림과 벗하며 지냈습니다.

조선의 미술사에서 윤두서의 업적은 대단합니다. 다양한 지적 호기심과 시대정신으로 조선 후기에 유행하는 그림들을 개척했습니다. 우리의 풍경을 그리는 진경산수화, 서민의 삶을 담은 풍속화, 정신을 표현하는 문인화에 골고루 도전했던 인물이 바로 윤두서입니다. 그 덕분에 진경산수화는 정선으로, 풍속화는 김홍도로, 문인화는 김정희 등으로 꽃을 피우게 됩니다. 그는 사람들과 어울리기를 자제하며, 책을 손에서 놓지 않고 진짜 배움을 추구한 예술가이자 학자였습니다.

학자들은 윤두서의 창의성과 도전 정신이 독서에서 왔다고 말합니다. 그는 엄청난 양의 책을 중국에서 구입해 읽고 그것을 바탕으로 자신만의 세계를 만들어 나갔습니다. 지금도 해남의 윤씨 종가에서는 그가 보았던 방대한 책들이 보존되고 있다고 합니다.

그는 막대한 부를 이용해 지식을 넓히고, 조선의 예술을 풍성하게 만들었습니다. 이러한 성과는 윤두서가 벼슬에 오르지 못한 상황이 가져온 운명의 결과입니다. 자신이 바라던 삶의 길이 막혔다고 해서 꼭 슬퍼할 필요는 없습니다. 건강하고 바른 내공을 키워 온 사람이라면 다른 길에서도 빛나기 마련입니다. 저도 중년의 나이를 넘기니 가끔은 이런 생각이 듭니다. 만약, 삶이 원하는 대로 다 되었다면 얼마나 재미가 없었을까? 게임도 실패를 거듭하다가 정복해야 더 만족감이 크고, 스포츠도 엎치락뒤치락하는 힘겨운 경쟁 상대가 있어야 더 흥이 나는 이치와 같습니다. 시련은 누구에게나 꼭 필요한 삶의 과정입니다. 조금 더 넉넉하게 생각해 보면, 저에게 찾아왔던 시련이 고마울 때도 있습니다. 열매는 결코 저절로 열리지 않는다는 사실을 지금은 잘 알기 때문입니다.

45日·신뢰

관계의 발전과 퇴보는 신뢰에 달렸다

나귀에서 떨어지는 진단선생 - 윤두서

백성과의 신뢰가 없다면 국가는 존립할 수 없단다.

民無信不立

민 무 신 불 립 - **안연편**

정치는 국가를 다스리는 일입니다. 국민을 대표하는 사람들이 의견을 수렴하고 권력을 행사해 사람이 사람답게 살아가는 사회를 만드는 일입니다. 더불어 정치는 개인이나 집단의 이익을 위한 정략적 행위라는 뜻도 가지고 있습니다. 따라서 정치는 국회의원이나 선출직 공무원 같은 '정치인'들에게만 해당되는 얘기는 아닙니다. 넓게 생각하면 사회 곳곳에 다양한 형태의 정치가 존재합니다. 가족, 학교, 직장, 동호회 등 여러 사람이 모이는 곳이면 반드시 정치가 생겨납니다. 그래서 살다 보면 반드시 한 번쯤은 정치적 맥락에 휩쓸리는 일을 마주하게 됩니다. 이때 바른 선택을 하기 위해서는 자신만의 기준이 있어야 합니다. 눈앞의 이익만을 보고 무작정 달려가다 보면 큰 위험에 빠지거나, 정말 소중한 것들을 잃어버릴 가능성이 높습니다.

자공이 정치에 대해 묻자 공자가 답합니다. "식량이 풍족하고, 군대가 충족되고, 백성들과 신뢰가 있어야 한다." 이 말을 듣고 자공이 다시 묻습니다. "만약 부득이 버려야 한다면 셋 중에서 무엇을 먼저 선택해야 합니까?" 공자가 답했습니다. "군대를 버려라." 자공이 다시 물었습니다. "부득이 둘 중에 또 하나를 버려야 한다면 무엇을 먼저 선택해야 합니까?" 공자가 말했습니다. "식량을 버려라. 예부터 죽음이란 늘 있어 왔던 것이다. 그러나 백성과의 신뢰가 없다면 국가는 존립할 수 없단다." (子貢問政 子曰 足食足兵民信之矣 子貢曰 必不得已而去 於斯三者何先 曰 去兵 子貢曰 必不得已而去 於斯二者何先 曰 去食 自古皆有死 民無信不立 자공문정 자왈 족식족병민신지의 자공왈 필부득이이거 어사삼자

하선 왈 거병 자공왈 필부득이이거 어사이자하선 왈 거식 자고개유사 민무신불립 - 안연편)

군대는 국방이고, 식량은 경제고, 신뢰는 관계의 기본이면서 동시에 전부입니다. 공자는 죽음보다 신뢰가 더 중요하다고 말합니다. 자본주의를 절대적 가치로 신봉하거나, 다른 사람들을 신경 쓰지 않는 사람들은 도저히 이해할 수 없는 말이지만, 삶의 본질에 대해서 조금만 차분히 생각해 보면 충분히 공감할 수 있는 얘기입니다. 신뢰는 단순한 믿음이 아닙니다. 사람이나 사회가 시간을 들여 정성껏 쌓아 올린 탑입니다. 신뢰가 깨지면 사람이나 사회는 곧 붕괴되어 버립니다.

《논어》에 등장하는 정치라는 단어를 국가적 관점으로만 한정하지 않는다면, 다양한 적용이 가능합니다. 사회와 조직을 건실하게 만드는 모든 공동체 의식도 신뢰를 바탕으로 만들어지기 때문입니다. 구성원들이 서로 믿고 의지할 수 있어야 조직이 건강해지고, 위기가 닥쳐도 견딜 수 있습니다. 그러나 신뢰가 없다면 작은 균열에도 쉽게 무너져 내립니다. 가정에서도 가장 중요한 요소는 신뢰입니다. 아무리 가족이라도 신뢰가 없다면 같이 살기 어렵고 한 번 깨지면 다시 붙이기 어렵습니다. 늘 신경을 써야 합니다.

[나귀에서 떨어지는 진단선생]은 실존 인물의 일화를 소재로 삼은 그림입니다. 과거에 실존했던 사람들의 이야기를 고사(故事)라고 하고, 그것을 소재로 그린 그림을 고사화(故事畵)라고 부릅니다. 고사성어가 짧은 단어 안에 흥미로운 이야기를 품고 있듯이, 고사화도 하나의 장면으로 사건을 표현합니다. 고사화의 소재로는 위인이 많습니다. 본받을 만한 일을 한 사람들을 널리 알리거나 그 의미를 되새기기 위함인데, 조선에서는 지조가 높은 선비들을 높이 평가하기 위해 활용했습니다.

907년 당나라가 멸망하자 중국 대륙은 '5대 10국(五代十國)'의 시대를 맞았습니다. 5개의 왕조가 순차적으로 탄생과 소멸을 반복하고, 그와 함께 각자 독립된 나라라고 주장하는 10국이 뒤섞여 존재하는 혼란한 시대였습니다. 중국 대륙은 다시 53년 동안 불안의 소용돌이에 빠졌습니다. 이러한 혼란을 평정한 인물이 조광윤(趙匡胤)입니다. 그는 가난한 군인의 아들로 태어나 떠돌이 생활을 하다가, 5대 10국의 마지막 왕조였던 후주(後周)의 장군이 되어 중국 통일에 큰 기여를 했습니다. 그리고 황제가 되어 송나라를 세웠습니다. 그는 평생 검소했습니다. 왕은 백성을 지키기 위한 사람이라고 말했던 조광윤은 평소 입는 옷이 한 벌이었으며, 생일 잔치도 가정집 수준으로 간소하게 했다고 합니다. 그는 자신이 뱉은 말에 어울리는 실천으로 백성들의 신뢰를 얻었습니다. 조광윤은 국가가 바로 서려면 백성의 신뢰를 얻어야 한다는 사실을 누구보다 잘 알았습니다. 그는 과거 제도를 개편하여 능력 있는 사람들을 채용하며 바른 정치를 실현하기 위해 애썼습니다.

중국은 춘추전국시대 이후 통일과 분열이 반복됐습니다. 통일되면 대륙은 내부적으로 전쟁이 없는 평화의 시대를 맞이하고, 그 바탕에 힘입어 우수한 문명을 꽃피웠습니다. 조광윤이 세운 송나라도 전에 없던 풍요로움을 누렸습니다. 세상을 바꾼 발명품으로 불리는 나침반, 화약, 인쇄술 등이 바로 송나라 때 만들어졌습니다.

[나귀에서 떨어지는 진단선생]은 조광윤이 송나라의 태조가 되었다는 소식을 듣고 진단(陳摶)이 나귀에서 떨어졌다는 일화를 소재로 한 그림입니다. 진단은 도교(道敎)의 학자이자 도사(道士)로 119세까지 살았다고 알려진 인물입니다. 그는 혼란의 시대를 잠재운 능력 있는 사람이 황제가 되었다는 소식에 몹시 기뻐했습니다. 그리고 "천하가 이제 안정될 것이다"라고 외쳤다고 합니다.

나귀에서 떨어지는 인물과 뒤돌아 보는 사람의 표정이 모두 독특합니다. 떨어지는 진단을 향해 달려드는 동자의 몸짓은 급한데, 정작 떨어지는 사람은 개의치 않고 즐거운 표정입니다. 그림은 풀 하나하나까지 세심하게 신경을 써서 그렸습니다. 그림의 왼쪽 위에는 조선의 19대 임금인 숙종이 쓴 감상평이 남아 있습니다. 내용은 다음과 같습니다.

진단은 어찌하여 안장에서 갑자기 떨어졌는가?
취하지도 않았고 자지도 않았지만 별다른 기쁨이 있었구나
협마영(조광윤의 고향)에 상서로운 조짐으로 참된 임금이 나타났으니
이제부터 천하에는 가히 근심이 없겠구나

希夷何事忽鞍徙 非醉非眠別有喜 夾馬徵祥眞主出
희 이 하 사 홀 안 사　비 취 비 면 별 유 희　협 마 징 상 진 주 출

從今天下可無悝
종 금 천 하 가 무 리

지금도 전 세계에서는 전쟁이 벌어지고 있습니다. 겉으로는 저마다 명분을 내세우지만, 속을 보면 소수의 이익이나 자국의 이권이 원인입니다. 전쟁에서 희생되는 건 언제나 평범한 사람들입니다. 정치가 일상과 상관없다고 생각하기도 하지만 절대 그렇지 않습니다. 요즘처럼 급변하는 시대에서는 사람에게 시시각각 영향을 끼칩니다. 그래서 우리에겐 바른 정치가 필요합니다.

46日 · 부조리

도리에 맞지 않는 기쁨은 부정을 양산한다

심산지록(深山芝鹿) - 윤두서

소인은 섬기기 어렵고 기쁘게 하기는 쉽다. 그는 도리에 맞지 않더라도 기뻐하고, 사람들에게 완벽할 것을 요구하기 때문이다.

小人難事而易說也 說之雖不以道說也 及其使人也求備焉
소 인 난 사 이 이 열 야　열 지 수 불 이 도 열 야　급 기 사 인 야 구 비 언
- 자로편

공자가 말하는 리더십의 기본은 바른 언행과 모범적 태도입니다. 이것은 가장 단순하고 효과적인 방법이지만 결코 쉽지 않습니다. 기분 내키는 대로 행동하기는 쉬우나 양심을 따르는 삶은 어렵기 때문입니다. 명분을 지키며 한결같이 살아가는 일은 절대 만만치 않습니다. 따라서 제대로 된 리더십을 갖추려면 가장 먼저 어떤 환경에서도 흔들리지 않는 뚝심이 필요합니다.

위 구절은 상반되는 리더상을 군자와 소인으로 분류했습니다. 소인과 비교되는 군자에 대한 내용은 다음과 같습니다. "군자는 섬기기 쉬우나 기쁘게 하기는 어렵다. 도리에 맞아야만 기뻐하고, 사람의 역량에 맞게 일을 맡기기 때문이다. (君子易事而難說也 說之不以道不說也 及其使人也器之 군자이사이나 열야 열지불이도불열야 급기사인야기지)" 이는 아랫사람의 입장에서 본 리더의 구분법입니다. 좋은 리더는 사람들을 배려하고 도리를 중요하게 여기지만, 나쁜 리더는 사람들을 기계처럼 부리고 도리를 신경 쓰지 않는다는 말입니다.

도리에 맞지 않는 기쁨의 근본은 아부와 뇌물입니다. 그것은 주는 사람과 받는 사람을 모두 부정과 편법에 빠지게 만듭니다. 한번 맛을 들이면 정상적인 관계와 절차를 따르기 어렵습니다. 그 어떤 중독 못지않게 쉽게 빠져들고 벗어나기 힘듭니다. 또한 비뚤어진 기쁨은 비리의 씨앗을 뿌립니다. 그 씨앗은 독을 품은 채 사방으로 비리를 퍼뜨립니다. 한 곳이 오염되면 주

변으로 빠르게 확산됩니다. 몸을 깨끗하게 유지하기 위해서 더러운 것을 피하고 자주 씻듯, 정신도 오염되지 않으려면 타락하는 상황을 멀리 해야 합니다. 그리고 밝은 책이나 현명한 사람들의 얘기로 생각을 자주 씻어 줘야 합니다. 사람은 환경의 영향대로 달라지기에 《논어》처럼 긍정적인 변화를 이끄는 책을 곁에 두고 수시로 들여다 봐야 합니다.

처음으로 리더가 된 사람들은 한결같이 어려움을 호소합니다. 사람을 관리하는 일이 이렇게 어려운 줄 몰랐다고 합니다. 저도 마찬가지였습니다. 리더십은 업무와 별개로 관계의 경험이 필요합니다. 그리고 자신이 세운 원칙이 있어야 합니다. 사람들은 어떻게 하면 좋은 리더가 될 수 있는지 궁금해합니다. 그런데 의외로 답은 간단합니다. 자신이 함께 일했던 상사의 장점은 본받고, 단점은 보완하면 자연스럽게 좋은 리더가 될 수 있습니다.

아무리 다방면으로 생각해 봐도 저는 좋은 리더가 아니었습니다. 성격이 예민하고 기대치가 높아 많은 사람들을 힘들게 했습니다. 그래도 가끔 예전의 후배들을 만나면 공통적으로 인정해 주는 부분은 있습니다. 저의 일관된 태도가 좋았다고 합니다. 저는 리더로서 두 가지 원칙을 지키려 노력했습니다. 하나는 '내가 한 말은 무조건 지킨다'였고, 다른 하나는 '총책임자는 나다'였습니다. 제가 사회 생활을 하면서 가장 부조리하다고 느꼈던 부분이 그 두 가지였기 때문입니다. 완벽하진 못했어도 아랫사람이 보기에 제가 애쓰는 모습이 어느 정도 느껴졌으니 그런 인사말을 건네는 것 같습니다.

[심산지록(深山芝鹿)]은 깊은 산(深山)의 영지버섯(芝)과 사슴(鹿)이라는 뜻입니다. 영지버섯과 사슴은 십장생(十長生) 중 하나입니다. 십장생이란 오래 살거나 죽지 않는다고 알려진 10가지 사물입니다. 중국에서는 사용하지 않는 말이지만 조선에서는 그림이나 병풍으로 만들어 장수를 기원하는 도구로 활용했습니다. 영지버섯은 불로초라고도 불리는데 실제로도 항암 효과

가 뛰어나다고 합니다. 사슴은 육지 동물을 대표해 십장생에 포함됩니다. 동양에서 서식하는 사슴의 수명은 보통 20여 년 내외이지만 예부터 맑은 기운을 가진 신비스러운 동물로 여겨졌습니다.

이 그림은 진한색으로 채워진 풀숲과 묽게 표현된 사슴이 붙어 묘한 조화를 만듭니다. 그림의 중심을 차지하는 사슴이 희미하여 주인공인지 배경인지 헷갈릴 지경입니다. 제목에 쓰이는 영지버섯도 사슴의 앞에 있는데 마치 숨은 그림 찾기처럼 눈에 잘 띄지 않습니다. 오히려 이 그림은 풀잎과 대나무잎이 주인공으로 의심될 정도로 존재감이 강렬합니다. 대나무도 십장생에 포함되어 있으니 주요 소재로만 보면 장수를 기원하는 그림 같지만 왼쪽 상단에 쓰인 화제(畵題)는 전혀 다른 의미를 밝히고 있습니다.

화제는 두 개인데, 첫 번째는 윤두서가 직접 쓴 것으로 비바람 치는 밤을 피해 깊은 산으로 몸을 숨기기 좋다는 내용입니다. 혼란한 세상을 피해 숨어서 산다는 의미인데, 아마도 정치에 뜻을 버리고 초연하게 살아가는 자신의 모습을 비유한 것으로 보입니다. 두 번째 글에는 '지록위마(指鹿爲馬)'의 고사성어를 암시하는 표현이 들어 있습니다. 지록위마는 사슴을 가리켜 말이라고 한다는 뜻입니다.

춘추전국시대를 끝내고 중국을 하나로 만든 사람은 진시황입니다. 그는 막강한 군사력과 엄격한 법률을 내세워 최초로 중국 대륙을 통일한 인물입니다. 천자로 불리던 왕의 호칭을 황제로 바꾸고, 전국을 군과 현으로 나누어 중앙에서 관리하는 제도를 만들었습니다. 화폐, 글자, 법률, 도량형 등도 통일했습니다. 현재 중국을 영어로 차이나(China)로 부르는 것 역시 진나라의 진(Chin)에서 유래했다고 알려져 있습니다. 이처럼 진나라는 지금까지 이어져 오는 중국 문명의 체계적인 발판을 만드는 데 큰 역할을 했습니다.

강력한 법률을 내세워, 천년만년 유지될 것 같았던 진나라는 의외로 오래가지 못했습니다. 진시황이 죽자 나라가 급격하게 기울었습니다. 환관 조고(趙高)는 권력에 눈이 멀어 비정상적인 방법으로 진시황의 어린 막내아들 호해(胡亥)를 황제로 만들고는 진나라를 장악했습니다. 조고는 자신의 권력을 확인하고자 어린 황제에게 사슴을 바치면서 선물로 말을 드린다고 했습니다. 황제 호해는 사슴을 왜 말이라고 부르는지 의아해하며 물었지만, 조고의 위세에 눌린 신하들은 사슴을 보고 말이 맞다고 했습니다. 이때부터 진나라는 본격적으로 소인인 조고의 손에 놀아나게 되었습니다. 정치가 문란해지자 백성들의 삶이 피폐해지고 여기저기서 반란이 일어났습니다. 결국 549년 동안 계속되었던 춘추전국시대의 혼란을 끝내고, 최초로 중국 대륙을 통일했던 진나라는 백성들의 반란으로 15년 만에 망해 버렸습니다.

본래 진시황은 장남 부소(扶蘇)에게 황제의 자리를 물려주라는 유언을 남겼습니다. 그러나 조고는 진시황의 측근이라는 신분을 이용했습니다. 제멋대로 황제의 유언을 조작하고 호해와 승상 이사(李斯)를 꼬드겼습니다. 그가 권력을 잡자 법은 더 엄해지고 형벌은 가혹하게 바뀌었습니다. 길에 다니는 사람 중 절반이 형벌을 받았고, 사형당한 사람들이 시장에 쌓일 정도였다고 합니다. 지나친 형벌은 반란 세력을 키우는 불씨가 되었습니다. 권력욕에 눈이 먼 조고는 나중에 이사와 호해까지 죽음에 이르게 했습니다. 반면, 장남 부소는 어린 시절부터 총명하고 어질어 진시황과 신하들에게 인정을 받던 인물입니다. 아버지의 잘못된 정책을 비판할 줄 아는 용기와 정의감도 있었습니다. 만약 부소가 진시황의 바람대로 황제가 되었다면 진나라는 군자의 리더십으로 다른 역사를 써 내려갔을 지도 모릅니다.

47日 · 절제

과도한 욕망은 사회를 병들게 한다

주유청강(舟遊淸江) - 신윤복

나는 아직까지 미인을 좋아하는 것처럼 덕을 좋아하는 사람을 보지 못했다.

吾未見好德如好色者也

오 미 견 호 덕 여 호 색 자 야 - 자한편

환경이나 취향에 따라서 미인의 기준은 다르지만 어느 시대에나 보편적으로 인정받는 미녀는 있었습니다. 중국에서는 예전부터 춘추전국시대의 서시(西施), 삼국지에 등장하는 초선(貂蟬), 당나라의 양귀비(楊貴妃) 등이 시대를 대표하는 미녀로 널리 알려졌습니다. 그녀들은 나라의 운명을 바꿔 버릴 정도로 빼어난 미모를 자랑했습니다.

우리에겐 잘 알려져 있지 않으나 그녀들만큼 유명했던 미남도 있었습니다. 춘추전국시대의 송옥(宋玉)과 서진의 반악(潘嶽)이 대표적입니다. 두 사람은 모두 문학가입니다. 송옥은 압도적인 외모로 유명해 잘생긴 사람에게는 '송옥같이 잘생겼구나'라는 말이 나왔을 정도입니다. 반악은 집 밖으로 나가면 여성들이 던진 과일로 수레가 가득 찼다는 일화를 남겼습니다. 이처럼 미인을 좋아하는 감정은 인간의 자연스러운 본능입니다.

공자는 본능에 이끌려 미인을 좋아하듯이 덕을 좋아하는 사람이 없는 세태를 안타까워했습니다. 이 구절도 《논어》에 두 번이나 나옵니다. 사람도 동물이기에 본능의 지배를 받습니다. 그러나 본능에 따른 욕망을 건전하게 실현하려면 적당한 절제와 타인에게 피해를 주지 않는 미덕이 필요합니다. 그렇지 못하면 욕망의 지배를 받게 됩니다.

사람이 덕을 신경 써야 하는 이유는 함께 살아가야 하는 존재이기 때문입니다. 본능과 욕망은 나쁜 것이 아니고 적절히 조절하면 삶의 동기이자 활력소가 되기도 합니다. 언제나 중요한 것은 균형입니다. 대부분의 욕망은 눈앞에 아른거려 닿기 쉽지만, 덕은 양심과 인내심을 발판 삼아 올라서야 겨우 붙잡을 수 있기에 어렵습니다. 그러나 덕은 지나쳐도 큰 문제 없지만, 욕망은 지나치면 개인과 사회 모두에게 해롭습니다.

조선에서 인간의 욕망을 소재로 적나라하게 활용하여 유명세를 얻은 화가가 신윤복입니다. 그는 증조할아버지부터 아버지까지 대대로 화원이었던 집안에서 태어났습니다. 아버지 신한평(申漢枰)은 어진 제작에 참여했을 정도로 실력이 뛰어났습니다. 그런데 안타깝게도 신윤복은 명성에 비해 남겨진 기록이 거의 없습니다. 그런 연유로 오로지 작품으로만 평가를 받는 화가 중 한 명이기도 합니다.

신윤복은 김홍도와 더불어 조선 후기를 대표하는 풍속화가입니다. 글씨와 산수화에도 뛰어났으며, 흥미로운 인물 표현과 다양한 배경 설정으로 자신만의 풍속화를 만들었습니다. 대표작인 [미인도]부터 [단오풍정]까지 조선의 여인들에 대한 묘사가 아주 탁월합니다. [미인도]는 여성을 소재로 한 전신 그림 중 최고의 걸작으로 인정받고 있으며, [단오풍정]의 빨간 치마를 입고 그네 타는 여인 또한 모르는 사람이 없을 정도로 유명합니다. 그는 풍속화에서 조선의 여성들을 주요 소재로 활용하여 개성적인 작품을 많이 남겼습니다. 조선 여성의 표정과 몸짓을 가장 생생하게 후손들에게 전달해 준 화가입니다. 여성들의 삶이 자유롭지 못한 시대에 그들을 주요 소재로 삼는다는 것만으로도 신윤복의 도전 정신은 높은 평가를 받을 만합니다.

신윤복은 [주유청강(舟遊淸江)]을 통해 덕보다 미인을 좋아하는 사람들을 풍자했습니다. [주유청강]은 맑은 강의 뱃놀이라는 뜻입니다. 국보로 지정된 《혜원전신첩(惠園傳神帖)》에 들어 있습니다. 《혜원전신첩》은 신윤복의 대표적인 풍속화가 담겨 있는 그림책으로 총 서른 점의 작품으로 구성되어 있습니다. 이 그림책에는 [단오풍정]같은 일상생활의 풍경부터 사랑하는 연인

들의 만남과 양반들의 유흥까지 다양한 삶이 담겨 있습니다. 신윤복의 풍속
화는 각각의 사연이 담긴 조선의 일상을 꽤 흥미롭게 풀어냈습니다.

[주유청강]을 보면 크지 않은 배에 세 명의 양반과 세 명의 여인 그리고
뱃사공과 악공 등 총 여덟 명이 타고 있습니다. 양반들이 여인들을 데리고
뱃놀이를 나왔는데, 비교적 부유한 사람들에 속합니다. 상황으로 보니 여인
들은 뱃놀이에 동원된 기생 같은데 느긋하게 각자의 자리를 차지하고 있는
걸로 보아 뱃놀이가 익숙한 모양입니다. 이 그림에는 [단오풍정] 속 그네 여
인이 입었던 것처럼 튀는 색상의 치마는 없습니다. 모두 강물과 비슷한 색
으로 맞춰 입은 모양새입니다.

생황과 대금의 연주가 분위기를 띄우고 잔잔한 물결이 출렁입니다. 그
림의 주인공은 배 앞쪽에 서서 담뱃대를 함께 쥔 남녀입니다. 많은 사람들
의 시선이 두 사람을 응시하고 있기 때문입니다. 남자는 다소 긴장된 표정
이지만, 여자는 비교적 여유롭습니다. 아마도 남자는 여자의 마음에 들기
위해 담뱃대를 건네며 눈치를 보는 것 같습니다. 다른 여성들은 느긋하게
악기도 연주하고 물에 손도 담그는데, 그늘막 속 두 명의 양반은 담뱃대를
건네는 남녀만 쳐다보고 있습니다. 여기엔 무슨 속사정이 있는 걸까요?

그림에는 쉽게 이해되지 않는 두 가지 요소가 있습니다. 하나는 세 양반
의 나이입니다. 담뱃대를 건네는 남자는 이제 막 수염이 자라기 시작한 청
년이며, 물에 손을 담근 여자 옆의 남자는 아예 수염이 없습니다. 둘은 또래
로 보입니다. 그런데 혼자 서 있는 남자는 수염이 제법 깁니다. 두 명의 양
반보다 한참 나이가 많습니다. 수염이 긴 남자는 다른 두 명과 무슨 관계일
까요? 더욱 호기심이 생기는 요소는 뒤쪽 두 양반의 도포에 묶인 하얀색 세
조대입니다. 앞서 세조대는 도포 위에 착용하는 가는 띠로, 신분에 따라 착
용하는 색상이 다르다고 말씀드렸습니다. 그런데 흰색 세조대의 용도는 신

분과는 상관이 없었습니다. 그것은 주로 상중에 착용했기 때문입니다. 그러니 그림 속 두 양반은 현재 자신의 부모나 조부모가 돌아가신 상황입니다. 두 명만 선명한 흰색 세조대를 착용하고 있으니, 이들은 가족이거나 친척일 가능성이 높습니다. 미인에 빠져 상중의 두 양반이 여인들을 불러 뱃놀이를 떠났으니, 도리로나 상식으로나 말이 안 되는 상황입니다.

　이 그림은 평상시에는 덕을 내세우지만, 마땅히 그러지 말아야 할 상황에서도 여인들의 꽁무니를 쫓는 양반들의 욕망에 대한 풍자로 해석할 수도 있습니다. 만약 화가가 처음부터 그런 의도로 작품을 구상했다면 정말 탁월한 그림입니다. 겉과 속이 다른 양반을 표현하는데, 하나의 끈 색만으로 모든 걸 해결했기 때문입니다. 그래서 그림은 때론 마치 숨은 그림 찾기를 하듯이 꼼꼼히 살펴볼 필요가 있습니다. 그림 속 양반들이 상중에도 미인을 좋아하는 만큼 덕을 좋아했다면 군자로서의 앞길이 펼쳐지지 않았을까요?

잘못을 고치지 않는 것이 바로 잘못이다

유곽쟁웅(遊廓爭雄) - 신윤복

군자는 진중하지 못하면 위엄이 없고 학문도 단단해지지 못한다. 충직과 신뢰를 중요하게 여기고, 이런 가치를 소중히 여기지 않는 친구를 사귀지 말고, 잘못이 있다면 거리낌 없이 고쳐야 한단다.

君子不重則不威學則不固 主忠信 無友不如己者 過則勿憚改
군 자 부 중 즉 불 위 학 즉 불 고 주 충 신 무 우 불 여 기 자 과 즉 물 탄 개
- 학이편

군자는 무게감 있는 태도를 유지해야 한다는 조언으로 시작하는 구절입니다. 《논어》에는 이처럼 진중함을 강조하는 유명한 구절이 또 하나 있습니다. 공자의 제자 중 한 명인 증자(曾子)는 다음과 같은 말을 남겼습니다. "선비의 임무는 무겁고 갈 길은 멀기에 마음이 크고 굳세야 한다. 인을 자신의 임무로 삼았으니 어찌 무겁지 않겠는가? 죽은 뒤에야 가야 할 길이 끝나니 어찌 멀지 않겠는가?" (士不可以不弘毅 任重而道遠 仁以爲己任不亦重乎 死而後已不亦遠乎 사불가이불홍의 임중이도원 인이위기임불역중호 사이후이불역원호 - 태백편) 증자는 공자의 학문을 후세에게 전파시키는 데 큰 역할을 한 제자입니다. 그의 말에서 한치의 나태함도 받아들일 수 없다는 묵직함이 느껴집니다.

《논어》에는 충(忠)이라는 말이 자주 나옵니다. 현대인에게 충은 곧 충성이라는 뜻으로, 국가나 윗사람에게 몸과 마음을 바쳐 최선을 다한다는 의미로 사용됩니다. 그러나 본래 논어에서 말하는 충은 그보다 더 다양한 뜻을 담고 있습니다.

한자 충은 '마음 심(心)'과 '가운데 중(中)'자가 합쳐져서 만들어진 글자입니다. 의미를 해석하면, 치우침 없이 중심을 잡고 있는 마음이라는 뜻입니다. 따라서 본인 혹은 남에게 '정성스럽다', '마음을 다하다'라는 뜻이 기본입

니다. 여기서 확장해 '충성하다', '공평하다'라는 뜻까지 포함하게 됐습니다. 즉, 충은 본래 국가나 왕처럼 특정한 대상을 향한 마음이 아니라 스스로를 발전시키고 지켜 나가는 굳센 태도에 가깝습니다. 따라서 공자가 말하는 대부분의 충은 본래의 의미를 따라서 '진심으로 최선을 다한다'라는 해석이 어울립니다. 문장을 번역할 때도 충성보다 충직이나 충실이 더 적합한 경우가 많습니다. 그런 연유로 저는 소개한 문장의 충을 충성이 아니라 충직으로 번역했습니다. 《논어》에 나오는 대부분의 충은 우리가 연상하는 충성이라는 뜻과는 다르다는 것을 기억해야 합니다.

위 구절에서 의미를 곱씹어 봐야 할 부분은 마지막 내용입니다. 자신의 잘못을 알게 되면 즉시 고쳐야 한다는 구절입니다. 군자도 사람이기에 실수도 하고, 잘못된 일을 벌일 수도 있습니다. 그래서 그것을 알아차렸을 때 바로 인정하고 고치면 됩니다. 군자는 결함이 없는 완벽한 이상적 존재가 아니라 바르게 살기 위해서 수시로 자신을 가다듬는 사람입니다.

자신의 실수나 잘못을 솔직하게 인정하지 않으려는 사람들이 있습니다. 나이를 먹거나, 높은 지위에 오르면 그런 경향이 강해지기도 합니다. 그들 중에서는 심지어 다른 사람에게 책임을 덮어 씌우기도 합니다. 저는 사회생활을 할수록 주변에 본받고 싶거나 존경할 만한 인물이 드물다는 사실이 안타까웠습니다. 그 이유는 여러 가지가 있겠지만, 대표적으로 자신의 잘못을 인정하지 않거나, 고칠 생각조차 하지 않는 사람들 때문이었습니다. 정치인, 공무원, 언론인 같이 자주 눈에 띄는 사람들부터 남 얘기 좋아하는 평범한 주변 어른들까지. 떠벌리는 일은 잘하지만 사과에는 인색한 경우가 많습니다. 진심이 담긴 사과보다 교활한 모면, 어영부영 넘어가려는 술수, 어이없는 적반하장이 판을 치니 점점 사람을 믿지 못하게 됩니다.

공자는 "잘못을 고치지 않는 것, 그것이 바로 잘못이다(過而不改 是謂過矣

과이불개 시위과의 - 위령공)"라고 말했습니다. 《논어》에는 공자가 자신의 실수를 인정하는 장면이 나옵니다. 이런 인간적인 면모가 고스란히 담겨 있기에 《논어》를 읽는 맛이 나고 공자에게 애정이 생깁니다. 어느 날 공자는 자신의 말이 논리적으로 맞지 않다는 사실을 다른 사람이 지적하자 다음과 같이 얘기했습니다. "나 공자는 참으로 행복한 사람이다. 내가 잘못을 저지르면, 반드시 사람들이 그것을 지적해 주는구나." (丘也幸 苟有過 人必知之 구야행 구유과 인필지지 - 술이편)

[유곽쟁웅(遊廓爭雄)]은 유흥가에서 싸우는 남자들을 포착한 그림입니다. 땅에 떨어진 갓이 뜯긴 걸로 보아 이미 한차례 몸싸움이 벌어진 다음입니다. 한쪽에서는 사람들이 맞은 이를 달래고, 가운데에 윗도리가 벗겨진 채 홀로 선 양반은 아직 화가 사그라들지 않은 표정입니다. 표정만으로도 누가 때리고 맞았는지 선명합니다. 오른쪽 하단에 갓을 줍는 사내는 기분이 좋지 않고, 상단에 담배를 피우며 구경하는 여인은 떨떠름합니다. 인물들의 표정이 생생하니 더욱 그림의 맛이 살아납니다.

주먹다짐이 오가는 양반에게서 진중함이나 위엄은 찾아볼 수 없습니다. 최소한의 예의마저 상실한 양반은 주인을 잃고 떨어져 나뒹구는 세조대나 뜯어진 갓처럼 초라할 뿐입니다. 사람이 배워야 하는 이유는 사람답게 살기 위함입니다. 그것이 학문의 가장 원초적인 목적입니다. 수단으로만 전락한 학문은 충직과 신뢰를 가볍게 여깁니다.

그림 속 양반처럼 유흥가에서 싸움을 일삼는 친구는 골치 아픈 존재입니다. 술에 취해 나타나는 행동은 습관이기 때문에 반복적으로 싸움을 일으킵니다. 나쁜 습관들은 쉽게 고쳐지지 않습니다. 사람이 살아오면서 차곡차곡 쌓이고 뭉쳐진 인성이 행동으로 표출되기 때문입니다. 옷이 벗겨진 양반은 수염으로 보아 나이가 꽤 있는 편인데, 그럼에도 몸싸움을 즐긴다면 정말 난감한 일입니다. 나이를 먹고도 자신의 잘못을 인정하고 사과하지 못하니 앞으로도 스스로를 발전시키기엔 요원한 사람이기 때문입니다.

이 그림도 《혜원전신첩》에 들어 있습니다. [유곽쟁웅]은 동자의 안내를 따라서 술집으로 가는 [야금모행(夜禁冒行)], 술집에서 술을 마시는 [주사거배(酒肆擧杯)]와 함께 시리즈처럼 이어져 구성이 흥미로운 그림입니다. 연작으로 기획된 세 점의 그림을 흥미롭게 만드는 요소 중 하나는 붉은 옷을 입은 무예별감입니다. 무예별감은 왕을 호위하거나 궁궐의 문을 지키던 관청과 그곳에 소속된 군인을 지칭하는 용어입니다. 그림 속에서는 눈에 확 띄는 옷의 색상으로 세 그림을 이어주는 역할을 담당합니다. 당시의 무예별감은 낮은 직급이었지만, 왕을 가까이에서 호위하는 임무로 신분에 비해 큰 힘을 썼다고 합니다.

가만히 생각해 보면 유흥가를 그린 이 시리즈에 등장하는 무예별감도 장소와 어울리지 않는 인물입니다. 어깨에 잔뜩 힘을 주던 몇몇 무예별감들은 술집 등의 운영에 관여하면서 별도로 돈벌이를 했다고 합니다. 그런 연유로 《혜원전신첩》에 등장하는 무예별감이 부패한 관리라는 해석도 있습니다. 만약 이 무예별감이 공무원의 역할에 충직한 사람이라면 맞은 사람이 아니라 때린 사람 옆에 서 있어야 할 겁니다. 이유가 어찌 되었든 싸움이 발생하면 때린 사람을 말리거나 주의를 주는 게 일반적입니다. 싸움을 일으킨 양반이든 제 할 일을 하지 않는 무예별감이든 진중함이나 충직함과는 거리가 먼 사람들이 확실합니다.

입장을 바꾸면 타인의 고충이 보인다

표모봉욕(漂母逢辱) - 신윤복

자공이 물었다. "만약 사람이 죽을 때까지 실천해야 할 한마디의 말이 있다면 무엇입니까?" 공자가 답했다. "그것은 '서'다. 서는 자신이 원하지 않는 일을 남에게 하지 않는 것이란다."

子貢問曰 有一言而可以終身行之者乎
자 공 문 왈   유 일 언 이 가 이 종 신 행 지 자 호

子曰 其恕乎 己所不欲 勿施於人
자 왈   기 서 호   기 소 불 욕   물 시 어 인 - 위령공편

기독교에는 황금률이라는 용어가 있습니다. '황금과 같은 귀한 가르침'이란 뜻으로 기독교의 기본 윤리입니다. 이 가르침은 아주 명쾌합니다. "남에게 대접을 받고자 하는 대로 너희도 남을 대접하라." 이것은 《성경》의 〈누가복음〉과 〈마태복음〉에서 반복되는 가르침입니다.

　관점에 따라 황금률은 내가 좋아하는 것을 상대방도 좋아할 것이라는 전제가 깔려 있는 것으로 봅니다. 누구에게나 '당연히 내가 대접하는 방식을 좋아하겠지'라는 생각으로 접근하면, 성향이 다르거나 원치 않는 사람에게는 강요가 된다는 논리입니다. 이는 자칫하면 흑백논리로 번집니다. 내가 좋아하는 걸 다른 사람은 좋아하지 않는 상황을 이해하지 못하면, 그 안에서 흑백논리가 자라게 됩니다. 이러한 생각이 극단적으로 뻗치면 내 생각에 동조하지 못하는 사람은 적이 됩니다. 따라서 황금률은 공자가 말한 서에 비해 폭력적이거나 강압적으로 변질될 우려가 있다고 보기도 합니다. 그러나 제가 보기엔 황금률과 서는 큰 차이가 없습니다.

　〈누가복음〉에서는 원수를 사랑하고, 나를 저주하거나 모욕하는 사람을 위해 기도하라는 내용 뒤에 황금률이 나오며, 〈마태복음〉에서는 비판받지 않으려거든 비판하지 말고, 다른 사람의 티끌 같은 잘못보다 내 안에 있는

나무 기둥만 한 잘못을 먼저 고쳐야 한다는 얘기가 먼저 나옵니다. 적들까지 모두 포용하며, 나의 단점을 먼저 살피라는 반성적 태도를 강조하는 맥락을 보면 강압적으로 느껴지지 않습니다. 《성경》이나 《논어》 모두 사람이 사람답게 살아가기 위해서는 반드시 존중과 배려가 필요하고, 내면의 성찰이 필수라고 얘기하고 있습니다.

다양한 시대적, 환경적 요소를 감안하지 않고 자신이 믿는 가르침의 우월성을 따지는 것은 의미가 없습니다. 편협한 사고는 오히려 인류에게 해를 불러옵니다. 성인의 말을 해석하는 과정에서 혼란이 일어나는 것은, 말을 있는 그대로 받아들이지 못하는 철학자들의 장난 때문일지 모릅니다. 위대한 성인들은 신분이 낮은 사람들과 허물없이 어울렸고 제대로 배우지 못한 사람들의 편에서 눈높이에 맞춰 얘기를 전달했습니다. 성인들은 모두 나의 단점을 먼저 살피고 서로 사랑하라고 가르쳤습니다.

[표모봉욕(漂母逢辱)]은 빨래하는 여인이 수치스러운 일을 당한다는 뜻입니다. 사내는 해맑게 웃음을 던지고, 여인은 잔뜩 화가 난 상태입니다. 까까머리 사내와 빨래하는 여인의 상반된 표정이 눈에 띕니다. 사내가 여인을 향해 자신의 호감을 표현하는데 그 여인은 영 못마땅한 모양입니다. 사내가 여인에게 보내는 팔 동작이 하트를 만드는 요즘 사람들의 모습과 닮아 놀랍습니다. 빨랫방망이의 방해만 없었다면 두 팔로 하트를 만들고 있다고 해도 믿을만한 모습입니다. 주름이 많은 할머니는 사내의 행동이 못마땅한지 인상을 쓰며 실랑이를 벌이고 있습니다. 빨랫방망이를 몽둥이로 사용할 정도로 크게 혼을 내려고 했던 모양입니다. 할머니의 제지에도 사내는 움츠르드는 기색이 없습니다. 사내는 자신이 원하는 일이라면 다른 사람이 원하든, 원하지 않든 상관없이 덤비는 사람입니다. 그는 자신만 생각합니다. 그러니 다른 사람을 위한 어떤 존중과 배려도 없습니다. 이 그림에서 여성들의 표

정과 행동으로 보면 사내는 스토커나 마찬가지입니다. 사내와 할머니 주변에는 거친 바위와 제멋대로 난 풀이 분위기를 어둡게 만듭니다. 어두운 배경은 사내의 음침함과 할머니의 노여움 중에서 어디에 더 가까울까요?

사내는 머리 모양으로 보면 스님이 분명합니다. 그렇다면 이 상황은 단순한 사건이 아닙니다. 불교의 수행자들은 세상의 보편적인 욕망을 절제하는 금욕을 수행의 가장 기본적인 덕목으로 삼기 때문입니다. 불교는 수행자가 반드시 지켜야 할 다섯 가지 계율로 생명을 죽이지 않는 것, 훔치지 않는 것, 음란한 짓을 하지 않는 것, 거짓말 하지 않는 것, 술을 마시지 않는 것으로 정해 놓았습니다. 만약 사내가 스님의 신분으로 밝게 웃고 있는 것이라면 그는 수행자가 아니라 수행자의 탈을 쓴 난봉꾼인 셈입니다.

수행자라는 단어에는 불교에서 도를 닦는 사람이라는 뜻도 있고, 무술을 수련하는 사람이라는 의미도 있습니다. 저는 불교 신자가 아니지만 취미로 무술을 배우고 있으니 수행자라는 단어에 발 하나 정도는 담근 셈입니다. 2020년 중반, 코로나가 한참 극성맞게 퍼지는 시기에 저는 합기도와 검술을 시작했습니다. 다른 사람들은 원래 다니던 도장도 쉬는데, 저는 오히려 40대 중반의 나이에 도전장을 내밀었습니다. 20대 초반 군대에서 태권도를 연습한 이후 오랜만에 도복을 입었습니다. 그 뒤로 무릎이 아파 합기도는 어쩔 수 없이 포기했지만, 검술은 꾸준히 배우고 있습니다.

제가 배우는 검술은 자칫하면 큰 사고가 나거나, 배운 기술로 다른 사람에게 해를 끼칠 수도 있기에 일반 무술처럼 돈만 내면 배운다는 개념이 없습니다. 일종의 면접을 봐야 입문이 가능하고, 설사 배우기 시작했다 하더라도 태도가 좋지 않거나 말썽의 소지가 생기면 바로 파문을 당합니다. 저는 일본에서 무형문화재로 지정될 정도로 역사와 전통이 확실한 검술을 배운다는 점도 좋았고, 평범하지 않은 입문 과정도 마음에 들었습니다. 처음에는 호기심으로 시작했는데 시간이 지나면 지날수록 '삶과 죽음을 넘나드는 진짜 무술을 하고 있구나'라는 생각이 듭니다. 비록 정해진 방식으로 연습하고 목검을 쓰지만, 무기를 사용하는 만큼 긴장감이 꽤 높습니다. 상대방의 공격을 피하거나 막지 못하면 바로 죽고, 내가 먼저 찌르거나 베면 사는 겁니다. 목검이 들어오는 순서나 방향을 알고 있지만 아직은 초보 수준이라 피하지 못하고 수시로 간접적인 죽음을 경험합니다. 매번 같은 동작을 수없이 반복하고 감정을 조절하면서 수행이라는 말이 무술과 정말 잘 어울린다는 사실을 깨닫고 있습니다.

검술을 배우고 3년이 되어가는 2023년 봄, 일본에 계신 선생님을 뵐 기회가 생겼습니다. 선생님은 세계적인 무도가로 제가 배우는 검술을 한국에 전수하신 분입니다. 검술 이외에도 합기도, 가라데, 태극권 등 각종 무술의 실기와 이론에 통달하여 무도연구소를 운영하시면서 노년에도 날렵함과 섬세함을 갖춘 분으로 소문이 자자했습니다. 그분께 직접 가르침을 받을 수 있는 기회를 얻고는 아이돌을 만나러 가는 소녀처럼 설렜습니다. 그런데 제가 일본에 가서 정작 감동한 부분은 선생님의 기술이 아니라 몸에 밴 소박함과 배려였습니다. 여든두 살의 무술 고수가 아주 작고 사소한 것까지 신경 쓰는 몸짓의 합에 놀랐습니다. 그것은 보편적인 일본인의 친절함을 넘어서는 배려였습니다. 그분의 행동에서 저는 공자의 '서'를 보았습니다. 전 세계에서 수백 명의 제자들이 오랜 기간 선생님을 진심으로 믿고 따르며 존경하는 이유를 알 것 같았습니다. 저는 진정한 수행자란 어떻게 행동해야 하는지 배웠습니다. 내가 변하고 싶을 때, 가장 손쉬운 동기부여의 방법은 모범이 되는 대상을 찾는 일입니다. 내가 존경할 만한 사람을 찾아 보세요.

50日·극복

근심될 일은 벌어지지 않게 하는 게 낫다

선유도(船遊圖) - 심사정

━━━━━━━━━━━━━━ ◈◈◈ ━━━━━━━━━━━━━━

지혜로운 사람은 미혹되지 않고, 어진 사람은 근심이 없으며, 용감한 사람은 두려움이 없다.

知者不惑 仁者不憂 勇者不懼

지 자 불 혹 인 자 불 우 용 자 불 구 - **자한편**

━━━━━━━━━━━━━━━━━━━━━━━━━━━━━━

지혜와 어짊과 용기는 누구에게나 있지만, 각각 어느 정도의 비율로 가졌는지 명확히 알 수 없습니다. 또 누구는 지혜롭고, 누구는 어질고, 누구는 용감하다고 칼같이 선을 긋기도 어렵습니다. 사람은 본성과 환경의 영향으로 저마다 각기 다른 성향을 지니고 있기 때문입니다. 또 성향의 표출은 상황과 심리에 따라서 다르게 나타나기도 하니, 사람을 하나의 기준으로 구분하는 일은 쉽지 않습니다. 지식이 많다고 반드시 지혜로운 사람이 되지는 않는 것처럼, 착하다고 모두 어진 사람이 아니며, 겁이 없다고 전부 용감한 사람은 아닙니다.

사람이 살다 보면 무엇에 홀려 정신을 차리지 못할 때도 있고, 아직 벌어지지도 않은 일 때문에 애태우기도 하며, 별것 아닌 것을 보고도 크게 불안할 때가 있습니다. 누구나 사람이기 때문에 어쩔 수 없이 겪게 되는 감정입니다. 위의 구절이 정확히 어떤 상황에서 언급된 말인지는 알 수 없습니다만 제자들이 바르게 성장한다면 미혹과 근심, 두려움에서 멀어질 수 있다는 조언임에는 틀림없습니다.

인간은 각기 다른 단점이 장점과 섞여 있습니다. 따라서 부족한 부분을 깨달으면 도전과 학습으로 채워 나가면 됩니다. 그것이 인류가 발전해 온 진화의 유전자입니다. 인류는 지금까지 단단하게 쌓아올린 문명이 있습니다. 불과 30여 년 전만 하더라도 인터넷이 보급되지 않아 고급 정보는 소수

지식인이나 전문가의 전유물이었습니다. 인류 역사상 지금처럼 정보가 자유롭게 공유되던 시대는 없었습니다. 미혹과 근심, 두려움에 시달린다면 정보를 통해 그 원인을 먼저 찾고 자신에게 맞는 해결책을 찾으면 됩니다.

저도 천성이 소심하고 나약해서 곧잘 불안에 빠지곤 합니다. 그럴 때면 이렇게 생각합니다. '어느 누구도 완전할 수 없고, 무엇이든 끝이 있기 마련이다.' 이것은 정말 힘들고 어려운 일도 시간이 지나면서 어떻게든 해결했던 경험을 토대로 만든 저만의 주문입니다. 가만히 몸에 힘을 빼고 앉아, 5분 정도 느긋하게 호흡하면서 이 말을 몇 번 되뇌고 난 후 해결책을 찾습니다. 이 방법을 나름의 명상법으로 활용하다 보니, 5분만으로도 어수선하고 긴장되었던 마음과 몸이 제법 이완됨을 느낍니다. 그 후 상황을 객관적으로 파악하며 해결책을 찾습니다.

어쩌면 지혜와 어짊과 용기는 강직하고 묵묵하게 전진하는 사람에게 자연적으로 따라붙는지도 모르겠습니다. 정당하지 않은 일에 신경 쓰지 않으면 미혹되지 않고, 확고한 신념이 있다면 근심을 떨칠 수 있으며, 바르게 살면 두려울 틈이 없기 때문입니다.

주어진 일을 잘해도 지혜로운 사람이지만, 껄끄러운 일을 멀리하는 것도 지혜로운 삶의 한 단면입니다. 일을 많이 벌일수록, 사람을 많이 만날수록 근심과 두려움이 발생하는 횟수가 늘어날 수밖에 없습니다. 자신에게 발생하는 근심과 두려움이 버겁다면 가급적 그런 상황이 발생하지 않는 환경을 만들어 보면 어떨까요?

심사정은 불안한 환경에 대한 근심과 두려움을 그림으로 뚫고 나간 화가입니다. 심사정은 증조할아버지가 영의정을 지낸 가문의 후손이었습니다. 영의정은 지금의 국무총리에 해당되는 조선 최고의 관직입니다. 집안에 영의정을 지낸 인물이 존재한다는 사실만으로도 대대로 가문의 영광이 되던 시절이었습니다. 그러나 심사정의 가문은 명예를 오래 누리지 못했습니다. 할아버지 심익창(沈益昌)이 과거 시험의 부정 사건에 연루되어 유배를 가고, 그 이후에 역모에 연루되면서 급격하게 가문이 몰락했습니다. 이로 인해 심사정은 평생 관직에 나아가지 못하는 역적의 자손 신분을 물려받았습니다.

심사정은 어린 시절부터 그림에 소질이 많았으며 정선에게서 그림을 배웠다고 알려져 있습니다. 그런데 아마도 그에게 가장 큰 영향력을 끼친 사람은 아버지 심정주(沈廷冑)로 추측됩니다. 심정주도 심익창의 영향으로 관직을 얻지 못하는 신분이었고 문인화가의 길을 걸었습니다. 그는 포도 그림으로 이름을 떨쳤다고 합니다. 아버지가 사람들의 입에 오르내릴 정도의 실력자라면 어린 심사정에게도 큰 영향을 미쳤겠지요. 심사정은 관직에 나아갈 수 없는 신분을 자각한 순간부터 아버지처럼 그림에서 앞날에 대한 위로를 찾았는지도 모릅니다.

친척 심익운(沈翼雲)이 쓴 〈현재거사묘지(玄齋居士墓志)〉에 의하면 심사정은 50년간 근심과 걱정에 시달렸지만 단 하루도 붓을 놓지 않았다고 합니다. 63세에 사망했다고 기록되어 있으니, 본격적으로 그림을 배우기 시작한 10대 시절부터 꾸준히 자신의 실력을 갈고닦았던 셈입니다. 20대 중반부터 그림으로 이름을 떨치기 시작하여, 중국에서도 인정받으며 작품이 유통되었습니다. 그러나 그의 삶은 늘 고난이 그림자처럼 따라다녔습니다. 출셋길이 막혀 가난에 시달렸기 때문입니다. 당시는 명문가 자손이 생계를 위해 그림을 그리고 파는 일을 수치스럽게 여기던 시대였습니다. 더군다나 그때는 지금처럼 뛰어난 예술 작품이 고가에 거래되는 상업 시장도 형성되지 않았습니다. 어찌나 궁핍했던지 그가 사망했을 때에도 제대로 장례를 치르지 못할 정도로 형편이 어려워서 심익운이 여러 사람들의 도움을 받아 비용을 마련했을 정도였다고 합니다.

　[선유도(船遊圖)]는 배를 타고 노는 그림을 말합니다. 그런데 심사정의 뱃놀이는 예사롭지 않습니다. 배경만 본다면 아주 요란합니다. 사방이 보이지 않는 안개로 자욱합니다. 파도는 꽤 거세어 언제 배가 뒤집혀도 이상하지 않을 만큼 불안한 상태입니다. 한없이 넓고 끝없이 깊은 바다를 떠도는 배는 정답이 없는 인생을 닮았습니다. 기상에 따라 의지와 상관없이 목적지가 얼마든지 바뀔 수 있기 때문입니다. 그러니 사방을 둘러싼 안개와 거친 파도는 미혹과 근심과 두려움을 유발할 수밖에 없습니다. 파도를 이겨내려는 듯 온 힘을 다하는 뱃사공의 몸짓이 애처롭습니다.

　그림 속 작은 배에는 배경의 어수선함과는 거리가 먼 두 명의 승객과 그들의 짐이 있습니다. 주위의 동요와는 분위기가 너무 달라 시선을 한참 붙들어 놓습니다. 가장 불안에 떨어야 할 두 사람은 아주 느긋합니다. 팔꿈치를 바닥에 짚고 여유롭게 앉아 있는 모습에서 어떤 종류의 근심과 두려움도 찾을 수 없습니다. 그들의 주위를 에워싼 안개마저도 그들을 미혹하지 못합니다. 배 뒤쪽의 짐도 마찬가지입니다. 책들은 차곡차곡 쌓여 조금의 흐트러짐도 없고, 분재에는 학이 얌전히 앉아 있습니다. 심지어 한쪽에는 금방 쓰러지게 생긴 꽃병도 잘 버티고 있습니다. 이 소품들은 요란한 배경을 고요히 잡아 누르며 항해 중입니다. 가난을 극복하고 평생토록 흔들림 없이 그림에 매진한 심사정은 어수선한 상황에서도 자신들의 길로 유유자적 가고 있는 [선유도]의 승객과 크게 다르지 않습니다.

51日·균형

적절하고 알맞은 상태를 유지하라

장림운산(長林雲山) - **심사정**

지나친 것은 부족한 것과 같다.

過猶不及
과 유 불 급 - 선진편

제자 자공이 스승에게 물었습니다. "전손사와 복상, 둘 중에서 누가 더 현명합니까?"(子貢問 師與商也孰賢 過猶不及 자공문 사여상야숙현) 전손사는 공자보다 48년, 복상은 44년 어리다고 알려진 제자입니다. 그들의 선배였던 자공은 두 명의 후배 중에서 누가 더 현명한지 궁금했던 모양입니다. 자공의 물음에 공자는 이렇게 대답했습니다. "전손사는 지나치고, 복상은 부족하구나." 그러자 자공은 다시 물었습니다. "그렇다면 전손사가 더 낫다는 말씀이신지요?" 그러자 공자가 다시 말했습니다. "지나친 것은 부족한 것과 같단다." (子曰 師也過商也不及 曰 然則師愈與 子曰 過猶不及 자왈 사야과상야불급 왈 연즉사유여 자왈 과유불급)

자공은 부족한 것보다는 지나친 것이 좋다고 판단했습니다. 그러나 공자는 지나친 것도 부족한 것과 똑같다고 알려 줍니다. 여기서도 공자는 적절하고 알맞은 상태를 선택하고 유지하는 중용을 언급한 셈입니다. 위 구절에서 지나친 것은 부족한 것과 같다는 뜻의 과유불급(過猶不及)이라는 고사성어가 탄생했습니다.

전손사는 이름보다 자장이라는 자(字)로 더 유명합니다. 직설적이고, 외향적이며 사교성이 뛰어난 인물로 알려져 있습니다. 그는 공자에게 어떻게 하면 관리가 되어 급여를 받고, 명성을 얻을 수 있는지 등 출세에 관련된 질문을 거리낌 없이 묻던 제자였습니다. 자장과 마찬가지로 복상도 자하라는 자로 더 알려져 있습니다. 그는 성실하고 똑똑하여 공자가 10대 제자 중의 한 명으로 언급한 인물로 문학에 뛰어났다고 합니다. 두 제자는 공자가 죽고 난 후에 걸출한 스승으로 성장하여 명성을 떨쳤습니다.

예전에는 이름을 소중히 여기는 풍습 때문에 함부로 남의 이름을 부르면 실례라고 생각했습니다. 그래서 어린 시절에는 아명(兒名)을 지어 부르고, 성인식을 마치면 이름 대신 자를 사용했고, 연륜이 쌓이면 다양한 호(號)를 사용했습니다. 호는 직접 짓기도 하고, 스승이나 친구들이 만들어 주기도 했습니다. 조선의 선비들도 본명 대신 호를 많이 사용했습니다. 대표적으로 우리가 잘 아는 퇴계와 율곡은 모두 이황과 이이의 호입니다. 이름은 부모와 스승처럼 윗사람만 편하게 불렀는데 때로는 친근감의 표시로 이용되기도 했습니다.

공자가 제자들을 부르는 경우에 이름과 함께 자도 많이 사용합니다.《논어》에서 제자들의 성향을 파악하기 위해서는 그의 이름과 자를 모두 알아야 합니다. 익숙하지 않은 인물의 이름과 자를 혼용하다보니 현대인들에게《논어》가 어려워진 면도 있습니다.《논어》를 깊게 이해하기 위해서는 이름과 자에 대한 이해가 필수입니다.

[장림운산(長林雲山)]은 긴 숲과 구름을 머금은 산이라는 뜻입니다. 이 그림은 꼼꼼하게 세부적인 곳까지 신경 써서 그리는 일반적인 산수화와 달리 즉흥적인 붓질의 느낌이 물씬 풍깁니다. 하단에 마른 붓으로 거칠게 툭툭 비비듯이 칠한 몇몇 나무를 제외하고는 대부분 번짐의 효과를 이용했습니다. 얼핏 보면 지나치게 번짐을 사용한 것처럼 보이기도 하지만, 의도적인 과함이 작품의 개성을 높여줍니다. 입체감을 드러내는 먹의 농도와 과감한 번짐이 만드는 경계선이 몽환적 분위기를 잘 살렸습니다. 산은 습기를 잔뜩 머금었고, 여백으로 살린 구름은 산허리에서 꿈틀거립니다. 종이와 먹의 특성을 적절하게 활용한 화가의 실력이 돋보입니다.

그림은 개성이 생명입니다. 특히 현대미술에서는 보이는 것을 그대로 따라한 그림은 사람들에게 큰 감흥을 주지 못합니다. 휴대전화로 누구나 손쉽게 고화질의 사진을 찍을 수 있는 시대이기 때문입니다. 보이는 것을 넘어선 자신만의 구도와 색상, 변주가 조화롭게 창조될 때 개성적인 예술성을 인정받습니다. 그러나 그림의 개성도 지나치면 오히려 역효과가 납니다. 자칫하면 자신만 이해하는 그림이 됩니다. 현대미술의 추상표현주의나 초현실주의 화가들의 작품을 아무런 지식이나 설명 없이 보면서 깊은 감동을 느끼는 사람이 얼마나 될까요?

제가 대학원에서 시를 배울 때 꽤 힘들었던 기억이 납니다. 집에 시집 한 권 없는 아둔한 머리로 함축된 언어를 이해하려니 정말 어려웠습니다. 특히나 수십 번씩 읽어도 도저히 내용을 파악할 수 없는 몇몇 현대시들은 저를 곤혹스럽게 했습니다. 까다로운 수학 문제처럼 이리저리 고민해도 꽉 막히는 경우엔 무척 난감했습니다. 그때 보통 사람이 이해하지 못하는 예술은 과연 어떤 의미가 있는지 한참을 고심했습니다. 저는 작가에 대한 배경지식이나 작품에 대한 해설이 없어도 직관적으로 감흥을 주는 작품이 좋았기 때문입니다. 시 외에 그림을 포함한 다른 장르도 모두 마찬가지라고 생각합니다. 그런 관점에서 [장림운산]은 개성이 넘치는 듯하면서도 과하지 않고, 부족한 듯하면서도 모자람 없어 보이는 직관적이고 인상적인 작품입니다. 과유불급의 경계를 묘하게 넘어가지 않는 느낌입니다.

동양의 산수화에 관심이 있다면 종종 듣게 되는 말이 준법(皴法)입니다. 그것은 산수화를 그릴 때 산과 바위 등에 입체감과 질감, 명암 등을 표현하는 미술적 기법입니다. 준(皴)이라는 글자는 '피부가 트다', '주름' 등의 뜻을 가지고 있습니다. 고로 자연에 주름을 넣는 기법이라고 이해하면 쉽습니다. 수십 가지의 준법 중에서 대표적인 화법으로는 도끼로 찍듯이 거친 표면을 그리는 부벽준(斧劈皴), 풀어 놓은 실처럼 선을 이용한 피마준(披麻皴), 말의 이빨과 같은 형태로 긴 암벽을 그리는 마아준(馬牙皴), 소의 털을 닮은 우모준(牛毛皴), 산봉우리를 구름처럼 표현한 운두준(雲頭皴) 등이 있습니다.

[장림운산]에서 쓰인 준법은 미법산수(米法山水) 혹은 미점산수(米點山水)입니다. 중국 송나라의 미불(米芾)이라는 사람과 그의 아들인 미우인(米友仁)에 의해 창안된 방법이라고 합니다. 그래서 이들의 성을 따서 미법(米法)이라는 이름을 붙였습니다. 미법산수는 일반적인 산수화와 달리 윤곽선을 그리지 않습니다. 미점이라고 부르는 작은 점들을 찍어 나가면서 산의 형태를 만듭니다. [장림운산]도 물을 잔뜩 머금은 옅은 묵으로 산의 형태를 먼저 그리고, 그 위로 물이 마르기 전에 짙은 먹으로 점을 찍어 입체감을 완성시킨 그림입니다. 그림을 그리는 방법은 다양합니다. 그중에서 무엇이 가장 좋고, 무엇이 나쁜 방법이라고 말할 수 없습니다. 지나치거나 부족함의 경계를 잘 살피고 적절한 방법으로 개성을 표현하면 됩니다. 우리의 삶도 마찬가지라고 생각됩니다. 많이 가진 사람과 비교하지 않고 크게 부족함이 없다면 그것만으로도 괜찮은 여정이 아닐까요?

성장은 수많은 도움으로 완성된다

꽃과 풀벌레 - 심사정

덕은 외롭지 않다. 반드시 이웃이 있게 마련이다.

德不孤 必有隣

덕 불 고 필 유 린 - 이인편

위 구절에 언급한 이웃의 종류는 다양합니다. 가까이 사는 사람이라는 단순함을 넘어 뜻이 맞는 친구나 동료도 가능하고 스승이나 제자도 상관없고, 응원해 주는 가족도 해당됩니다. 공자가 말하는 이웃은 사는 곳보다는 마음이 가까운 관계를 의미합니다.

현대인들이 가장 흔하게 쓰는 덕은 주로 감사의 인사에서 나옵니다. 좋은 성과를 얻었을 때 겸손의 표현으로 'ㅇㅇ 덕에' 혹은 'ㅇㅇ 덕분에'라고 말합니다. 이 짧은 표현 안에도 삶의 많은 요소가 들어 있습니다. 사람이 제대로 성장하기 위해서는 반드시 누군가의 도움이 필요합니다. 철 모를 때는 자신의 역량으로 모든 것을 이루었다고 여기지만, 성장할수록 혼자로는 한계가 있음을 알게 됩니다. 수많은 사람의 도움으로 성장했다는 사실을 깨닫게 되면 매사에 감사할 수밖에 없습니다. 절실한 도움을 경험하거나 진심으로 감사한 마음이 들 때 사람은 자연스레 겸손해집니다.

덕에 대한 감사와 겸손으로 성장한 사람은 받은 만큼 베풀고 싶은 마음이 싹틉니다. 베풂은 주는 사람과 받는 사람 모두에게 순수한 환희를 선물하기 때문입니다. 이같은 감사와 겸손의 순환이 덕의 선한 영향력입니다. 그러니 도움과 은혜로 뭉친 덕은 홀로 존재할 수 없습니다. 반드시 사람이 만드는 관계 안에서 피어납니다. 맑고 향기로운 꽃에 나비와 벌이 모이듯, 선한 영향력은 밝은 마음의 이웃을 끌어당깁니다. 덕이 넘치면 사회는 밝아집니다. 점점 더 치열한 경쟁으로 내몰려 나만을 생각하며, 이웃이 사라져 가는 시대에 가장 시급하게 필요한 《논어》의 요소는 덕입니다. 덕의 영향력이 커질 때, 우리 사회에서도 멋진 이웃들이 점점 늘게 됩니다.

제 취미 중에서 궁궐 해설은 꽤 긴 시간 동안 이어가는 활동 중 하나입니다. 2005년에 궁궐길라잡이가 되어 지금까지 그 활동을 유지하고 있습니다. 궁궐길라잡이는 매주 일요일마다 조선 시대에 만들어진 궁궐과 종묘 등에서 관람객에게 무료로 해설을 하는 단체입니다. 일종의 자원 봉사로 우리의 국가 유산과 역사를 알리고 있습니다. 저는 경복궁에서 한 해도 거르지 않고 20년이 다 되도록 해설 활동을 이어가는 중입니다.

궁궐길라잡이를 알게 된 건 2004년이었습니다. 총각 시절 뻔한 데이트가 지겨워서 물색한 장소가 경복궁이었습니다. 그런데 막상 가서 둘러보니 기대와 달라서 실망스러웠습니다. 그때까지 국가유산과 역사에 아무런 관심이 없었기에 낯선 건물들 사이에서 서성이는 일에 어떤 흥미도 느끼지 못했습니다. 따분해서 밖으로 나가려던 순간, 경회루 앞에 모여 있는 한 무리의 사람들을 발견했습니다. 20여 명 남짓한 사람들이 한 여성의 말에 귀를 기울이고 있었습니다. 저도 호기심이 생겨 무리의 뒤쪽에서 귀를 쫑긋 세웠습니다. 잠깐이었지만, 경복궁에 대한 설명이 마음에 팍팍 꽂혔습니다. 그래서 다음 장소로 이동하는 사람들을 무작정 뒤따라갔습니다. 어떤 단체인지 몰라서 엿듣는 듯이 뒤에서 졸졸 쫓아다녔습니다. 해설하는 여성이 패키지 여행 가이드라고 생각했는데 아니었습니다. 마지막 장소에서 그녀는 자신이 자원 활동가인 궁궐길라잡이라고 소개하며 인사를 마쳤습니다. 그 얘기를 듣고 저는 큰 충격을 받았습니다. 국가유산과 역사에 대해 너무 모르고 살았다는 사실과 그것들의 가치를 사람들에게 전달하는 봉사 활동이 있다는 점에 놀랐습니다. 무엇보다 저는 시험이나 암기를 위한 죽은 역사가 아니라 여전히 우리에게 영향을 끼치는 역사가 있다는 사실에 감동을 받았습니다.

 서른 살이 넘어가면서 언젠가는 봉사 활동을 해 보자라고 막연히 생각했습니다. 거창한 소명 의식 같은 것은 없었고 그저 한 번쯤 경험을 해 보고 싶었던 것 같습니다. 궁궐길라잡이는 막연한 생각에 불을 지폈습니다. 저는 집으로 돌아와서 '궁궐길라잡이'를 검색하고, 다음에 사람을 새로 뽑으면 지원하고 싶다는 메일을 보냈습니다. 그리고 다음해에 신입 회원을 모집한다는 소식을 듣고 지원했습니다. 3개월 간의 이론 교육과 6개월의 실습 기간을 거쳐 정식으로 궁궐길라잡이가 되었습니다. 해설 활동을 바탕으로 2021년에는 경복궁에 관한 책을 출간해 작가가 되었으니, 한 번의 해설이 한 사람의 인생을 바꾸는 데 큰 역할을 한 셈입니다. 또한 제 해설과 책을 접하고 궁궐길라잡이가 되신 분들도 있습니다. 그 소식을 들으니 우리가 가진 선한 영향력은 계속 순환하며, 새로운 이웃을 꾸준히 만들어 간다는 것을 깨달았습니다.

 [꽃과 풀벌레]는 한자로 화훼초충(花卉草蟲)이라고 부릅니다. 화훼는 꽃과 풀을, 초충은 풀과 벌레를 뜻합니다. 활짝 핀 꽃과 곤충이 함께 등장하는 그림에 흔히 사용하는 제목이 [화훼초충도]입니다. 줄여서 [초충도]라고도 합니다. 심사정의 [꽃과 풀벌레]에는 두 종류의 꽃과 두 마리의 곤충이 있습니다. 가장 처음으로 눈에 들어오는 대상은 화면의 중앙을 차지하는 금계화와 매미입니다. 작고 노란 꽃들이 뭉쳐 있는 금계화는 그림의 대부분을 장악하고, 매미는 나무를 독차지하고 있습니다. 처음에 바로 보이지는 않지만 바위 아래쪽에는 들국화와 방아깨비가 보입니다. 들국화는 금계화와 비슷한 색상의 꽃으로 분위기를 돋우고, 방아깨비는 매미를 올려다보며 이웃이 되기를 희망합니다. 이 그림은 조선의 어떤 [초충도]와 비교해도 뒤지지 않는 맑은 기운을 갖고 있습니다. 앞뒤로 색이 다른 금계화의 잎은 청량감이

느껴질 정도로 산뜻하고, 선을 여러 번 덧댄 바위도 나무와 한 몸처럼 느껴집니다. 곤충과 나무와 바위가 사이 좋은 이웃처럼 조화롭습니다.

이 그림의 주연은 단연 금계화와 매미입니다. 금계화는 목서나무로도 불리는데, 꽃의 향기가 진하고 널리 퍼진다고 합니다. 초가을에 꽃을 피우기 때문에 가을을 알리는 역할을 합니다. 옛사람들은 매미를 배울 점이 많은 곤충으로 분류했습니다. 중국 서진시대의 육운(陸雲)은 매미가 5가지 덕을 갖춘 곤충이라고 높이 평가했습니다. 선비들이 쓰던 관(冠, 모자)의 끈과 닮은 것이 머리에 붙어 있으니 학문을 탐구한다는 문덕(文德), 이슬이나 나무의 수액만 먹으니 맑게 산다는 청덕(淸德), 다른 곡식을 먹지 않으니 탐욕이 없다는 염덕(廉德), 따로 집을 짓지 않고 나무에 붙어 사니 검소하다는 검덕(儉德), 때에 맞춰 울고 물러날 때를 아니 신뢰가 있다는 신덕(信德) 입니다.

조선 시대 왕들이 업무를 보거나 행사에 참여할 때 쓰는 모자를 익선관(翼善冠)이라고 합니다. 익선관은 중국에서 만들어져 조선으로 전파되었습니다. 《조선왕조실록》에 따르면 익선관은 세종 때에 처음 등장하는데, 국보인 [조선태조어진]에서도 보입니다. 이름에 '날개 익(翼)' 자와 '착할 선(善)' 자를 사용했는데, 익선관의 뒤쪽에 붙은 장식은 매미의 날개를 닮았습니다. 이것을 두고 매미가 지닌 5가지 덕을 늘 염두에 두어야 한다는 의미로 익선관을 해석하기도 합니다. 옛 사람들은 곤충 한 마리, 모자 한 개에도 의미를 담고자 노력했습니다. 지금까지 전해지는 이런 이야기들은 그만큼 밝은 사회를 만들고 싶었던 사람들 덕이겠지요?

53日·지혜

곧은 나무가 굽은 나무를 편다

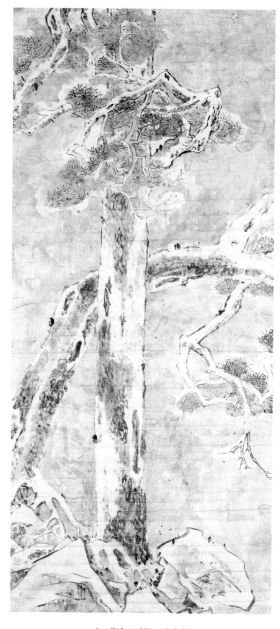

눈 내린 소나무 - 이인상

제자 번지가 인(仁)에 대해 묻자, 공자는 "사람을 사랑하는 것이다"라고 답했다. 지혜에 대해 묻자, "사람을 아는 것이다"라고 말했다. 번지가 그 뜻을 잘 알아듣지 못하자 공자는 다시 설명했다. "굽은 것을 들어서 곧은 것 위에 올려놓으면 능히 굽은 것을 곧게 만들 수 있느니라."

樊遲問仁 子曰 愛人 問知 子曰 知人 樊遲未達 子曰
번 지 문 인　자 왈　애 인　문 지　자 왈　지 인　번 지 미 달　자 왈

擧直錯諸枉 能使枉者直
거 직 조 저 왕　능 사 왕 자 직 - **안연편**

위 구절은 인(仁)에 대한 간결한 정의와 바른 세상을 만드는 핵심적인 견해가 담겨 있습니다. 공자는 인을 최고의 가치로 여기고, 그 안에 지속적으로 머무는 것이 중요하다고 강조했습니다. 인은 100m 달리기처럼 결승선에 도달했다고 끝나는 게 아닙니다. 물 위에 뜨려면 지속적인 몸놀림이 필요하듯이 인도 꾸준한 마음가짐과 실천이 중요합니다.

《논어》에는 제자들이 인에 대해 물어보는 장면이 일곱 번 나옵니다. 그중에서 가장 간결한 답변이 '사람을 사랑하는 것'입니다. 이것은 제자 번지의 눈높이에 맞춘 답이었습니다. 번지는 종종 공자가 말하는 내용을 이해하지 못했습니다. 그래서 그에게 얘기할 때는 쉬운 이해를 위해 간략하게 설명하거나 보충하는 말을 덧붙였습니다. 따라서 위의 설명은 그 누구라도 단박에 이해할 수 있는 수준의 명확한 정의에 가깝습니다. 공자는 "강하고, 굳세며, 순박하고, 입이 무거우면 인에 가깝다(剛毅木訥 近仁 강의목눌 근인 - 자로편)"라고 얘기했는데, 이것은 진실된 사랑의 특성과 비슷합니다.

곧은 것을 굽은 것 위에 두는 것은 목재를 관리하는 요령에 빗댄 말입니다. 예부터 목재를 보관할 때 휜 나무가 있으면 그 위에 평평한 나무를 올려

두었습니다. 시간이 지나면 휜 나무들이 위에 얹은 평평한 나무의 압력을 받아 평평해졌다고 합니다. 사람의 역할과 인재의 중요성을 목재로 비유한 설명입니다. 공자의 지혜는 부귀를 위한 방법론과 거리가 멉니다. 그는 곧은 사람이 많아지는 세상을 꿈꿨습니다.

사람을 아는 것에는 사람을 알아보는 능력도 포함됩니다. 사람은 함께 지내는 사람들에게 영향을 받습니다. 밝은 사람이 되려면 밝은 사람들과 어울려야 합니다. 나의 굴곡을 곧게 펴 줄 사람들을 만나야 바르게 성장합니다. 이를 국가로 확장하면 인품의 중요성은 더욱 커집니다. 이간질에 능숙하고 거짓말을 남발하는 주변 사람이 있다면 바로 정리해야 삶이 안정되듯이, 위선적이고 가식적인 정치인들은 깔끔하게 끊어 내야 건강한 사회를 만들 수 있습니다. 《논어》에는 이와 관련된 구절이 또 있습니다. 노나라의 제후 애공이 공자에게 묻습니다. "어떻게 하면 백성이 잘 따르겠습니까?" 공자가 답했습니다. "곧은 사람을 굽은 사람 위에 두면 백성이 따르고, 굽은 사람을 곧은 사람 위에 두면 백성이 따르지 않습니다." (哀公問曰 何爲則民服 孔子對曰 擧直錯諸枉則民服 擧枉錯諸直則民不服 애공문왈 하위즉민복 공자대왈 거직조저왕즉민복 거왕조저직즉민불복 - 위정편)

사람을 아는 일은 쉽지 않습니다. 사회생활에 발을 내딛으면 사람을 이해하고, 상대하고, 협력하고, 고용하는 일이 얼마나 어려운지 알게 됩니다. 내성적이었던 저는 영업을 하면서 사람을 만나는 일이 무척 힘들었습니다. 그런데 경험이 쌓이며 원만한 대인 관계를 만드는 몇 가지 요령이 생겼습니다. 그중에서 가장 쉽게 상대방의 마음을 얻는 방법 한 가지는 얘기를 잘 들어 주는 것입니다. 아무리 하찮은 얘기라도 귀 기울여 들어 주고 맞장구를 쳐 주면 됩니다. 쉬워 보이지만 막상 해 보면 생각보다 어렵습니다. 사람들은 주로 얘기를 하려고만 하고, 남의 얘기를 잘 듣지 않습니다. 그래서 듣는 것도 내공이 쌓여야 합니다. 나의 호응과 태도에 진정성이 있으면 상대방도 느낍니다. 고객과 인간적인 교감이 생기면 모터사이클과 관계없는 진솔한 삶의 얘기들이 쏟아집니다. 그러면 끈끈한 친밀함이 생깁니다. 반면, 사람을 계산적으로 구분하거나 귀찮게 여기면 상대방도 금세 알아차립니다. 저는 사원일 때 영업시간이 지나고 매장에서 잡일을 하다가 고객의 전화를 받은 적이 있습니다. 그때 일을 멈추고 통화를 했어야 했는데 너무 정신이 없어서 그냥 전화를 받아 묻는 말에 대답을 했습니다. 그날 저는 별 문제가 없다고 생각했고 고객도 기분 나쁜 티를 내지 않았지만, 다음날 인터넷에서 저는 버릇 없는 죽일 놈이 되어 있었습니다. 그때 큰 충격을 받았지만, 아주 사소한 것까지 신경 쓰는 계기가 되었습니다.

이인상은 고조할아버지 이경여(李敬輿)가 영의정을 지낸 명문가의 자손입니다. 그런데 그의 증조할아버지 이민계(李敏啓)가 서자였기 때문에 차별받는 신분을 고스란히 물려받았습니다. 그는 아홉 살에 아버지를 여의고 숙부에게서 학문을 배웠습니다. 이인상이 어떻게 그림을 배웠는지 자세한 기록은 없지만, 서예에 재주가 많았던 숙부에게서 영향을 받았다고 추측됩니다. 그는 30대에 하급 관리가 된 이후로 다양한 관직을 맡았습니다. 44세에는 음죽(陰竹, 지금의 장호원) 현감으로 지내던 중 자신보다 신분이 높았던 관찰사와 다투고 관직을 버렸습니다. 그 이후에 공직을 떠나 죽을 때까지 조용히 은둔했습니다. 평소 몸은 쇠약했지만, 성격은 강직했다고 알려져 있습니다. 아첨으로 출세하기를 바라지 않고 타인의 눈치도 보지 않아서 많은 사람들에게 존경을 받았다고 합니다.

이인상은 조선 후기를 대표하는 문인화가로 서예와 시에도 뛰어났습니다. 강직한 인품을 그대로 그림으로 옮겨 문인화의 격조를 한층 높인 화가라는 평을 듣습니다. 신분의 한계로 높은 관직을 얻을 수 없었던 이인상은 자신의 재능과 성격을 예술에 녹였습니다.

[눈 내린 소나무]는 이인상의 대표작입니다. 바위를 쪼개고 서 있는 듯한 소나무 두 그루가 그림의 주인공입니다. 곧은 나무 뒤로 심하게 굽은 나무가 마치 무용수의 몸짓 같습니다. 곧은 나무가 강직한 인품으로 알려진 화가의 분신이라면, 굽은 나무는 자신과 다른 종류의 사람들일까요? 이 그림은 극명하게 갈린 소나무의 두 선이 화가의 의도를 상상하게 만듭니다. 아무래도 굽은 나무가 뒤에 있으니 주인공은 앞의 곧은 나무 같습니다. 이 구조를 《논어》와 연관시킨다면 앞장선 사람들이 곧게 서서 바른 영향을 주길 바라는 마음이겠지요.

여백으로 처리하여 소나무 곳곳에 붙은 눈은 겨울의 시련을 암시합니다. 소나무를 부러뜨리는 것은 강한 바람이 아니라 소복하게 쌓이는 눈이라는 얘기가 있습니다. 촘촘한 푸른 잎에 눈이 많이 쌓이면, 그 무게를 견디지 못한 나뭇가지들은 갈라지듯 쪼개지고, 줄기도 부러집니다. 줄기가 곧으면 그만큼 줄기가 부러질 가능성도 적습니다. 눈이 가진 시련의 무게를 아는 사람에겐 굽은 소나무가 더욱 위태로워 보입니다. 심한 바람이 몰아쳐 곧은 소나무의 줄기에도 좌우로 눈이 붙어 있지만 불안한 기색은 없습니다. 절개와 지조를 상징하는 소나무가 뿌리까지 드러났으나, 잎의 왕성함을 보면 아직 생명력의 기운이 사그라들지 않았습니다. 얼룩덜룩하게 칠한 옅은 배경은 실제로 눈송이가 떨어져 그림에 번진 느낌입니다. 거친 배경 때문에 곧은 나무가 시선을 더 잡아당깁니다.

잘못을 되풀이하지 않는다

송하수업도(松下授業圖) **- 이인상**

노나라의 제후 애공이 물었다. "제자 중에서 누가 배우기를 좋아합니까?" 공자가 답했다. "안회가 배우기를 좋아했습니다. 그는 다른 사람에게 화를 내지 않았고, 같은 잘못을 두 번 되풀이하는 일이 없었습니다. 그러나 불행히 명이 짧아서 일찍 죽었습니다. 지금은 그가 없으니, 배우기를 좋아하는 사람이 있다는 얘기를 듣지 못했습니다."

哀公問 弟子孰爲好學 孔子對曰 有顏回者好學 不遷怒不貳過
애 공 문　제 자 숙 위 호 학　공 자 대 왈　유 안 회 자 호 학　불 천 노 불 이 과

不幸短命死矣 今也則亡 未聞好學者也
불 행 단 명 사 의　금 야 즉 무　미 문 호 학 자 야 - 옹야편

안회는 공자가 가장 사랑한 제자였습니다. 그는 똑똑하고 성실할 뿐만 아니라 성품까지 좋았습니다. 공자는 덕행, 언어, 정치, 문학 등의 분야에서 실력이 뛰어난 제자들을 언급한 적이 있습니다. 이들은 네 가지 분야에서 우수한 열 명의 제자라는 뜻으로 사과십철(四科十哲)이라 합니다. 이들은 삼천 명이 넘는 공자의 제자들 중 수제자로 평가받습니다. 그중에서 안회는 덕행으로 인정을 받았습니다. 애제자의 뛰어난 분야가 덕행이라는 사실만 보더라도, 공자가 무엇을 가장 중요하게 여겼는지 드러납니다.

누가 배우기를 좋아하냐는 질문은 '잘 배워서 가장 총명한 제자는 누구인가?'라는 말과 같습니다. 공자는 조금의 망설임도 없이 안회를 가장 우수한 인재로 꼽았습니다. 그런데 답변 뒤에 붙은 설명은 수제자의 총명함과는 다소 거리가 멀었습니다. 공자는 다른 사람들을 대하는 안회의 태도와 잘못에 대처하는 그의 인식을 덧붙였습니다. 평소의 생활 자세를 총명함의 평가 기준으로 삼았습니다. 다른 사람에게 화를 내지 않았다는 것은 그만큼 관대하다는 의미이고, 같은 잘못을 두 번 반복하지 않는다는 것은 그만큼 신중

하다는 뜻입니다. 하나를 들으면 열을 알았던 안회는 모든 면에서 나무랄 데가 없었던 제자인 셈입니다.

배움을 게을리하지 않는다고 (語之而不惰者 其回也與 어지이불타자 기회야여 - 자한편) 평가받던 안회는 안타깝게도 스승보다 일찍 죽었습니다. 애공 14년에 죽었다는 기록을 따르면 안회가 사망할 당시의 나이는 마흔 살이고, 공자는 일흔 살이 됩니다. 늙은 스승은 애제자의 죽음을 슬퍼하며 "하늘이 나를 버리는구나, 하늘이 나를 버리는구나(天喪予 天喪予 천상여 천상여 - 선진 편)"라며 슬피 울었습니다. 공자는 제자들이 놀랄 정도로 깊이 슬퍼하며 통곡을 했습니다. 제자들은 그처럼 소리 높여 슬프게 우는 공자의 모습을 보고 늙은 스승의 건강이 걱정되었습니다. 한 사람이 염려의 말을 건넸습니다. 그러자 공자는 제자들을 향해 말했습니다. "내가 이 사람을 위해서 통곡하지 않는다면 누구를 위해 통곡하겠느냐?"(非夫人之爲慟而誰爲 비부인지위통이수위 - 선진편) 인간적인 너무나 인간적인 공자의 슬픔이 잘 묻어나는 말입니다.

[송하수업도(松下授業圖)]는 소나무 아래(松下)에서 수업(授業)을 한다는 제목의 그림입니다. 야외에서 부지런히 가르치고 배우는 스승과 제자의 모습입니다. 바닥에 아무것도 깔지 않고 스승과 제자가 나란히 자리를 잡았습니다. 제자는 상체를 숙여 글을 쓰려 하고, 스승은 제자와 같이 보려는 듯이 책을 들고 있습니다. 스승이 제자를 얼마나 아끼면 밖에서도 수업을 할까요? 제자가 밖에서 공부하고 싶다고 말하기는 쉽지 않았을 테니, 야외 수업을 주도한 사람은 분명히 스승이겠지요. 한 명의 제자만 보이니, 그는 수제자나 애제자가 분명합니다.

소나무 아래라는 장소는 풍경을 감상하는 여유로운 공간이 아니라, 하나라도 더 알려 주고 싶은 마음이 이끈 장소로 보입니다. 앞서 [행단고슬도]와 [공자행단현가도]를 통해 공자도 살구나무 아래에서 야외수업을 즐겼다고 했었는데, 조선의 선비에겐 소나무가 더 잘 어울립니다.

이 그림은 두 인물만 보면 풍속화인데, 배경은 산수화를 그리듯 신경을 많이 썼습니다. 그래서 주변 풍경을 살펴보는 재미가 쏠쏠합니다. 스승과 제자 앞에는 국화가 활짝 피었습니다. 다른 곳에는 국화가 안 보이니 일부러 꽃이 핀 곳을 골라 자리를 잡은 것 같습니다. 엎드려 있는 제자 옆에 꺾어 놓은 꽃송이가 놓여 있으니, 누가 자리를 골랐는지 짐작됩니다. 스승 앞에는 찻주전자와 찻잔이 보입니다. 소품을 사람과 연관 지어 풀어 본다면, 스승은 몸과 마음을 맑게 해주는 차 같은 존재이고, 제자는 꽃처럼 풍부한 감성의 소유자가 됩니다. 꽃향기가 주위를 맴돌고, 차향기는 몸으로 퍼지니 후각이 행복해지는 정경입니다.

배경으로 등장하는 소나무는 화려한 가지와 잎을 자랑합니다. 보편적으로 소나무가 상징하는 강직한 느낌이 없습니다. 소나무 가지가 무르게 보일 정도입니다. 바위 주변의 식물들이 꽤 어수선한 배경을 만드는데, 그 때문에 오히려 스승과 제자가 눈에 잘 들어옵니다. 화가는 어떤 환경에서도 가르침과 배움에 몰입하는 모습을 표현하고 싶었던 것이 아닐까 싶습니다.

제가 그림을 배울 때의 경험담입니다. 초보자들은 강조하고 싶으면 그 부분에만 신경을 씁니다. 그래서 강조할 부분에 선명하거나 화려한 색을 집중적으로 쏟아붓습니다. 경험이 부족한 저도 그랬습니다. 그런데 실력이 쌓이면 달라집니다. 부분보다 그 주변에 많은 정성을 기울입니다. 주변과 대비를 통해 강조하고 싶은 부분을 더 잘 살릴 수 있다는 사실을 알기 때문입니다. 하얀색을 강조하고 싶으면 주변을 어둡게 만들고, 어두운 색을 강조하고 싶으면 주변을 하얗게 만드는 이치입니다. 그림 선생님이 아무리 얘기해도 스스로 반복해서 수준을 높이지 않으면 써먹지 못합니다. [송하수업도]로 보충 설명을 하자면, 위아래의 어수선한 배경은 두 인물에게 더 말끔

한 시선을 제공합니다. 《논어》 구절에서 언급된 안회에 대한 칭찬도 마찬가지입니다. 총명함을 묻는 질문에 공자는 제자의 관대함과 신중함을 말했습니다. 그는 사람이 갖기 어려운 품성을 힘주어 말하며 제자 안회의 격을 한층 더 올렸습니다. 많은 사람들은 안회가 일찍 죽지 않았다면, 공자만큼 큰 영향력을 지닌 사람으로 성장했을 것이라고 얘기합니다. 인품부터 실력까지 무엇 하나 모자란 부분이 없었기 때문입니다. [송하수업도]는 야외 수업이라는 드문 소재로 스승과 제자의 관계를 돋보이게 잘 활용한 작품입니다.

55日 · 유혹

어떤 편법도 자신을 속이지 못한다

와운(渦雲) - 이인상

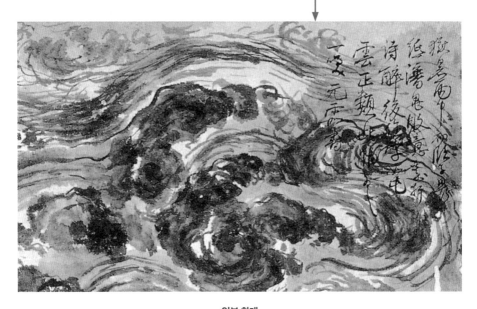

일부 확대

하늘에 죄를 지으면 빌 곳이 없습니다.

獲罪於天 無所禱也
획 죄 어 천 무 소 도 야 - 팔일편

위나라의 대부였던 왕손가(王孫賈)가 공자에게 물었습니다. "방 안의 신에게 잘 보이기보다는 부엌의 신에게 아첨하는 것이 낫다는 말이 있는데 이게 무슨 뜻입니까?" 이 말은 방 안의 집주인보다 부엌에서 일하는 사람에게 잘 보여야 먹을거리 하나라도 얻는다는 의미입니다. 보편적으로 왕보다는 실권을 가진 신하에게 아부해야 한다는 뜻으로 해석합니다. 즉, 왕손가는 공자에게 관료가 되려면 아부를 해야 할 신하를 먼저 찾아야 한다고 에둘러 표현한 셈입니다. 그러나 공자는 딱 잘라 말했습니다. "그렇지 않습니다. 하늘에 죄를 지으면 빌 곳이 없습니다." (王孫賈問曰 與其媚於奧寧媚於竈何謂也 子曰 不然 獲罪於天無所禱也 왕손가문왈 여기미어오영미어조하위야 자왈 불연 획죄어천무소도야)

공자가 관직을 얻으려고 전국을 떠돌아다니다가 위나라에 도착했을 때, 왕손가는 제후였던 영공(靈公) 대신 자신에게 잘 보이라고 얘기했습니다. 왕손가는 속담을 인용해 공자의 속마음을 떠보았지만, 공자는 편법을 쓰지 않겠다고 선언했습니다. 이는 꺼림칙한 짓을 하지 않기에 근심과 두려움 없이 당당할 수 있다는 공자의 신념과 통합니다. 그는 아첨을 부추기는 상대의 말을 직접 반박하지 않고 간접적으로 자신의 신념을 드러냅니다. 상대방이 언급한 방과 부엌의 신보다 한 차원 높은 하늘을 끌어와 자신의 뜻을 전달하는 답변이 절묘합니다.

공자가 말한 하늘이란 초월적 존재나 신앙의 대상이 아닙니다. 인간이 살아가는 육지보다 더 광대한 우주를 잉태하고 지탱하는 본질에 가깝습니다. 하늘은 생명을 기르는 물과 빛을 제공하며, 온갖 자연 현상을 만듭니다. 그래서 동서양을 막론하고 예부터 사람들은 하늘을 경외의 대상으로 여겼습니다. 해와 달과 별은 모습과 자리를 바꿔가며 끊임없이 순환합니다. 이는 인간의 상상력을 자극해 시간과 날짜, 계절을 생산했습니다. 그리고 순환과 생산은 신화와 전설을 포함한 무수한 이야기를 퍼뜨렸습니다. 곧 인류에게 하늘은 모든 만물의 근원이자 질서의 시작인 셈입니다. 공자가 언급한 하늘은 나중에 맹자(孟子)로 이어집니다. 맹자는 군자에게 세 가지 즐거움(君子有三樂 군자유삼락)이 있다고 말했습니다. 첫 번째 즐거움은 부모 형제의 생존과 건강이고, 세 번째 즐거움은 재주가 뛰어난 영재를 가르치는 일입니다. 그리고 두 번째 즐거움이 바로 '하늘을 우러러 부끄러움이 없고 사람들을 굽어보아도 부끄럽지 않은 것(仰不愧於天 俯不怍於人 二樂也 앙불괴어천 부부작어인 이락야)'이라고 했습니다. 이 말은 '죽는 날까지 하늘을 우러러 한 점 부끄럼이 없기를'로 시작하는 윤동주(尹東柱)의 〈서시〉로 이어졌습니다. 어쩌면 〈서시〉를 통해 '나에게 주어진 길을 걸어가야겠다'라고 담담하게 밝힌 윤동주의 다짐과 공자의 태도가 비슷한 맥락인지도 모르겠습니다.

　[와운(渦雲)]은 소용돌이치는 구름이라는 뜻입니다. 하늘의 움직임만으로 화면을 가득 채운 조선의 작품은 이 그림이 유일합니다. [와운]은 조선의 작품이라고 믿기 어려울 정도이며 20세기 이후에 만들어진 현대미술의 범주에 넣어도 전혀 어색하지 않을 정도로 현대적이어서 깜짝 놀랄 정도입니다. [와운]은 익숙한 형상이 아니지만, 대충 내키는 대로 그린 것은 아닙니다. 이해나 설명은 어려워도 화가의 의도가 충실히 반영되었기 때문입니다. 파도를 닮은 구름은 뭉치고 흩어지기를 반복하며 순환 중입니다. 마치 하늘이 화가 난 모습 같기도 하고, 조화를 부리는 움직임 같기도 합니다. 영화나 드라마 등에서 하늘의 뜻을 거스른 인간에게 벌을 내리기 직전에 휘몰아치

는 모습과도 닮았습니다. 만약 현실에서 [와운]처럼 꿈틀거리는 하늘을 목격하게 된다면 그 누구라도 두려운 마음에 자신의 죄를 돌아보게 만들 법합니다.

한편 이 그림은 얼핏 보아도 고흐의 [별이 빛나는 밤]과 닮은 하늘을 가졌습니다. [와운]은 언제 그려졌는지 모릅니다. 그렇지만 이인상의 사망년도인 1760년을 가장 늦은 제작 시기로 가정하더라도, 1889년에 완성된 [별이 빛나는 밤]보다 최소 129년이나 앞섭니다. [와운]은 추상화가 태동하기 전에 그려졌으니 시기상으로 보면 다른 서양 작품의 모방이라고 볼 수 없습니다.

[와운]은 사람의 관점에 따라 무한한 상상력을 끌어올 수 있습니다. 허나 선을 이용한 먹의 강약과 번짐으로만 완성된 이 그림은 어떤 의도가 담겼는지 선뜻 알기 어렵습니다. 다행히 그림의 오른쪽에 화제가 남아 있습니다. 예전에는 화제를 술에 취해 그린 그림으로 번역했습니다.

獄署雨中初臨不畏 紙潘墨敗意翠軒 詩醉後作字如屯
옥 서 우 중 초 임 부 외 　 지 반 묵 패 의 취 헌 　 시 취 후 작 자 여 둔
雲正類此幅爲之 一笑 元靈書
운 정 류 차 폭 위 지 　 일 소 　 원 령 서

산중 무더위 속에 비를 뚫고 그대를 처음 찾아갔을 때,
손에 들고 간 종이와 먹이 젖지 않을까 걱정했지.
시를 한 수 쓰려고 했는데, 술 한잔 마시고 글을 쓰다 보니,
이처럼 구름 뭉치가 되어버렸네. 정녕 웃음거리에 지나지 않는구려.

－《속속들이 옛 그림 이야기》, 손철주

반면 근래에는 전혀 다른 새로운 해석이 나왔습니다.

우중(雨中)에 전옥서(典獄署)로 처음 출근하여
종이가 번지고 먹이 잘못되는 것을 꺼리지 않았다.
생각건대 읍취헌(挹翠軒)의 시구 '취한 후에 글자를 쓰니 둔운(屯雲)과 같네'가
참으로 이 그림과 비슷해 이 때문에 한 번 웃는다.

- 《능호관 이인상 서화평석》, 박희병

    화제는 하나인데, 해석이 사람마다 다릅니다. 첫 번째 해석은 취한 뒤에 시를 쓰려다가 소용돌이치는 그림을 그리게 되었다는 내용이고, 두 번째는 술에 취한 듯 그려졌다는 해석입니다. 대충 비슷하면 받아들이기가 쉬운데, 전혀 다른 해석이라 무엇을 선택해야 하는지 애매합니다. 첫 번째 해석은 그림과 어울리는 충만한 감성이 돋보이고, 두 번째는 단어의 이성적 풀이가 특징입니다. 두 번째 해석에서는 원문의 한자 두 단어가 달라진 해석의 핵심 요소로 작용하는데, '옥서'는 감옥에 간힌 죄수들을 관리하는 관아 '전옥서'고, '취헌'은 박은(朴誾)의 호인 '읍취헌'이라는 주장입니다. 같은 글인데 완전히 다른 분석이 흥미롭습니다. 어떤 해석을 붙이든 화제의 원문은 '한 번의 웃음(一笑 일소)'으로 마무리됩니다. 과연, 이인상을 웃게 만든 진짜 원인은 무엇일까요?

56日·올곧음

곧게 가지 않으면 화가 닥친다

노백도(老栢圖) - 정선

사람은 곧게 살아야 한다. 그렇지 못한 삶은 요행으로 화를 면하고 있을
뿐이다.

人之生也直 罔之生也幸而免
인 지 생 야 직 망 지 생 야 행 이 면 - 옹야편

세상은 너무나 급격하게 변하고 있습니다. 인터넷과 전자 기기의 발전으로
돈을 버는 방법도 아주 다양하게 바뀌었습니다. 사람의 손을 필요로 했던
기술과 지식은 점점 기계와 AI로 대체되고, 온라인을 활용한 새로운 직업
들이 넘쳐납니다. 빠른 변화에 발맞춰 앞서 간 사람들은 젊은 나이에도 막
대한 수입을 올리고 그들의 성공 스토리는 순식간에 큰 이슈가 되기도 합니
다. 한편으로는 부작용도 속출합니다. 성실히 일하는 사람들이 상대적 박탈
감에 빠지고, 일확천금을 노리다가 실패하여 큰 빚을 지거나 극단적인 선택
을 했다는 뉴스도 심심치 않게 들려옵니다.

　큰돈을 짧은 시간에 벌기는 정말 어렵습니다. 본인의 노력 이외에도 환
경이나 시장 상황, 운 같은 요소들이 도와줘야 하기 때문입니다. 누군가가
짧은 기간에 목돈을 만지게 해 준다고 접근한다면 사기꾼일 가능성이 높습
니다. 대표적인 예가 변동성이 큰 주식이나 코인을 언급하는 사람들입니다.
사회 생활을 오래 하다 보면 '너에게만 좋은 정보를 미리 알려줄게'라는 얘
기를 한두 번쯤 듣게 됩니다. 그러나 헛된 욕망을 부추기는 얘기는 바로 흘
려 버려야 합니다. 대부분의 사람은 자신의 성공에만 관심을 둡니다. 다른
사람의 배를 채워 주려고 노력하거나 시간을 쓰지 않습니다. 사기를 당하
지 않는 방법은 간단합니다. 상식적으로 판단하고 지나친 욕심을 경계하면
됩니다. 유혹이 아른거릴수록 큰 욕심에는 큰 위험 부담이 따른다는 사실을

잊으면 안됩니다. 설사 요행으로 잠시 기쁨을 누렸더라도 그런 우연은 계속 찾아오지 않습니다.

위 구절에서 언급된 곧은 삶은 바르고 성실한 태도를 말합니다. 곧은 가치관을 가지고 묵묵히 실천하면서 바르게 살아가는 사람은 당당함이 몸에 배어 있습니다. 반면 편법을 쫓는 사람들은 늘 불안하게 살 수밖에 없습니다. 겉으로는 수단이 좋아 보일지 모르겠지만, 자신을 속일 수는 없습니다. 끼리끼리 어울리니 서로를 믿기 어렵고, 비리를 감추고 살아야 하니 늘 조바심이 따릅니다. 비정상적인 방법으로 돈을 모으거나 자신이 감당하지 못할 만큼 재산이 쌓이면, 누가 언제 자신의 뒤통수를 칠지 모른다는 염려와 의심을 품게 됩니다. 남들과 비교해서 조금 부족해도 자신이 만족하면 그곳이 천국이고, 다른 사람들보다 재산이 많아도 불안하면 그곳이 지옥입니다. 천국과 지옥은 멀리 떨어진 다른 세상이 아니라 늘 우리 곁에 있습니다.

우리나라에서 김홍도와 더불어 가장 대중적으로 널리 알려진 화가가 정선입니다. 김홍도는 그림으로 이른 나이에 명성을 얻었는데, 정선은 중년이 넘어서야 이름을 알렸습니다. 그는 30대 이후에 겸재(謙齋)라는 호를 썼는데, 겸손하겠다는 의지가 담긴 이름입니다. 40대 이전에는 기록이 별로 없어서, 그의 젊은 시절에 관해서는 알려진 사실이 거의 없습니다. 정선은 가난한 양반 가문에서 장남으로 태어났습니다. 열네 살에 아버지가 돌아가셔서 이른 나이에 가장의 책임을 짊어지고 힘든 어린 시절을 보냈습니다. 그는 양반 출신이었지만 생계를 위해 화가의 삶을 선택했습니다. 그림을 그리면서도 책읽기를 게을리하지 않았고, 《도설경해(圖說經解)》라는 책을 쓸 정도로 학문적 소양도 풍부했습니다.

정선이 조선 후기의 대표적인 화가로 자리 잡을 수 있었던 원동력은 장수였습니다. 현존하는 정선의 그림 중에서 높은 평가를 받는 작품은 60세 이후에 그린 것이 대부분입니다. 정선은 노년에도 도수가 높은 안경을 쓰고 밤까지 촛불 아래서 그림을 그렸습니다. 국보로 지정된 그의 대표작 [인왕제색도]도 76세에 완성한 그림입니다. 만약 정선이 자신의 나이가 많다고 생각하며 능력의 한계를 긋거나 편안하게 노년을 보내려고 붓을 놓았다면 [인왕제색도]는 완성되지 못했습니다. 정선은 84세까지 장수하며 왕성한 활동으로 400여 점의 작품을 남겼습니다. 그가 쓰다가 닳은 붓을 모으면 무덤의 크기와 맞먹을 정도의 양이었다고 전해집니다. 조선 시대의 화가 중에서 가장 많은 작품을 남긴 화가 중 한 명입니다.

[노백도(老栢圖)]는 오래된 측백나무라는 뜻입니다. 이 그림도 중년 이후의 작품으로 추정됩니다. 제목으로 쓰인 한자 백(栢)은 측백나무와 잣나무라는 두 가지 뜻이 있습니다. 이 그림의 소장처에서는 잣나무로 설명하는데, 사실 어떤 나무인지는 의견이 분분합니다. 화가는 그림에 자신의 호와 인장 이외에 어떤 설명도 남기지 않았기 때문입니다. 그림의 위 아래에는 두 개의 글이 남아 있습니다. 두 개 모두 후대의 사람이 남긴 흔적인데, 이와 같은 글을 제화(題畵)라고도 하고 찬문(撰文)으로도 부릅니다. 제화가 많으면 그만큼 그림에 많은 관심이 쏠렸다는 표시이기도 합니다. 이 그림의 제화에는 나무의 종류를 추측할 수 있는 힌트가 남아있습니다. 위쪽 글은 그림 속 나무를 반송(盤松, 키가 작고 옆으로 퍼진 소나무)으로 적었고, 아래쪽의 글에는 노백도라는 단어로 썼지만 측백나무인지는 분명하지 않다고 기록되어 있습니다. 제화를 쓴 한 사람은 소나무로, 다른 사람은 잣나무로 본 셈입니다. 줄기의 모양을 보고 향나무라고 주장하는 사람까지 있으니 그림 속 나무의 종류를 구분하는 일도 만만치 않습니다.

소나무나 잣나무 모두 하늘로 곧게 뻗은 형태가 일반적인데, 정선은 자신만의 개성을 한껏 살린 나무를 창조했습니다. [노백도]의 기이한 형태는 장수를 기원하는 '목숨 수(壽)'자를 초서체로 흘려 쓴 형태라고 알려져 있습니다. 이 그림은 크기가 가로 55.6cm 세로 131.6cm로 비교적 큰 편입니다. 실제로 보면 화면을 가득 채운 당당한 꿈틀거림에서 강렬한 기운이 전해집니다. 마치 한 마리의 용이 하늘로 올라가는 듯한 생명력입니다. 이 그림에는 정선이 고수가 되기까지 삶의 여정이 느껴집니다.

공자가 말한 곧은 길은 외형적으로 쭉 뻗은 직선의 길이 아닙니다. 어떠한 위기나 유혹이 있더라도 자신의 신념을 지키면서 묵묵하게 나아가는 내면의 길입니다. 자신의 길을 가다 보면 반드시 고난을 만나게 되고, 그것을 극복하는 과정에서 굴곡이 생길 수밖에 없습니다. 그럴 때 필요한 건 무덤의 크기만큼 붓을 닳게 만들었던 뚝심입니다. 내면의 길은 성장통을 동반하기에 결코 보기 좋게 똑바로 펼쳐질 수 없습니다. 굴곡이 심한 [노백도]가 그 어떤 나무 그림과 견주어도 뒤지지 않는 이유는 짙은 내면의 의지가 고스란히 표출되기 때문입니다. 겉만 반듯한 차원을 뛰어넘은 내면의 곧은 뚝심이 이 그림의 매력입니다. 제가 예전부터 가장 좋아했던 정선의 그림은 [인왕제색도]였습니다. 집에 실물 크기의 복제품을 걸어 둘 정도였습니다. 그런데 실제로 보았을 때의 감흥은 [노백도]가 훨씬 컸습니다. 마치 감전된 것처럼 닭살이 돋은 채 그림 앞에서 그대로 멈추어 꼼짝 못했습니다. [노백도]가 정선의 분신처럼 화가 그 자체로 다가왔기 때문입니다. 삶의 굴곡은 곧게 살아가는 과정에서 필요한 성장통입니다. 오히려 너무나 편안하고 걱정거리가 없는 삶이 이어진다면 더 큰 문제일 수 있습니다. 그것은 성장이나 발전과 거리가 먼 삶이기 때문입니다.

57日 · 실천

말보다 행동이 우선이다

기려심매(騎驢尋梅) - 정선

제자 자공이 군자에 대해서 묻자 공자가 답했다. "말보다 행동이 우선이다. 그런 다음 실천에 따라 말이 나와야 하느니라."

子貢問君子 子曰 先行其言 而後從之
자 공 문 군 자 자 왈 선 행 기 언 이 후 종 지 - **위정편**

말을 잘하는 사람은 인기가 많습니다. 요즘은 개인이 대중과 소통할 수 있는 다양한 매체가 발달한 시대이기 때문에, 인기가 많은 사람의 파급력도 대단합니다. 말은 있는 그대로 사용하면 문제가 없지만, 그렇지 않으면 오해를 불러옵니다. 인터넷의 세상에서는 아무나 전문가 행세를 합니다. 그곳에는 시선을 끌기 위한 자극적인 말과 가짜 미끼처럼 실속 없는 말이 넘쳐납니다. 어쩌다가 가짜가 득세하여 추종 세력들이 생기면 진짜 전문가와 구별하기도 쉽지 않습니다. 한 분야에서 이름을 알렸다고, 모든 걸 다 잘 아는 것처럼 함부로 말하는 사람도 많습니다. 그야말로 말만 그럴듯한 아류들의 전성시대처럼 느껴집니다. 가벼운 유행에 사람들이 몰리는 인터넷 매체의 특성상 어쩌면 진짜 고수들은 말의 무게 때문에 함부로 자신을 드러내지 않는지도 모르겠습니다.

《논어》 전체에서 가장 자주 언급되는 소재가 말과 실천입니다. 말은 늘 조심히 바르게 하고 행동이 앞서야 한다는 가르침이 반복됩니다. 이와 같은 말에 대한 언급이 무려 서른세 번이나 나옵니다. 공자가 얼마나 강조했으면 제자들이 가장 많이 기억하는 주제가 말일까요? 《논어》를 구조적으로 살펴보면 가장 첫 문장은 배우고 익히는 실천의 즐거움을 말하고, 마지막 문장은 말의 중요성으로 끝납니다. 이러한 시작과 끝의 구조도 우연은 아닙니다. 공자가 가장 강조했던 내용을 반영한 결과로 보입니다.

《논어》의 마지막 문장 '말을 알지 못하면 사람을 알 수 없다(不知言 無以知 人也 부지언 무이지인야 - 요왈편)'에서 언급된 말은, 상대방이 내뱉은 말의 뜻이나, 언어에 대한 보편적 이해, 진실된 말을 알아보는 능력 등으로 다양하게 해석됩니다. 겉으로는 달라 보이지만 말을 통해 사람의 본질을 파악한다는 의미는 같습니다. 말을 조심하는 것도 중요하고, 그 뜻을 잘 알고, 제대로 쓰는 것도 중요하다는 얘기입니다.

어쩌면 우리는 늘 말을 하기에 그 힘과 의미를 너무 소홀히 대하는지도 모릅니다. 공자는 '행동보다 말이 지나친 것을 부끄럽게 여겨야 한다 (君子恥 其言而過其行 군자치기언이과기행 - 헌문편)'라고 말했습니다. 요즘 헛되고 거친 말들이 넘쳐나는 이유는 부끄러움이 사라져 가고 있기 때문인지도 모르겠습니다. '공자가 마을에 머무를 때에는 지나치게 조심스럽게 행동하여 마치 말을 못하는 사람처럼 보였다'라는 제자들의 증언에 울림이 더해지는 이유는 스승의 행동이 평소에 했던 말과 일치했기 때문입니다. 참된 스승은 실천으로 가르칩니다.

[기려심매(騎驢尋梅)]에서 기려(騎驢)는 나귀를 타고 간다는 뜻이고, 심매(尋梅)는 매화를 찾는다는 말입니다. 조선 시대에는 선비가 나귀를 타고 가는 다양한 형태의 그림이 그려졌습니다. 이런 그림에는 대부분 '기려'라는 제목이 사용됩니다. 기려에 배경이나 상황이 붙으면 제목에 의미가 추가됩니다. 대표적으로 물을 건너면 도수(渡水), 친구를 찾아가면 방우(訪友), 정처 없이 떠돌면 행려(行旅), 신선이 등장하면 선도(仙圖)등이 기려에 붙었습니다.

심매는 중국 당나라의 시인이었던 맹호연(孟浩然)의 일화에서 유래됐습니다. 맹호연은 과거에 낙방한 이후 은거하면서 자연에 대한 시를 짓고 살았습니다. 이른 봄이 되면 가장 먼저 매화를 찾아 눈길을 헤치고 다녔습니다. 이러한 일화가 조선에 전해지면서 매화를 찾아 나서는 그림이 유행했

18장. 정선 - 부단한 노력으로 76세에 대표작을 완성하다

고, 거기에 심매(尋梅)나 탐매(探梅)라는 제목이 붙었습니다. 사람들은 출세를 향한 욕망을 버리고, 꾸준히 학문을 닦으며 시를 짓고 자연의 정취를 즐기는 맹호연의 삶을 높이 평가했습니다. 자신이 생각한 바를 그대로 실천하는 삶을 살았기 때문입니다. 말이 앞서는 사람은 결과를 만들어 증명해야 하지만, 실천하는 사람은 그럴 필요가 없습니다.

[기려심매]는 녹지 않은 눈을 헤치며 거친 숲길을 홀로 나선 인물이 두드러지게 표현되었습니다. 산과 나무를 포함한 모든 배경에는 황량함이 감돕니다. 그러나 겉옷을 단단히 챙겨 입은 주인공은 분위기에 움츠리지 않고 자신의 길을 묵묵히 가고 있습니다. 차가운 눈이 곳곳에 가득하여 과연 매화가 핀 곳이 있기나 할지 의문이 생기는 풍경입니다. 그러나 나귀를 탄 인물이 맹호연 같은 사람이라면 매화를 찾기 전까지 돌아가지 않겠지요.

눈이 녹지 않은 시기에 매화를 찾는 행위는 다양한 상징성을 갖습니다. 굳이 매화를 찾아나서지 않아도 때가 되면 사는 곳 근처에서 충분히 볼 수 있습니다. 그럼에도 그림 속 인물은 소복하게 쌓인 눈을 가르며 나귀까지 동원했습니다. 걸어서 가기엔 제법 힘든 먼 거리의 여정이 분명합니다. 광양에 매화 축제가 열리면 전국에서 그곳으로 향하는 요즘 사람들의 여정과 비슷할까요? 여하튼 심매는 자신이 주체적으로 행동하는 사람이라는 의미를 담고 있습니다. 나에게 오는 때를 기다리는 게 아니라 내가 때를 찾아 나서는 능동적인 자세입니다. 이러한 자세는 '행동이 우선이다'라고 말했던 군자의 정의와 닮아 있습니다. 때에 맞춰 가장 먼저 꽃을 피우는 매화를 찾듯이, 군자는 자신을 성장시킬 배움을 찾아 나서야 합니다. 충분히 실력을 키운 뒤, 실천에 따른 말이 거들 때 진정한 군자가 됩니다.

눈 쌓인 세상이 추위로 혼란한 세상이라면 매화는 봄을 부르는 희망도 됩니다. 화가는 전반적으로 먹의 농담만을 이용하여 채색한 후, 나귀에 오른 인물의 삿갓과 겉옷에만 노란색을 사용했습니다. 노란색의 밝고 따뜻한 이미지를 인물에게 부여함으로써 그림 전체에 흐르는 차가운 분위기를 반전시킵니다. 만약 노란색에도 의도를 부여한다면 추가적인 해석도 가능합니다. 우리의 선조들은 예부터 검은색, 하얀색, 파란색, 빨간색, 노란색 등의 5가지 색을 오방색이라 부르며 다양한 의미를 부여했습니다. 노란색은 오행으로 풀이할 때 흙과 중앙을 상징하는 고귀한 색입니다. 흙은 만물을 기르고, 중앙은 동서남북의 모든 방위를 아우릅니다. 이런 까닭에 노란색은 중국 황제의 색상으로도 유명합니다. 생명의 근본이자 세상의 중심이라는 관념이 노란색에 더해지면 이 그림 속의 작은 부분이 더 큰 효과를 발휘합니다. 내가 사는 세상의 중심은 나입니다. 내가 움직이지 않으면 세상도 바뀌지 않습니다. 내 밖의 주변에 보이는 것들은 모두 다른 사람들의 세상입니다. 실천은 나를 내 세상에 살게 합니다.

58日 · 뚝심

오래 견딜수록 큰 도약이 따라온다

금강내산전도(金剛內山全圖) - 정선

일부 확대

산을 만드는 일로 비유하자면, 한 번 담아 올릴 흙이 부족하여 완성하지 못했다고 해도 내가 그만둔 것이다. 구덩이를 메워 평지를 만드는 일에 비유하자면, 비록 한 번의 흙이라도 부어서 진전하는 중이라면 그것도 내가 나아가는 것이다.

譬如爲山 未成一簣 止 吾止也 譬如平地 雖覆一簣 進 吾往也
비여위산 미성일궤 지 오지야 비여평지 수복일궤 진 오왕야
- 자한편

누구나 미래는 막막하고 두렵습니다. 그래서 인류는 늘 불안을 안고 삽니다. 어린 시절에는 좋은 대학과 좋은 일자리가 인생 최대의 과제인 것처럼 살아갑니다. 그러나 어른이 되면 인생에서 안정적인 순간이란 존재하지 않는다는 사실을 깨닫게 됩니다. 성공했다는 사람이 한순간에 고꾸라지기도 하고, 절망의 늪에서 벗어날 수 없을 것만 같은 사람이 벼락 출세를 하기도 합니다. 중년이나 노년이 되어도 겪어 보지 않은 앞날은 두렵습니다. 모든 일의 과정은 언제나 불안의 연속이지만 그것을 극복하는 가장 기본적인 방법은 꾸준함과 믿음입니다. 자수성가한 사람들도 시작은 평범한 경우가 많습니다. 다만, 그들 대부분은 자신이 만드는 산에 대한 굳건한 믿음과 절대로 포기하지 않는 뚝심을 가졌다는 공통점이 있습니다.

앞서 얘기했듯이 저는 모터사이클 업계에서 영업사원으로 시작해 관리자로 그만둘 때까지 17년 동안 한 우물만 팠습니다. 그중에서 두카티의 국내 업무 총괄책임자로 일했던 마지막 4년 5개월은 정말 힘들었지만, 가장 기억에 남는 시간이었습니다. 새로운 브랜드 책임자로 자리를 옮겼을 때 아무것도 준비된 것이 없었습니다. 그래서 맨땅에 산을 만들 듯 기업의 비전과 목표, 직원의 구성과 채용, 제품과 대리점 관리, 홍보와 이벤트, 서비스와

포상 등을 모두 제 손으로 쌓아 올렸습니다. 직원 구성이 완성되지 못한 초기에는 작은 것 하나까지 직접 마무리 지어야 했습니다. 시간에 쫓겼던 홈페이지와 카탈로그 검토 작업은 수시로 새벽까지 이어졌습니다. 아랫사람들에게 야근시키기 싫어서 혼자 회사에 남는 날도 많았습니다. '내가 지금 이런 것까지 신경을 써야 하나?'라고 푸념한 적도 있지만, 새로운 브랜드에 대해 자세히 배울 기회라고 생각하며 마음을 다잡았습니다. 몸은 힘들었지만, 한 브랜드의 책임자로서 사명감과 성취감으로 즐겁게 일했습니다.

　그때 제가 모든 일을 직접 해낼 수 있었던 원동력은 다양한 경험이었습니다. 영업은 밑바닥부터 시작했기 때문에 아주 세세한 것까지 잘 알았고, 그 외에는 다른 부서에 대한 탐구가 큰 도움이 되었습니다. 고객이 어떻게 하면 좀 더 편하고 유익하게 부품과 액세서리를 장착하고, 의류를 구매할 수 있을까에 대한 관심은 부품팀과 의류팀의 업무까지 파악하는 계기가 되었고, 이것이 나중에 서비스팀의 역할과 방향성까지 확대되었습니다. 점장과 팀장이 되었을 때는 홍보와 이벤트까지 직접 기획하거나 관여하다 보니 자연스레 기본적인 마케팅까지 익혔습니다. 회사 규모가 작은 초창기 때 떠밀리다시피 맡았던 모터사이클의 수입 인증 업무도 나중에 큰 도움이 되었습니다. 그때는 남들과 경쟁하는 영업 시간을 줄일 수 없어서, 낮에는 영업을 하고 남들이 다 퇴근한 밤과 주말에는 인증 업무를 했습니다. '다른 동료들은 영업만 하는데 왜 나만 일을 이렇게 많이 해야 하지?'라는 불만이 있었는데, 그것도 결국엔 다 내공이 되었습니다. 만약 제가 다른 부서의 일에 관심을 두지 않았거나, 차별화된 마케팅에 무관심했거나, 다른 업무를 받아들이지 않았다면, 브랜드의 책임자 자리에 앉을 기회도 없었을 겁니다. 설사 그 자리에 앉았다 하더라도 업무를 제대로 하지 못했겠지요. 만약 제가 모든 일을 업무로만 생각하거나 계산적으로 따졌다면 일찌감치 포기했을 겁니다. 그러나 제가 좋아하는 모터사이클 관련 일이기 때문에 배우고 견디며 성장할 수 있었습니다. 차근차근 기본부터 다진 사람과 그렇지 않은 사람은 분명 큰 차이가 있습니다. 기본이 없으면 장기적인 안목과 위기 대처 능력이 부족해집니다. 직접 몸으로 부딪쳐 알아 갔던 지식과 깨달음은 제게 가장 큰 자산이 되었습니다. 물론, 그 길이 마냥 쉽지는 않았습니다. 성질 고약한 고객들의 욕설과 폭언에 종종 시달렸고, 휴일 없이 새벽까지 걸려 오는 고객의 전화를 상대하다 보니 환청으로 벨소리나 진동음이 들리기도 했고, 앞에서는 웃으면서 등 뒤에 칼을 꽂았던 거래처 사람들 때문에 보이지 않는 피눈물도 많이 흘렸고, 사기꾼 같은 사람의 말도 안되는 각종 협박에 술로 보낸 날도 많았습니다. 그렇게 버틴 세월이 10년 넘게 쌓이자, 위기 대처 능력이 생겼습니다. 무슨 일이든 꾸준히 하면 어떤 식으로든 성과가 나온다는 사실도 배웠습니다. 업계에서 저만큼 내공이 쌓인 사람은 없을 것이라는 자신감이 충만했던 시절이었습니다. 지금 생각해 보면 다양한 호기심으로 옮긴 흙이 10년 동안 쌓여 단단한 산이 된 것 같습니다.

[금강내산전도(金剛內山全圖)]는 조선 문화에 관심이 많은 베버 신부가 소장하던 《겸재정선화첩》에 들어 있는 그림입니다. 베버 신부는 독일 사람으로 가톨릭 소속의 수도회인 성 베네딕도회 신부였습니다. 이 화첩은 독일의 수도원에 소장되어 있다가 2005년 영구대여 형식으로 한국에 돌아왔습니다. 지금은 한국의 성 베네딕도회 왜관수도원이 소유권을 가지고 있습니다.

금강산(金剛山)은 지역으로 구분하여 서쪽을 내산 혹은 내금강, 동쪽을 외산 또는 외금강이라 합니다. 정선은 여러번 금강산에 다녀왔고, 현존하는 금강내산의 작품만 9개나 됩니다. 모두 넓은 경관을 압축하여 화면에 담았고, 높은 곳에서 내려다 보는 시점입니다. 마치 비행기를 타고 금강산을 한 바퀴 둘러보면서 그린 것처럼 산 곳곳의 명소가 모두 담겨 있다는 사실이 놀랍습니다.

진경산수화(眞景山水畵)라는 단어는 정선의 이름을 위대하게 만든 일등 공신으로 [금강내산전도]처럼 우리의 자연을 소재로 그린 그림을 말합니다. 정선이 활동하던 당시만 해도 진경(眞景)이라는 말은 주로 실제의 경치라는 뜻으로 쓰였습니다. 그런데 서화가이자 독립운동가였던 오세창(吳世昌)과 한국 최초의 서양화가였던 고희동(高羲東) 등이 일제강점기에 정선의 작품을 높이 평가하면서 진경이라는 단어에 민족적이고 자주적인 의미를 불어넣었습니다. 그들은 실제의 경치를 그리는 모범적 화가로 정선을 치켜세웠습니다. 진경산수화에 특별한 의미가 부여되면서 용어를 구분하기 시작했습니다. 눈에 보이는 그대로 단순히 묘사하는 것은 실경산수화로 부르고, 우리나라의 실제 경치에 화가의 자아와 풍경의 감흥이 녹아들어 예술성이 높아진 그림을 진경산수화로 분류했습니다.

그전까지 산수화는 주로 중국의 명소나 고전에 등장하는 장소를 상상이나 관념으로 그렸습니다. 그러나 정선에게는 우리 풍경에 대한 자의식과 독창성을 추구하던 예술혼이 있었습니다. 비주류에 속했던 진경의 영역에서 그는 꾸준히 자신만의 흙을 쌓아서 독보적인 산을 만드는 데 성공했습니다. 그의 화폭에 담긴 다양하고 웅장한 산의 능선을 보고 있노라면 입이 다물어지지 않을 지경입니다. 이제 막 한 번의 흙을 담아 올리는 입장이라면, 진경산수화를 통해 정선의 믿음과 뚝심을 본받아야 합니다. 정선이 만든 멋들어진 산들은 잘 보이지 않는 노년에도 안경을 끼고 매달렸던 긴 세월이라는 흙으로 다져졌다는 사실을 잊지 않아야 합니다.

59日·세심함

주의를 기울이는 만큼 격차는 벌어진다

二和堂趙公畫像

此我 伯氏二和堂府君五十四歲真像也昔在甲辰榮拜

府君於永春謫中始出草 明年乙巳及 府君遷

朝始加潤色命畫師奉再真制作公服本榮拓寫此本云

柔備肥瘠後再壬子七月丁未等榮拓謹書

조영복 초상 - 조영석

공자는 네 가지를 절대로 하지 않았다. 제멋대로 생각하지 않았고, 반드시 그래야 한다는 법이 없었으며, 고집을 부리지 않았고, 자신을 내세우지 않았다.

子絶四 毋意 毋必 毋固 毋我
자 절 사 무 의 무 필 무 고 무 아 - 자한편

공자가 하지 않았다는 것을 간단하게 정리하면 자의, 강박, 완고, 아집입니다. 사람이 살면서 가장 많이 하는 실수는 보통 위의 네 가지에서 비롯됩니다. 특히, 자신의 틀에 갇혀 살거나, 나이와 경력 등을 내세우는 사람 중에는 이러한 행위가 습관처럼 배어 있는 경우가 많습니다. 이런 사람들은 대개 다른 사람의 얘기를 귀담아듣지 않고, 제멋대로 행동하며, 남에게 피해를 주기도 합니다. 반면 공자가 추구하는 삶은 다양성과 융통성을 인정하며, 존중과 겸손이 몸에 배어 있어야 가능합니다. 이 구절은 공자가 어떤 사람인지 명확하게 드러냅니다. 위 언급된 네 가지 내용은 자신을 낮추지 못하면 절대로 불가능합니다.

인간은 보통 다른 사람에 대한 평가는 냉정하고 인색하지만, 자신에 대해서는 관대합니다. 자신이 너무 어리석거나 미련하다고 한결같이 인정하는 사람은 거의 없습니다. 대부분은 자신에게 조금 부족한 면이 있지만, 나름 이성적이며 합리적이라고 생각합니다. 하지만 바르게 성장하고 싶다면 자신을 객관적으로 봐야 합니다. 특히, 단점과 결함을 제대로 알아서 솔직히 인정하고 각성할 때 변화가 시작됩니다.

변화를 원하는 많은 사람들이 새로운 무언가를 찾아 헤맵니다. 그러나 내 삶의 변화를 이끄는 가장 쉬운 방법은 불필요하거나 나쁜 습관의 정리입

니다. 방이나 집에 변화를 주고 싶을 때 안 쓰는 물건들을 먼저 정리하는 절차와 비슷합니다. 널브러진 잡동사니들을 한쪽으로 치우고 불필요한 물건들만 버려도 분위기가 달라집니다. 습관도 마찬가지입니다. 작은 다짐의 실천만으로도 꽤 다른 삶을 맛보게 됩니다.

명문 양반 가문에서 태어난 조영석은 그림을 직업으로 삼지 않았습니다. 젊은 시절부터 취미로 그렸는데 정확히 누구에게 배웠는지는 기록이 없습니다. 그는 인왕산 아래에 집을 짓고 관아재(觀我齋)라는 이름을 붙였습니다. '나를 바라보는 집'이라는 뜻인데 이것을 호로 사용할 정도로 좋아했습니다. 조영석은 언제나 네 가지 욕망에 휘둘리지 않기 위해 노력했습니다. 살고자 하는 생욕(生慾), 먹을 것에 신경 쓰는 식욕(食慾), 출세를 지향하는 관욕(官慾), 재물을 탐내는 재욕(財慾) 등입니다. 어찌 보면 사람에게 당연히 있어야 할 욕망일 수도 있고, 조금은 욕심을 내도 크게 흠이 안 될 것 같은데도 이것을 지키기 위해 평생을 노력했다고 합니다. 자신이 정한 신념을 꾸준히 지키려는 삶이, 실천을 중요시 여겼던 공자와 크게 다르지 않습니다.

조영석은 사물을 실제와 똑같이 그려내는 사실주의를 선호했습니다. 그 때문인지 그는 사람의 참모습을 그대로 담아 내는 인물화로 꽤 인정받았습니다. 조영석은 정선과 가까이에 살며 교류가 잦았는데, 정선의 산수화를 높이 평가하면서도 인물화는 자신이 조금 더 낫다고 말했습니다. 그는 인물화를 그릴 때 털과 머리카락 하나까지 세세하게 신경 쓰기 때문에 자신의 실력이 앞설 수밖에 없다고 말할 정도로 자부심이 높았습니다.

당시 왕이었던 영조는 조영석이 인물화를 잘 그린다는 얘기를 듣고, 어진을 그리라고 두 번이나 명령했지만 그는 어명을 듣지 않았습니다. 관직을 박탈당하고 감옥에 갇히고서도 자신의 의견을 굽히지 않았습니다. 선비는 선비의 역할이 있고, 도화서의 일은 전문 화가에게 맡겨야 한다고 생각했기 때문입니다. 왕의 명령보다 자신의 신념을 더 중요하게 여기는 사람은 많지 않습니다. 이 사건은 네 가지 욕망에 휘둘리지 않으려고 노력했다는 그의 이야기에 더욱 힘을 실어 줍니다.

조선은 꽤 많은 초상화를 남겼습니다. 국가에서 역대 왕을 그린 어진(御眞)과 나라에 큰 공을 세운 신하들에게 포상으로 주었던 공신상(功臣像) 등을 지속적으로 제작했습니다. 이런 초상화는 예술적 가치보다는 특정한 목적성이 있는 작품입니다. 어진은 왕조의 정통성 확립과 영원성 기원, 공신상을 포함한 사대부의 그림은 후세에 모범으로 삼기 위함이었습니다. 따라서 어진은 궁궐 안의 선원전(璿源殿)에, 공신상 등은 선비들이 학문을 배우던 서원(書院)이나 조상의 신주를 모셔 놓은 사당(祠堂) 등에 봉안하고, 초상화 속 인물의 업적과 성품을 기리는 제사에 활용했습니다. 조선의 초상화는 뚜렷한 목적성을 지녔기에 인물을 실제와 똑같이 그리려던 관습이 있었고, 자세도 비교적 단순하고 표정은 근엄했습니다.

민간에서 그려진 초상화는 조선 후기에 유행했는데 대부분 권력이 높거나 부유한 일부 사람들의 전유물이었습니다. 공신상의 인물들은 관복을 입었지만, 민간의 초상화는 평상복 차림에 주인공의 취향을 드러내는 소품들을 배치했습니다. 이때부터 내면을 반영하거나 존재감을 표현하는 다양한 기법들이 유행했습니다. 조선 초상화의 가장 큰 특징은 세세한 얼굴 묘사입니다. 증명사진에 뒤쳐지지 않을 만큼 정성을 기울였습니다. 한 올 한 올의 수염과 주름, 피부와 상처, 안면의 장애까지 모두 고스란히 담았습니다. 사후에 그려진 초상화도 많았는데, 보면서 그리지 않고도 실제 인물과 똑같이 표현한 능력이 놀라울 따름입니다.

[조영복 초상]은 조영석이 친형을 그린 그림이자 조영석의 대표작으로 1999년에 보물로 지정되었습니다. 서예가로도 널리 알려진 조영복은 암행

어사를 비롯하여 다양한 관직을 두루 거쳤습니다. 그는 왕의 인사 문제에 반복적으로 반대하는 의견을 내다가 관직과 작위를 모두 빼앗길 정도로 강경한 인물이었습니다. 형제가 모두 왕의 명령에 반대했던 특이한 경력을 지녔습니다. 충성이라는 단어는 복종과 다릅니다. 조선의 진짜 선비들은 왕보다 국가에 대한 충성을 더욱 중요하게 생각했습니다. 백성이 국가의 주인이라는 민본 사상을 인정했기 때문입니다. 그래서 어명일지라도 바른 신념과 맞지 않는다면 목숨을 걸고 거침없이 반대 의견을 피력했습니다. 그것이 진정한 선비의 태도라고 생각했습니다. 요즘의 정치인들이 배워야 할 조선의 진짜 선비 정신이 바로 이런 것입니다.

[조영복 초상]은 인물의 강직한 성향을 잘 표현한 그림입니다. 굳게 다문 입과 또렷한 눈동자에서 성격이 잘 드러납니다. 반면, 두꺼운 눈꺼풀과 몇 가닥이 안 되는 턱수염, 접힌 목살과 긴 손톱 등은 조영복의 특징을 잘 살린 사실주의적 표현입니다. 당시에 이 그림을 본 사람들은 실물과 너무 닮아서 놀랐다고 합니다. 그림의 오른쪽 상단에는 화가가 직접 남긴 그림의 제작 과정이 기록되어 있습니다.

이 그림은 유학자의 면모를 잘 드러낸 수작으로 평가받고 있습니다. 만약 조선의 화가 중에서 공자의 초상화를 그릴만한 인물을 추천해야 한다면 저는 조영석을 선택하겠습니다. 그는 사실적인 표현과 내면의 태도를 함께 녹여 낼 수 있는 최고의 초상화가이기 때문입니다.

60日 · 상황

아무것도 하지 않으면 곤란하다

현이도(賢已圖) - 조영석

하루 종일 배부르게 먹고, 마음을 쓸 곳이 없다면 곤란하구나. 장기와 바둑이 있지 않느냐? 아무것도 안 하는 것보다 그것이라도 하는 게 현명하다.

飽食終日 無所用心難矣哉 不有博奕者乎 爲之猶賢乎已
포 식 종 일 무 소 용 심 난 의 재 불 유 박 혁 자 호 위 지 유 현 호 이
- 양화편

위 구절에서 장기와 바둑으로 해석한 한자의 원문은 박혁(博奕)입니다. 보통 혁은 바둑을 말하는데, 박은 엄밀히 말하자면 장기는 아닙니다. 고대 사람들이 즐겼던 놀이로 유물이 남아 있지만, 지금은 명맥이 끊겨서 어떻게 하는지 방법을 모른다고 합니다. 사람들이 박이라는 놀이를 하면서 자주 돈내기를 했는지 이 글자는 도박(賭博)이라는 단어의 어원으로도 알려져 있습니다. 많은 국내의 《논어》 번역문에는 현대인들이 박을 이해하기 쉽게 장기로 표기하고 있어 여기에도 그렇게 표현했습니다.

공자는 누구에게 장기나 바둑이라도 두라고 얘기했을까요? 제자들은 배우기 위해 자발적으로 모인 사람들이기 때문에 대상이 아니라고 생각됩니다. 만약 그의 제자들이었다면 아마 심한 꾸중이 뒤따르지 않았을까요? 여러 차례 얘기했듯, 공자는 실천과 노력을 아주 중요하게 여겼습니다. 어영부영 시간을 보내는 제자가 있었다면 가만히 놔둘 리 없습니다.

위 구절은 전후 설명이 없어서 대상을 자세히 알 수 없지만 문장의 내용으로 추측은 가능합니다. 대상의 조건은 배부르게 먹을 수 있고 아무것도 안 해도 되는 사람입니다. 이 두 가지 조건에 맞으려면 신분이 높거나 부유한 가정에서 태어나야 합니다. 고대의 농경 사회는 평민으로 태어나면 아무일도 하지 않을 수 없었습니다. 어린 나이부터 집안일을 돕고 자신의 신분

에 맞는 생업에 종사해야 했습니다. 따라서 빈둥거릴 수 있는 사람들은 아주 소수의 상위계층으로 추정됩니다. 그러니 위 구절은 놀고먹는 삶에 대한 질책도 되지만, 조금 더 의미를 확장하면 사회적인 활동을 하지 않는 특권층에 대한 지적일 수도 있습니다.

요즘은 바둑이 어린이들에게 권장되는 취미입니다. 고차원적인 두뇌 게임으로 집중력과 두뇌 활동에 좋다고 생각하기 때문입니다. 그런데, 공자가 살던 시대의 바둑은 다릅니다. 그저 단순한 흥밋거리나 소일거리 정도로 취급하는 분위기입니다. 수시로 전쟁이 벌어지던 시대적 배경도 무시 못할 요소입니다. 물론, 지금도 제 할 일을 하지 않고 바둑에만 빠져 있으면 욕을 먹고, 단순한 오락으로 취급하는 사람들도 있지만 게임도 시대나 상황에 따라서 다른 대접을 받는 일이 흥미롭습니다.

요즘처럼 빨리 변화하는 시대에서는 그 무엇에 대한 판단도 쉽지 않습니다. 인공지능의 전면적인 등장으로 세상이 언제 어떻게 달라질지 쉽게 예상하기 힘듭니다. 저는 지난 2023년 중국에서 열렸던 아시안 게임을 보면서 깜짝 놀랐습니다. e-스포츠가 정식 종목으로 채택되어 무려 7개의 금메달을 두고 다양한 국적의 사람들이 경쟁하는 모습을 보았기 때문입니다. 익숙한 축구도 별도의 게임으로 진행한다는 내용도 놀라웠고, 어린 시절 오락실에서 몰래 하던 스트리트 파이터가 당당하게 정식 종목이 되었다는 사실도 당황스러웠습니다. 대부분의 가정에 컴퓨터나 게임기가 없던 시절에 오락실은 남자 아이들의 천국이었습니다. 그런데 학교는 절대 가면 안되는 청소년 출입 금지 구역으로 오락실을 지정했습니다. 오락실 간판에는 지능계발이라고 쓰여 있었지만, 부모님과 선생님들은 아이들에게 해가 된다고 판단했습니다. 학교에서는 순찰을 돌았고, 선생님께 걸리면 손바닥이나 종아리를 맞았습니다. 그런 대접을 받던 게임이 이제는 사람들의 큰 호응을 불러일으키는 아시안 게임의 종목이 되었습니다. 내가 선택한 길이 어떤 평가를 받을지는 시대나 상황에 따라서 달라질 수 있습니다. 그러나 그 무엇이든 꾸준히 쌓아온 경력은 결코 헛되지 않는 것 같습니다.

공자는 사람을 이롭게 만드는 세 가지 즐거움이 있다고 말했습니다. 예악을 알맞게 즐기는 것, 다른 사람의 선행을 널리 알리는 것 그리고 현명한 친구가 많은 것입니다. (益者三樂 樂節禮樂 樂道人之善 樂多賢友 益矣 익자삼요 요절예약 요도인지선 요다현우 익의 - 계씨편) 또한 사람에게 해로운 즐거움으로 교만하여 기쁜 것, 빈둥거리는 것, 잔치에 빠지는 것(樂驕樂 樂佚遊 樂宴樂 損矣 요교락 요일유 요연락 손의)을 꼽았습니다. 공자가 말한 잔치를 요즘의 말로 바꾸면 파티나 술자리 모임 정도 될 것 같습니다. 해로운 즐거움은 쾌락에 가깝습니다. 쾌락은 짧은 순간 머물다 허무하게 사라집니다. 지나치면 중독으로 이어지고 몸과 마음이 쇠약해집니다. 해로운 즐거움에 빠지지 않으려면 경계와 절제를 알아야 합니다. 반면 이로운 즐거움은 주변 사람들과 함께 성장하는 건전한 원동력을 제공합니다. 이러한 어울림은 아무리 지나치더라도 해로움이 없습니다. 건전한 즐거움을 즐기면 성장의 속도도 빨라집니다.

[현이도(賢已圖)]란 제목은 《논어》의 윗 구절 '안 하는 것보다 현명하다' (猶賢乎已 유현호이)에서 비롯되었습니다. 그래서 장기나 바둑을 두는 그림에 [현이도]라는 제목을 많이 사용합니다. 이러한 작품은 중국 송나라의 대표적인 화가였던 이공린(李公麟)이 그리고 난 뒤에 널리 퍼졌다고 합니다.

조영석의 [현이도]는 상황에 따른 인물들의 자세와 표정으로 분위기가 살아 있습니다. 장기에 빠진 양반들에게 고상함은 없습니다. 어린이가 게임을 하듯 승리에 대한 갈망만 드러납니다. 갓을 쓴 양반은 엉덩이를 들고 쪼그려 앉아 있고, 상대방은 팔을 바닥에 짚고 비스듬히 앉아 장기판을 응시하고 있습니다. 몇 개 남지 않은 장기알로 보아 게임이 막바지에 접어든 것을 알 수 있습니다. 두 사람의 표정과 자세로 누가 이기고 있는지 추리를 해보아도 재미있습니다. 배경으로 등장하는 나무의 줄기도 꽤 세심하게 표현하고 구도에도 신경을 썼습니다. 이 그림은 무엇보다 구경꾼들의 자연스러운 배치로 전해지는 생생한 현장감이 장점입니다. 작품을 들여다보는 시점도 흥미롭습니다. 마치 관중석에 앉아서 스포츠를 관람하는 기분입니다. [현이도]는 조영석의 풍속화가 어느 정도의 실력인지 확인할 수 있는 작품입니다.

　그림 하단에는 한 남자와 쌍륙(雙六)이라는 전통놀이가 보입니다. 쌍륙은 주사위를 굴려서 말을 움직여 승부를 가리는 놀이입니다. 기원전에 생겨서 전 세계로 퍼졌으니 요즘에 즐기는 보드 게임의 원조나 마찬가지입니다. 바닥에 깔아 놓은 커다란 자리 위에 장기판과 함께 쌍륙이 있으니 그림 속 장소는 요즘의 게임방이나 오락실과 같은 대중 놀이 시설인 셈입니다. 그림의 오른쪽 하단에는 화가가 쓴 글이 남아 있습니다. 당대의 예술품 수집가였던 김광수(金光遂)가 자신의 소장품이었던 청나라 화가 유령(兪齡)의 작품 두 점을 조영석에게 주고 [현이도]를 그려 달라고 요청했다는 내용입니다. 당시에 조영석의 그림이 얼마나 가치가 있었는지 알 수 있는 글귀입니다.

61日 · 태도

자질보다 태도가 중요하다

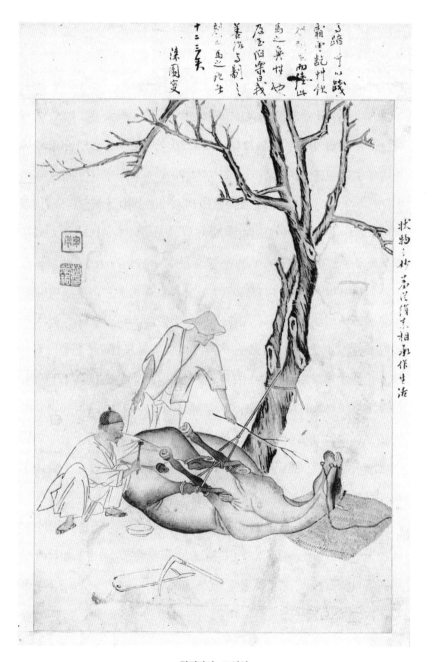

말징박기 - 조영석

천리마는 하루에 천리를 가는 힘을 칭찬하는 것이 아니라 천리에 도달하는 덕을 칭찬해야 한다.

驥不稱其力 稱其德也

기 불 칭 기 력 칭 기 덕 야 · **헌문편**

천리마는 하루에 천리를 간다고 알려진 말입니다. 1리(里)는 시대나 지역마다 조금씩 달랐지만 우리나라에서는 1905년 이래로 392.7m입니다. 중국은 시대에 따라 497.9m부터 576m까지 다양하게 적용했지만 현재는 500m가 기준입니다. 두 나라의 기준으로 보면 대략 400~500km를 간다는 얘깁니다. 그러나 실제로 하루에 천리를 가는 말은 없습니다. 천리마는 고대부터 최고로 좋은 말을 뜻하는 단어지만 상상의 동물에 가깝습니다.

위 《논어》의 구절은 자질보다 태도가 중요하다는 뜻입니다. 천리를 하루에 가려면 강력한 힘이 필요합니다. 경주용 자동차들이 가진 높은 엔진 출력과 같은 원리입니다. 그러나 아무리 힘이 세도 장거리를 견디지 못하면 끝까지 도달할 수 없습니다. 재능이 있어도 인내심이 없으면 천리를 못 갑니다. 어린 시절 천재라고 소문이 자자했던 사람들이 자라서는 평범하게 사는 경우가 종종 있습니다. 그 중 일부는 재능만 믿다가 낭패를 봤다고 말하기도 합니다. 재능으로 반짝거릴 수는 있지만, 끝까지 찬란하게 빛나기 위해서는 태도가 뒷받침되어야 합니다.

백락상마(伯樂相馬)라는 고사성어가 있습니다. 백락이라는 사람이 말을 잘 고른다는 뜻입니다. 좋은 말이라도 좋지 않은 환경에서는 평범하게 살다가 죽습니다. 그런데 백락은 좋은 말을 알아보고 그에 맞는 환경을 제공하여, 평범하게 살았을 말을 천리마로 성장시킨다는 얘기에서 유래되었습니다. 천리마에게는 다른 말보다 먹이를 많이 주고 꾸준한 훈련을 할 수 있는 환경을 제공해야 합니다. 태도는 반복적인 훈련과 경험으로도 만들어집니다. 그러나 아무리 천리마라도 알아보지 못하면 아무런 소용이 없습니다.

사회생활을 하다 보면 인재를 선발하거나 동료를 선택하는 과정에서 고민이 생깁니다. 대개 그 선택의 갈등은 재능이 뛰어난 사람이냐 아니면 성격이 좋은 사람이냐를 두고 벌어집니다. 두 조건을 다 갖추면 좋겠지만, 그럴 수 없는 경우에는 한 가지 장점을 선택해야 합니다. 그럴 때 장기적으로 함께 가야 할 사람이라면 성격 좋은 사람이 낫습니다. 천리를 한 번에 가는 능력보다 천리를 함께 갈 수 있는 태도를 선택하면, 조금 부족하더라도 서로 격려하고 의지하면서 사이좋게 나아갈 수 있기 때문입니다.

저도 관리자가 되자 직원을 뽑는 과정에서 늘 어려움을 겪었습니다. 서류와 한두 차례의 면접으로 사람을 파악하는 일은 결코 쉽지 않습니다. 물론 글과 말, 표정을 보면 대략적으로 가늠이 됩니다. 그러나 뽑는 입장에서는 이왕이면 더 좋은 사람이 없을까를 늘 고민합니다. 면접을 보러 오는 사람들이 하는 말은 모두 똑같습니다. 일만 시켜 주면 최선을 다하겠다고 합니다. 하지만 합격 통보를 받고도 출근하지 않거나, 심지어 첫 출근날 점심을 먹고 사라지는 사람도 있었습니다. 중소기업 인사 채용 시스템의 한계 때문이기도 하고, 회사의 환경이나 서로에 대한 이해가 충분하지 못해 발생한 사태이기도 합니다. 특히, 새로운 브랜드의 책임자로서 여러 부서의 직원들을 동시에 채용할 때는 회사의 인지도가 없어서 더 힘들었습니다.

그래서 저는 나름대로의 원칙을 세웠습니다. 면접 과정에서 회사의 장점과 단점을 모두 사실대로 전달했습니다. 비록 지금은 시작 단계라서 규모가 작지만 브랜드가 가진 잠재력과 업계에서의 제 경력이면 함께 성장할 수 있다고 호소했습니다. 그리고 겉으로 드러나는 스펙보다 태도와 인성을 구

직자의 가장 첫 번째 조건으로 삼았습니다. 그렇게 사람을 채용하니 중간에 그만두거나 문제를 만드는 직원이 줄었습니다. 저는 행동으로 제가 했던 말의 진정성을 입증하려 애썼고, 저를 믿었던 직원들 덕분에 매년 매출을 갱신하며 꾸준히 성장할 수 있었습니다.

말징박기는 말발굽에 편자를 붙이는 작업입니다. 말은 발굽이 닳는 것을 방지하고 보호하기 위해 쇠로 만든 편자를 붙입니다. 편자는 알파벳의 U와 비슷하게 생겼습니다. 편자를 붙일 때 쇠로 만든 못을 박아 고정시키는데 그것을 징이라고 합니다. 그러니 말징은 편자를 고정하는 쇠못입니다. 그림 속 말이 천리마도 아니고, 춘추전국시대에는 쇠로 만든 편자도 없었지만, 이 그림은 사람과 말의 관계를 잘 보여주는 풍속화입니다. 천리마가 대단한 이유는 사람을 천리나 떨어진 곳으로 빠르게 데려다 주기 때문입니다. 천리마가 혼자서 간다면 만리를 가도 의미가 없습니다. 사람을 태우고 함께 갈 때 비로소 그 말의 가치가 빛납니다. 앞서 언급했듯이 좋은 말을 천리마로 키우려면 그에 맞는 환경을 제공해야 합니다. 편자의 적절한 교체는 말이 잘 달리도록 보살피는 아주 기본적인 일입니다. 따라서 [말징박기]는 말과 사람의 공생 관계를 소재로 전달하는 드문 그림입니다.

[말징박기]는 현대적인 느낌이 물씬 풍깁니다. 우리가 익숙하게 접했던 조선의 풍속화들과 전혀 다른 결이 느껴집니다. 마치 근현대 작가의 그림처럼 보이기도 합니다. 이 그림을 보면 조영석의 능력에 또 한번 감탄하게 됩니다. 그의 실력이 동물의 영역까지 확장되었음을 알 수 있기 때문입니다. 그가 풍속화의 대가로 인정받는 김홍도보다 59년이나 앞선 선배라는 점을 감안하면 더욱 놀랍습니다. 이 그림은 마치 조선의 일상을 그대로 들여다보는 기분이 듭니다.

그림은 여러 가지 역할이 있습니다. 사진이 없던 시기에는 정확하고 생생하게 현장을 기록하는 역할을 담당했습니다. 그런 의미에서 인물의 동작과 위치, 종류별 연장의 쓰임새까지 고려하면, 이 그림은 사진의 역할을 대신하는 풍속화로도 가치가 있습니다. 하얀색의 테두리에 글씨까지 쓰여 있으니 마치 요즘의 즉석사진 같습니다. 전체적으로 부드러운 선과 색의 변화를 추구한 그림에서 말 뒤의 나무를 두드러지게 표현한 방식도 이채롭습니다. 나무줄기가 몸을 비틀며 올라가는 형태인데, 마치 묶여 있는 말이 내지르는 울음소리가 나무를 타고 뻗치는 느낌입니다.

그림의 오른편에는 "사물의 형상을 잘 그리기 위해서는 남의 그림을 베끼는 행위를 부끄럽게 여기고 생생하게 살아있는 것을 그려야 한다(狀物之妙 羞從絹素想承 作生活 상물지묘 수종견소상승 작생활)"라고 쓰여 있습니다. 이것은 조영석이 가진 그림에 대한 기본 원칙이자 예술에 관한 철학입니다. 그가 문인화가로서 그림을 얼마나 사랑하고 어디에 가치를 두었는지 잘 알 수 있는 문장입니다. 자신이 정한 원칙을 지키기 위해 오랫동안 노력했던 조영석의 태도는 천리마가 지녀야 할 덕과 크게 다르지 않습니다.

62日 · 창의력

지나간 것을 깨우치면 다가올 것을 안다

풍설야귀인(風雪夜歸人) - 최북

자공이 물었다. "가난하면서도 아첨하지 않고 부유하면서도 교만하지 않으면 어떻습니까?" 공자가 답했다. "그 정도면 괜찮다. 그러나 가난하면서도 즐길 줄 알고, 부유하면서도 예를 좋아하는 것보다는 못하구나."

子貢曰 貧而無諂 富而無驕 何如 子曰 可也 未若貧而樂
자 공 왈 빈 이 무 첨 부 이 무 교 하 여 자 왈 가 야 미 약 빈 이 락

富而好禮者也
부 이 호 례 자 야 - 학이편

공자는 질문에 대하여 '맞다' 혹은 '아니다'라는 뻔한 답변 대신 결이 다른 말로 사람을 깨우치게 만드는 탁월한 재주를 지녔습니다. 이 구절은 '~하지 않는 것이 어떻습니까?'라는 부정형의 물음에 '~하면서도 즐기는 것, ~를 좋아하는 것' 같이 긍정형의 요소를 강조하면서 주제의 본질을 바꾸는 묘미가 맛깔납니다. 좋지 않은 행위를 하지 않는 수동적인 자세보다 능동적으로 좋아하고 즐기는 삶을 더 우위에 둔 내용이 곱씹어 볼만합니다.

위 구절의 후반부는 다음과 같이 이어집니다. 공자의 대답을 들은 제자가 《시경》에 나오는 '자르고 갈아 낸 것처럼, 다듬고 광을 낸 것처럼'이라는 표현이 바로 이런 것을 두고 한 말입니까?'라고 물었습니다. 이 말을 듣고 공자가 답했습니다. "사야, 이제야 비로소 너와 함께 시에 대해 이야기를 나눌 수 있겠구나. 지나간 것을 가르치니 다가올 것을 아는구나." (子貢曰 詩云 如切如磋 如琢如磨 其斯之謂與 子曰 賜也始可與言詩已矣 告諸往而知來者 자공왈 시운 여절여차 여탁여마 기사지위여 자왈 사야시가여언시이의 고제왕이지래자)

자공이 인용한 시는 위풍(衛風, 위나라의 노래) 중 기욱(淇奧, 기수강의 물길)의 첫 부분입니다. 기욱은 본래 위나라의 제후였던 무공(武公)을 찬양한 노래라고 합니다. 여기에 등장하는 '자르고 갈아 낸 것처럼'은 뼈와 뿔 같은 재

료를, '다듬고 광을 낸 것처럼'은 옥과 돌을 가공하는 과정이라고 합니다. 이 시는 군자의 기품을 공예품이 만들어지는 과정에 비유했습니다. 군자는 부단한 노력으로 완성된다는 의미입니다. 자공은 스승의 답변을 듣고, 기욱의 한 구절을 떠올렸습니다. 군자에게 중요한 것은 삶을 주체적으로 살아가는 태도와 노력이라는 사실을 깨달았습니다. 공자는 제자의 견해에 칭찬을 아끼지 않았습니다. 여기에서 공예품을 만들듯이 자르고, 다듬고, 광을 내는 과정처럼 학문과 성품을 갈고닦아야 한다는 의미의 고사성어 절차탁마(切磋琢磨)가 나왔습니다. 본래 절차탁마는 《시경》에서 나왔지만, 《논어》라는 날개를 달고 사람들에게 깊이 스며들었습니다.

서양에서는 스스로 자신의 귀를 자른 고흐가 대표적인 광기의 화가로 유명합니다. 고흐는 현재 최고의 화가로 칭송받지만 살아 있을 때에는 작품의 가치를 인정받지 못했습니다. 고흐의 생전에 판매된 작품은 단 한 점뿐이었습니다. 사람들에게 인정받지 못한 고흐는 늘 가난에 쪼들렸습니다. 동생의 후원으로 화가의 길을 유지했지만 싸고 독한 술에 의지했고, 정신병에 시달리기도 했으며, 면도칼로 자신의 왼쪽 귀를 잘라냈고, 서른일곱 살의 나이에 자살로 추정되는 총상으로 최후를 맞이했습니다. 고흐는 화가로 활동한 10년 동안 삶을 온전히 그림에 쏟아 이천 점이 넘는 그림을 남겼습니다. 현재 그의 작품은 경매에서 수백억 원에 거래될 정도로 큰 인기를 얻고 있습니다.

최북은 파란만장한 삶으로 고흐와 종종 비교되는 조선의 화가입니다. 가난과 기행으로 얼룩진 인생이 고흐와 비슷하지만, 최북은 생전에 그림으로 꽤 인정을 받았습니다. 그는 중인 출신의 직업 화가였습니다. 언제 어디서 그림을 배웠는지 정확히 알 수 없지만 그의 작품은 당시 화가들에게도 높은 평가를 받았습니다. 그는 호생관(毫生館)이라는 호를 주로 사용했는데 붓으로 살아간다는 뜻입니다. 사람들이 그 뜻을 물어보면 그림으로 생계를 유지하기에 호생관이라고 답했다고 합니다.

그는 가난한 사람에게는 큰 대가를 바라지 않고 그림을 그려 주었습니다. 그러나 돈으로 거만하게 굴거나 그림의 가치를 모르는 사람에게는 순순히 작품을 팔지 않았습니다. 언젠가 작품을 청탁한 사람이 그림을 주지 않는다고 협박하자, 최북은 분노하여 송곳으로 자신의 한쪽 눈을 찔렀습니다. 이 일로 그는 한쪽 눈을 잃었습니다. 최북은 남의 비위를 맞추지 않는 성품과 규범에 구속되지 않는 삶을 선택하여 한쪽에서는 괴짜로 통했고, 다른 한쪽에서는 당당하다는 평가를 받았습니다. 그가 가난하면서도 즐길 줄 알았는지는 확실하지 않으나, 최소한 가난하면서도 아첨을 하지는 않았음은 확실합니다.

그는 아침에 그림을 하나 팔아서 밥을 얻어먹고, 저녁에도 하나 팔아서 밥을 얻어먹는다는 기록이 남아 있을 정도로 궁핍한 생활을 하면서도 매일 많은 양의 술을 마셨습니다. 최북의 평범하지 않은 언행이 기록으로 전해져 오는데, 그중에서도 가장 특이한 행동은 금강산의 구룡연에 몸을 던진 사건입니다. 금강산에서 술에 취해 울고 웃다가 불현듯 천하의 명인은 명산에서 죽어야 한다며 연못으로 몸을 던졌는데 다행히 주변 사람의 도움으로 목숨을 건졌습니다.

[풍설야귀인(風雪夜歸人)]은 '눈보라 치는 밤에 돌아온 사람'이라는 뜻으로 최북의 대표작입니다. 붓이 아니라 손가락을 사용해 그린 작품입니다. 이처럼 손에 먹을 묻혀 그린 그림을 지두화(指頭畵)라고 합니다. 그림의 소재나 표현이 모두 최북을 닮았습니다. 그가 직업화가로서 이윤을 추구하는 그림만 그리지 않았다는 사실은 지두화를 통해서도 드러납니다. 최북은 세상에 그림을 아는 사람이 드무니 오랜 시간이 지나야만 자신을 알아줄 사람이

나올 것이라고 말했습니다. 판매량을 위해서는 사람들이 좋아하거나 편하게 그릴 수 있는 그림을 위주로 작업하기 마련입니다. 그러나 최북은 생계를 유지하기에 급급한 처지에서도 예술적 깊이를 놓지 않았습니다. 다양한 표현 기법을 시도하면서, 그림 이외에 시와 글씨에도 능했다는 사실은 그가 자신의 예술 세계를 위해 끊임없이 수련했다는 근거가 됩니다. 이는 자공이 언급한 절차탁마와 통합니다. 실력은 저절로 쌓이지 않습니다.

이 그림의 제목으로 사용된 [풍설야귀인]은 중국 당나라의 유장경(劉長卿)이 쓴 시 〈봉설숙부용산(逢雪宿芙蓉山, 눈을 만나 부용산에서 묵다)〉에서 가져왔습니다. 시의 내용은 '날이 저무니 푸른 산은 멀구나. 날씨가 추워지니 집은 더 가난하구나. 사립문에 개 짖는 소리 들린다. 눈보라 치는 밤이 되니 누가 돌아오나(日暮蒼山遠 天寒白屋貧 柴門聞犬吠 風雪夜歸人 일모창산원 천한백옥빈 시문문견폐 풍설야귀인)'입니다. 이처럼 시를 주제로 삼고 표현한 그림을 시의도라고 합니다. 최북은 노년까지 시의도를 즐겨 그렸습니다. 남아 있는 시의도를 보면, 그가 얼마나 시를 좋아하고 자신만의 방식으로 해석하려고 노력했는지 알 수 있습니다. 시의도는 그의 예술 세계를 꾸준히 갈고닦는 하나의 수단이었습니다.

이 그림의 주변 배경은 모두 황량하고 인물은 왜소합니다. 사람이 포근히 쉴 수 있는 초가집은 잘 드러나지 않고, 꼬리를 흔드는 개만 신이 난 것처럼 보입니다. 커다란 나무의 가지가 꺾일 정도로 바람이 거세지만 등이 굽은 노인은 동자와 함께 길을 나섰습니다. 이들은 누구를 기다리는 중일까요? 아니면 누구를 찾아서 어디를 가는 것일까요?

가난은 반드시 정당하게 벗어나야 한다

추순탁속(秋鶉啄粟) - 최북

선비가 도에 뜻을 두고도 좋지 않은 옷과 좋지 않은 음식을 부끄러워한
다면, 그 사람은 함께 이야기할 만한 가치가 없다.

士志於道 而恥惡衣惡食者 未足與議也
사 지 어 도   이 치 악 의 악 식 자   미 족 여 의 야 -이인편

사람은 태어날 때 부모를 선택할 수 없습니다. 언제, 어디서, 어떻게 태어날
지도 모릅니다. 부모의 인종, 재산, 사는 곳은 모두 운명의 영역입니다. 생
김새와 성격도 상당 부분은 부모에게 물려 받기 때문에 출생운은 개인의 삶
에 막대한 영향력을 끼칩니다. 누구나 풍족하고 여유로운 환경에서 생활하
고 싶어 합니다. 그러나 지구 전체로 살펴보면 풍요로운 사람들은 소수입니
다. 세상에는 아직도 제대로 된 거처가 없거나 끼니를 걱정해야 하는 처지
도 많습니다. 그러니 입을 옷이 있고, 먹을 음식이 있다면 그것만으로도 감
사한 일인데, 사람 마음이 참 그렇지 않습니다. 아버지는 어린 저에게 우리
보다 못사는 사람들을 생각하면서 제때 식사를 하고 편히 누워 잘 곳이 있
음에 감사해야 한다는 얘기를 자주 하셨습니다. 하지만 어린 저는 못사는
친구보다 잘사는 친구가 눈에 들어왔습니다. 아마도 우리보다 못사는 가족
은 주로 TV에서만 봤기 때문인지도 모르겠습니다.

　제가 국민학교를 들어가기 전 어머니께서 돌아가시고 형편이 어려
워졌습니다. 아버지의 친구 가족과 같이 살기도 하고, 큰집에 저와 동생
만 얹혀 살기도 했습니다. 가족들끼리 단칸방에서 생활한 적도 있습니
다. 방에는 겨우 요리하고 씻을 수 있는 작은 공간만 별도로 딸려 있었습
니다. 단층으로 된 다세대 주택은 방에 딸린 개별 화장실이 없어 별도의
재래식 공용 화장실을 사용했을 정도로 열악했습니다. 저와 동생은 거의

1년에 한 번꼴로 전학을 다녔기 때문에 안정된 생활을 맛보기 힘들었습니다. 그러다 보니 또래 아이들의 좋은 장난감과 어쩌다 놀러가게 된 친구네 집은 부러움의 대상이었습니다. 친구의 어머니가 반갑게 맞아 주는 집에 놀러 가면 집안의 냄새부터 달랐던 기억이 남아 있습니다.

공자는 가난하면서 원망하지 않기는 어렵고, 부유하면서 교만하지 않기는 쉽다고 했습니다. (貧而無怨難 富而無驕易 빈이무원난 부이무교이 - 헌문편) 그만큼 가난은 사람을 피폐하게 만드는 강력한 힘이 있다는 얘기입니다. 그렇지만 아무리 궁핍해도 정당한 방법으로 환경을 극복해야 한다고 가르쳤습니다. "풍족한 재산과 높은 지위는 많은 사람들이 원하는 것이지만 정당하게 얻지 못한다면 누리지 않는다. 가난과 천한 신분은 많은 사람들이 싫어하는 것이지만 정당하게 벗어나지 못한다면 피하지 않는다. 군자가 인에서 멀어진다면 어떻게 자신의 이름으로 당당하게 경지에 오를 수 있겠느냐? 군자는 밥 먹는 시간에도 인에서 어긋남이 없으니, 황당하고 절망적인 상황에서도 반드시 인에 의지해야 하느니라." (富與貴 是人之所欲也 不以其道得之 不處也 貧與賤 是人之所惡也 不以其道得之 不去也 君子去仁 惡乎成名 君子無終食之間違仁 造次必於是 顚沛必於是 부여귀 시인지소욕야 불이기도득지 불처야 빈여천 시인지소오야 불이기도득지 불거야 군자거인 오호성명 군자무종식지간위인 조차필어시 전패필어시 - 이인편)

아버지께서 재혼하시고 제가 6학년이 되었을 때 가족은 방이 3개 있는 아파트로 이사를 갔습니다. 그곳에서 군대를 갈 때까지 살았습니다. 그전까지 살던 단칸방에 비하면 엄청난 변화였습니다. 부모님은 아파트를 산 빚을 갚고, 두 아들의 양육비를 충당하기 위해 무척 절약하며 사셨습니다. 외식을 거의 하지 않았고, 겨울에도 난방을 하는 시간이 드물었습니다. 옷은 대부분 얻거나 브랜드가 없는 것으로 입었고, 도시락 반찬은 주로 김치나 무말랭이 장아찌였는데 그때는 그게 참 부끄러웠습니다. 저도 남들이 좋아하는 소시지나 햄 혹은 계란말이 등의 반찬을 내보이고 싶었습니다. 부모님의 지나친 절약이 못마땅하기도 했습니다. 하지만 부모님의 모진 절약이 없었다면 우리 가족은 열악한 가난의 늪에서 벗어날 수 없었습니다. 좋은 옷과 괜찮은 반찬을 해 주지 못하는 부모님의 심정은 오죽하셨을까요. 부모가 되어 보니 아버지와 어머니가 정말 대단하다는 생각이 뒤늦게 들었습니다. 습관이 되어 그런지 저는 지금도 겨울에 보일러를 잘 켜지 않지만, 부모님처럼 절약하면서 살지는 못하고 있습니다. 부모님은 정당하게 가난을 벗어나는 방법으로 극도의 절약을 선택하신 셈입니다.

가난에 대한 경험과 기억은 성인이 되어 독립한 저에게 큰 힘이 되었습니다. 풍족하게 누려 보지 못했기에 작은 것 하나에도 즐겁고 감사하는 마음이 생겼습니다. 물론 처음부터 그랬던 것은 아닙니다. 지금보다 철이 더 없던 시절에는 환경에 대한 온갖 원망이 몸에 꽉 들어찬 적도 있었습니다. 지나치게 밀도가 높은 원망이 밖으로 흘러 다른 사람들에게 피해를 준 적도 있습니다. 그러나 사회 생활을 하면서 바뀌었습니다. 본래 가진 것이 별로 없으니 무엇을 갖고 싶다는 생각도 없었고, 옥탑방 월세만 해결되고 굶지 않으면 괜찮다고 생각하니 큰 욕심도 안 생겼습니다. 이러한 바탕은 즐거운 일을 찾고 그것을 맘껏 해 보는 삶으로 이어졌습니다. 어디에 써먹기 위해 뭘 하는 게 아니라 해 보고 싶으면 그냥 도전하고 즐거우면 계속 이어갔습니다. 그 덕분에 저는 현재를 즐기며 미련 없는 삶을 살고 있습니다. 가난은 공자의 말처럼 원망을 불러오지만, 한편으로는 유의미한 삶에 대한 통찰력을 길러 주기도 합니다. 물론 저보다 더 힘들고 어려운 환경에 처한 분들도 있고 제가 그 상황을 다 이해할 수도 없겠지요. 아무튼 극복할 수 있는 힘들고 어려운 상황은 장기적으로 보면 분명히 삶에 도움이 된다는 이치를 저는 어린 시절의 가난으로부터 배웠습니다.

[추순탁속(秋鶉啄粟)]은 조를 먹는 가을의 메추라기라는 뜻입니다. 최북이 자기 멋대로 인생을 살고 술에 자주 취했다고, 그의 작품마저 모두 거친 체취로 채워졌을 것이라고 생각하면 오산입니다. 그는 표범이나 꿩, 매처럼 섬세한 붓놀림이 필요한 동물도 잘 그렸습니다. 특히 가장 높게 평가받았던 동물이 메추라기였습니다. 메추라기는 메추리라고도 부르는데 꼬리가 짧고 통통한 생김새가 특징입니다. 메추리알을 낳는 바로 그 새입니다. 최북은 메추라기를 잘 그려서 '최메추라기'라는 별명으로도 불렸습니다.

메추라기는 갈색에 검정과 하얀 무늬가 있습니다. 우리의 선조들은 메추라기의 깃털이 마치 누더기 옷과 닮았다고 생각했습니다. 더욱이 메추라기는 거처를 정해 두지 않고, 번식기에는 일부일처제로 한 쌍이 함께 생활하는 특징 등으로 인해 청렴한 선비를 상징하는 동물로 비유되었습니다. 그러니 메추라기 그림에는 가난하더라도 만족할 줄 아는 태도가 반영된 셈입니다. 깃털이 누더기를 닮았다고 말하면 듣는 메추라기 입장에서는 기분이 나쁠 수도 있겠지만, 동물의 특성을 잘 살펴서 의미를 부여하고 그림으로 표현하는 과정이 흥미롭습니다.

이 그림에는 두 마리의 메추라기 등장합니다. 한 마리는 먹이를 쪼고, 다른 한 마리는 조 이삭을 쳐다봅니다. 비교적 단순한 형태지만 메추라기 몸에 부위별로 다르게 난 털을 보면 꽤 정성을 들였음을 알 수 있습니다. 반면 조의 잎들은 힘을 뺀 느낌으로 이삭의 풍성함을 더욱 돋보이게 만들었습니다. 조 이삭도 익을수록 고개를 숙이는 벼처럼 겸손함을 상징합니다. 이 그림은 메추라기의 청렴과 이삭의 겸손이 함께 조화를 이루고 있습니다.

64日 · 통달

즐기는 사람이 진정한 경지에 오른다

답설방우(踏雪訪友) - 최북

배우고 수시로 익히니 또한 기쁘지 아니한가? 먼 곳에서 찾아오는 벗이 있으니 또한 즐겁지 아니한가? 사람들이 나를 알아주지 않아도 노여움이 없으니 또한 군자라고 할 수 있지 아니한가?

學而時習之 不亦說乎 有朋自遠方來 不亦樂乎 人不知而不慍
학 이 시 습 지 불 역 열 호 유 붕 자 원 방 래 불 역 락 호 인 부 지 이 불 온
不亦君子乎
불 역 군 자 호 - 학이편

위 고백은 《논어》의 첫 구절로 유명합니다. 《논어》를 만든 사람들은 왜 이 구절을 가장 앞에 배치했을까요? 그것은 첫 부분의 위력 때문입니다. 책은 예나 지금이나 첫 부분이 정말 중요합니다. 지금처럼 일목요연한 목차가 없던 과거에는 첫 내용이 본문의 이정표였습니다. 그래서 동양의 고전은 시작 부분에 책의 주제와 분위기를 함축적으로 표현했습니다. 《논어》와 함께 유학의 4대 경전에 속하는 《대학(大學)》, 《맹자(孟子)》, 《중용(中庸)》도 첫 구절은 모두 편집자의 의도가 실린 묵직한 문장으로 시작합니다.

《대학》의 첫 문장은 다음과 같습니다. '대학의 도(道)는 사람이 가진 맑은 본성을 밝히는 데 있고, 백성들이 친밀하게 살도록 하며, 지극히 선함에 머무르게 하는 데 있다.(大學之道 在明明德 在親民 在止於至善 대학지도 재명명덕 재친민 재지어지선)'

《맹자》는 양혜왕을 만난 맹자의 이야기로 시작합니다. 위나라 제후였던 양혜왕은 당시 명성을 떨치고 있던 맹자가 방문하자 자신의 나라에 어떤 이로움을 줄 수 있는지 물었습니다. 그러자 맹자는 "왕께서는 하필 이로움만 말하십니까? 오직 인과 의가 있을 뿐입니다(王何必曰利 亦有仁義而已矣 왕하필왈 리 역유인의이이의)"라고 답했습니다.

《중용》의 첫 문장은 '하늘이 사람에게 준 명을 가리켜 본성(性)이라 하고, 본성을 따르는 것을 도라 일컬으며, 도를 닦는 것을 가르침(教)이라 한다(天命之謂性 率性之謂道 修道之謂教 천명지위성 솔성지위도 수도지위교)'입니다.

《논어》의 첫 구절은 공자의 삶을 지탱했던 주춧돌 같은 단단한 고백입니다. 그러나 얼핏 보면 평범한 노년의 혼잣말처럼 보입니다. 《논어》의 편집자들은 배움의 기쁨, 진정한 벗을 만나는 즐거움, 명성을 신경 쓰지 않는 초연함이 엮인 세 문장을 첫 구절로 택했습니다. 유학자들은 이를 군자의 세 가지 즐거움으로 해석하여 삼락(三樂)으로 부르기도 합니다. 그러나 보통 사람들이 삼락을 이해하기는 쉽지 않습니다. 어느 정도의 연륜이 쌓이거나 한 분야에서 경지에 오른 경험이 있어야 그 의미가 가슴에 스며들기 때문입니다. 연륜과 경험이 부족한 사람들은 공자의 삶에 대한 사전 조사가 필요합니다. 공자의 가정 환경과 성장 배경에 관해 알게 되면 어느 정도는 그의 말에 다가갈 수 있기 때문입니다.

무작정 《논어》를 집어 들고 첫 구절을 읽어 나가면, 기대가 컸던 사람은 실망할 수도 있습니다. 사람들은 2,000년 이상 생명력을 유지하는 동양 최고의 베스트셀러이고, 많은 지식인들의 입에 꾸준히 오르내리는 영향력 때문에 책 안에 특별한 비결이 있다고 오해하거나 한 번만 읽어도 번개를 맞은 듯이 순식간에 사람이 바뀔 거라는 기대와 호기심으로 《논어》의 책장을 넘기기도 합니다. 그러나 진정한 학문과 성장에는 지름길이 없습니다. 영어 단어를 하나 외울 때에도 최소한 서너 번 이상 들여다봐야 하는 번거로움이 필요하다는 사실을 잊으면 안 됩니다.

《논어》는 곁에 두고 수시로 봐야 합니다. 열린 마음으로 서서히 곱씹어야 그 맛을 알 수 있습니다. 자극적인 맛과 인공적인 조미료를 제외하고 재료 본연의 맛으로 승부하는 건강식을 마주할 때와 비슷합니다. 맹맹하게 느꺼지던 자연식을 반복해서 먹다 보면 감각이 예민해지고 자연의 순수한 향과 맛에 감탄하게 됩니다. 그것을 즐기다 보면 어느새 몸이 달라집니다. 나와 우리를 바르게 성장시키는 진리도 마찬가지입니다. 순수한 말과 행동일수록 밋밋하게 보일 수 있습니다. 《논어》에서 뿜어져 나오는 향과 맛을 느끼면 생각이 달라지고 즐기면 행동이 변하기 마련입니다. 오랜 세월동안 《논어》가 사라지지 않고 사람들에게 큰 울림을 준 이유는 그 안에 변하지 않는 가치의 근본적인 기준이 담겨 있기 때문입니다.

국내의 많은 《논어》가 위의 원문 학이시습지(學而時習之)를 '배우고 때때로 익히니'로 해석하거나 '배우고 때에 맞추어 익히니'로 번역했습니다. 때 시(時)를 '가끔'으로 하느냐 '알맞게'로 하느냐의 차이입니다. 그런데 저는 서예와 검술을 배우고, 글을 쓰고 명상을 하면서 익히는 과정을 늘 해야 한다고 느꼈습니다. 가끔 하면 실력이 늘지 않고, 알맞게 해도 역시 부족함을 느꼈습니다. 늘 해야 거기서 발전하고 성장하는 기쁨을 느낄 수 있었기 때문에 저는 남들과 달리 '수시로'라고 옮겼습니다.

삼락 중에서 배움과 진정한 벗에 대한 이야기는 여러 번 소개하였으니 이번에는 명성에 관한 공자의 입장을 조금 더 알아보겠습니다. 어느 날 공자가 제자인 자공에게 얘기했습니다. "나를 알아주는 사람이 없구나. 그럼에도 나는 하늘을 원망하지 않고, 사람들을 탓하지 않는단다. 나는 밑바닥에서부터 배우기 시작해 통달하게 되었단다. 오직 하늘만이 나를 알 것이다."(莫我知也夫 不怨天 不尤人 下學而上達 知我者其天乎 막아지야부 불원천 불우인 하학이상달 지아자기천호 - 헌문편) 이 말을 하게 된 계기에도 다양한 견해가 있으나 중요한 부분은 마지막입니다. 하늘도 인정할 만큼 꾸준히 노력하여 경지에 올랐다는 단순한 진리가 마음을 흔듭니다. 어떤 일을 할 때 얼마큼의 정성과 노력을 기울였는지 가장 잘 아는 사람은 자신입니다. 하늘이 안다는 얘기는 자신의 정성과 노력을 스스로 인정할 때만 나올 수 있습니다. 다른 사람의 시선과 평가가 아닌 자신의 인정을 기준으로 삼는 것, 그것이 바로 공자와 유학에서 말하는 성장의 핵심입니다.

사람의 자아는 찾는 것이 아니라 만들어 가는 것이라는 이야기가 있습니다. 자연의 한 개체로 태어난 삶에는 특별한 의미가 존재하는 것이 아니라 자신이 살면서 의미를 만들고 쌓아야 특별함이 부여된다는 뜻입니다. 《논어》의 편집자들은 후학들이 가장 중요하게 인식해야 할 내용으로 삼락을 골라 앞부분에 담았습니다. 그것은 한 사람의 주장이 아니라 《논어》 전체를 대표하는 말로 삼아도 부족함이 없다는 제자들의 합의가 만든 결과라고 추정됩니다. 삼락이 스승의 삶을 단단하게 지탱했던 것처럼 후학들에게도 강인한 주춧돌이 되기를 바라는 마음이 담긴 것은 아닐까요?

[답설방우(踏雪訪友)]는 눈을 밟으며 친구를 찾아간다는 뜻입니다. 그림 속 세상은 하얗게 덮여서 발이 눈에 푹푹 빠지고, 숨을 쉴 때마다 입김이 나고, 손과 발이 꽁꽁 얼어 버릴 듯한 기세입니다. 그러나 나귀에 탄 인물은 날씨에 개의치 않고 친구를 찾아 나섰습니다. 진정한 벗이 아니면 아예 집 밖으로 나서지 못했을 분위기입니다. 그러니 이 소식을 들은 친구는 얼마나 기뻤을까요? 눈을 뚫고 찾아오는 벗을 위해 추운 날씨에도 마루에 앉아 바깥 공기를 마시며 기다립니다. 집 밖을 수시로 내다보며 벗이 어디까지 왔는지 확인하는 중인지도 모르겠습니다.

이 그림의 선은 거칠고 마른 편입니다. 눈으로 하얗게 덮여 있는데 안개는 넘실거리고 하늘은 어둑하니 절묘한 분위기가 풍깁니다. 구성의 대부분을 차지하는 산과 나무가 그윽한 멋을 풍기고, 하단에 등장하는 다섯 인물은 그림을 관람하는 사람들에게 상상의 이야기를 선물합니다.

[답설방우]는 삼락처럼 언제라도 찾아갈 벗이 있었으면 좋겠다는 최북

의 작은 바람이 담긴 그림 같습니다. 이런 상상은 그의 죽음에서 영향을 받았는지도 모릅니다. 신광하가 쓴 〈최북가〉를 보면 평범하지 않은 최북의 죽음이 기록되어 있습니다. 열흘을 굶다가 한 점의 그림을 팔고 술에 취해 성모퉁이에 쓰러져 눈에 묻힌 채 얼어 죽었다는 이야기입니다. [답설방우]의 담뿍 쌓인 눈은 힘없이 웅크린 채 얼어 버린 그의 죽음을 연상시킵니다. 만약 그에게 언제라도 반갑게 맞아 줄 벗이 있었다면 밖에서 얼어 죽는 일은 없지 않았을까요?

그림출처

1일 십이성현화상첩(十二聖賢畵像帖) / 국립중앙박물관

2일 행단고슬도(杏壇鼓瑟圖) / 성 베네딕도회 왜관 수도원

3일 공자행단현가도(孔子杏壇絃歌圖) / 국가문화유산포털

4일 성적도(聖蹟圖) 자로문진(子路問津) / 국립중앙박물관

5일 오수삼매(午睡三昧) / 공유마당 CC BY

6일 검을 차고 있는 아름다운 여인(佩劍美人圖) / 국립중앙박물관

7일 파초하선인(芭蕉下仙人) / 공유마당 CC BY

8일 매화초옥도(梅花草屋圖) / 국립중앙박물관

9일 총석정(叢石亭) / 공유마당 CC BY

10일 무제(사이불학*) / 국립중앙박물관

11일 관폭도(觀瀑圖) / 국립중앙박물관

12일 백분홍련(白盆紅蓮) / 공유마당 CC BY

13일 꽃과 나비(花蝶圖) / 국립중앙박물관

14일 작약도 / 국립중앙박물관

15일 고양이와 참새(猫雀圖) / 국립중앙박물관

16일 어미닭과 병아리 / 국립중앙박물관

17일 고매서작(古梅瑞鵲) / 공유마당 CC BY

18일 양도(羊圖) / 국립중앙박물관

19일 사인휘호(士人揮毫) / 한국데이터산업진흥원

20일 적죄인 형벌하는 모양 / 국립민속박물관

21일 산수풍속화 / 국립중앙박물관

22일 묵매(墨梅) / 공유마당 CC BY

23일 난초 / 국립중앙박물관

24일 국석도(菊石圖) / 공유마당 CC BY

25일 설죽도(雪竹圖) / 국립중앙박물관

26일 대사례도(大射禮圖) 중 시사례도(侍射禮圖) / 국립중앙박물관

27일 명성황후 국장도감의궤 / 국립고궁박물관

28일 무신년의 궁중잔치 / 국립중앙박물관

29일 한양 전경 / 국립중앙박물관

30일 시직사자도(時直使者圖) / 국립중앙박물관

31일 오봉도(五峯圖) / 국립고궁박물관

32일 복숭아꽃 / 공유마당 CC BY

33일 송도기행첩 태종대 / 국립중앙박물관

34일 70세 자화상 / 한국데이터산업진흥원

35일 강상회음(江上會飮) / 공유마당 CC BY

36일 성하직구(盛夏織屨) / 공유마당 CC BY

37일 투전도(鬪牋圖) / 공유마당 CC BY

38일 세한도(歲寒圖) / 공유마당 CC BY

39일 난초와 국화 / 국립중앙박물관

40일 왕죽도(王竹圖) / 국립중앙박물관

41일 창해낭구(滄海浪鷗) / 공유마당 CC BY

42일 평안감사향연도 중 부벽루연회도(浮碧樓宴會圖) / 국립중앙박물관
평안감사향연도 중 연광정연회도(練光亭宴會圖) / 국립중앙박물관

43일 포의풍류도(布衣風流圖) / 공유마당 CC BY

44일 자화상 / 공유마당 CC BY

45일 나귀에서 떨어지는 진단선생 / 국립중앙박물관

46일 심산지록(深山芝鹿) / 공유마당 CC BY

47일 주유청강(舟遊淸江) / 공유마당 CC BY

48일 유곽쟁웅(遊廓爭雄) / 공유마당 CC BY

49일 표모봉욕(漂母逢辱) / 공유마당 CC BY

50일 선유도(船遊圖) / 공유마당 CC BY

51일 장림운산(長林雲山) / 한국데이터산업진흥원

52일 꽃과 풀벌레 / 국립중앙박물관

53일 눈 내린 소나무 / 국립중앙박물관

54일 송하수업도(松下授業圖) / 한국데이터산업진흥원

55일 와운(渦雲) / 개인소장

56일 노백도(老栢圖) / 공유마당

57일 기려심매(騎驢尋梅) / 공유마당 CC BY

58일 금강내산전도(金剛內山全圖) / 성 베네딕도회 왜관수도원

59일 조영복 초상 / 공유마당 CC BY

60일 현이도(賢已圖) / 공유마당 CC BY

61일 말징박기 / 국립중앙박물관

62일 풍설야귀인(風雪夜歸人) / 공유마당 CC BY

63일 추순탁속(秋鶉啄粟) / 공유마당 CC BY

64일 답설방우(踏雪訪友) / 공우마당 CC BY